欠陥製品に関する
刑事過失責任と不作為犯論

稲垣悠一 著

専修大学出版局

はしがき

　本書は、平成24年度に専修大学に提出した同名の博士学位請求論文に必要最小限の修正を加えたものである*。欠陥製品を起因とする死傷事故に関する過失事例に焦点を当てて、「不作為態様の過失犯」は「不作為的過失犯」として捉えるべきものであり、そこでの問題は、「純然たる過失犯」として展開する理論的方向性を提示することが、本書の狙いである。この結論は、反面では、「不作為態様の過失犯」は、不真正不作為犯の理論領域ではないことを論証するものでもある。

　近時、製造物過失事例を中心に、不作為態様の過失犯の理論的処理方法が問題となっている。この課題の解決に際しては、不真正不作為犯と過失犯論が交錯する領域であることから、多様なモデルが提示されうる。保証者説が通説・判例となっているドイツでは、故意不作為犯も過失不作為犯も同一の理論によって捉えようとしている。リーディングケースとなったのは、「皮革スプレー事件判決」である。この事案では、過失傷害罪と危険傷害罪の成否が問題となった。判決は、いずれも保証者説に依拠し、製造・販売業者の保証者的地位を吟味するという視点から事案解決を図った。ここでは、「不作為態様の過失犯」は「過失不真正不作為犯」として掌握され、故意不作為犯と共に保証者説の適用領域と把握された。つまり、製造・販売業者の保証者的地位と刑事過失責任との連結がなされ、「不作為態様の過失犯」の処罰範囲を不真正不作為犯の理論によって画す

＊ 博士論文の刊行という性格上、本書に掲載している法規および文献は、2012年9月前のままであることを予めお断りしたい。

るという解決方法が取り入れられたのである。この考え方は、わが国の最近の学説にも採り入れられ、欠陥製品に関する刑事責任の場面だけではなく、管理・監督過失の分野においても主張される様になっている。一方でわが国の判例は、ドイツの判例・学説やわが国の学説とは逆に、「不作為態様の過失犯」を「純然たる過失犯」として捉えている。最近では、薬害エイズ事件、パロマガス湯沸器一酸化炭素中毒事件、トラックタイヤ脱落事件などにおいて、「不作為態様の過失犯」が問題となり、その理論的解明が求められている。また、管理・監督過失の問題においても、「不作為態様の過失犯」の理論的解明が必要になっている。このように、学説と判例理論との間には理論的なギャップがある。

　本論文は、ドイツ判例・学説、それらを受けたわが国の学説の理論的方向性に対して一石を投じ、逆に「不作為態様の過失犯」を純然たる過失犯として捉えることを提唱した。具体的には、不真正不作為犯論と過失犯論との理論的混合を排除するために、不真正不作為犯論の適用領域と過失犯論の適用領域との区別を行い、「不作為態様の過失犯」を純然たる過失犯論で捉えるための理論構築を試みた。

　司法修習（旧60期）終了後、弁護士登録をしたが、二足の草鞋を履く形で専修大学大学院法学研究科博士後期課程に在籍することになった。多くの方々の支えなくして、本書をまとめることはできなかった。この場を借りてご支援してくださった方々に謹んでお礼を申し上げたい。

　実務に骨を埋めるべきか否か苦悩した末、学部におけるゼミナール・修士課程以来の恩師である日髙義博先生に研究者としての道に挑戦したいと伝え、博士後期課程へ進学することになった。先生には、公務にご多忙の身であったにも拘らず、寸暇を惜しんで的確なご指導を賜った。シャープであり、かつ実務をも見据えた理論を探究するのは植松・日髙刑法学の神髄であるが、5年に亘る先生との授業は、その核となる法的感性に接する

ことのできる至福のときであった。こうして研究成果を発表できるのは、偏に日髙先生のおかげである。深甚の謝意とともに謹んで本書を先生に捧げたい。

　このほか、博士論文審査に副査として携わっていただいた宮城啓子先生、岡田好史先生に心から感謝申し上げたい。また、弁護士業務の傍ら、研究をさせていただいた港総合法律事務所の金子光邦先生（弁護士）、小池邦吉先生（弁護士）、同門として互いに切磋琢磨し、様々な刺激やヒントを与えてくれた日髙研究室の友人張光雲さん（四川師範大学法学院・副教授）にも深謝したい。

　本書は、専修大学課程博士論文刊行助成を受けて出版される。本書の出版にあたっては、専修大学および専修大学出版局の海老原実氏に格別のご高配をいただいた。深く御礼申し上げたい。

　私事になるが、博士課程進学の決断を促してくれた妻・真純に感謝したい。思えばそのときの決断が人生の重要な分岐点となっている。

2013年8月

稲　垣　悠　一

目　次

はしがき ……………………………………………………………………iii
序章　刑法上の製造物責任をめぐる不作為犯論の問題状況 … 1

第1章　ドイツの判例および学説にみられる欠陥製造物に
　　　　関する刑事責任の特質 …………………………………… 7
　第1節　考察の視点 ………………………………………………… 7
　第2節　皮革スプレー事件判決（ドイツ連邦通常裁判所
　　　　　第2刑事部1990年7月6日判決）の概要 ……………… 9
　　1　事実の概要 …………………………………………………… 9
　　2　判決理由の概要 ……………………………………………… 12
　第3節　製品流通後の製造・販売業者の製品回収義務の
　　　　　発生根拠 ………………………………………………… 32
　　1　問題点の抽出 ………………………………………………… 32
　　2　先行行為の「義務違反性」に関する従前の判例について …… 33
　　3　本判決の先行行為論に対する評価 ………………………… 36
　　4　学説の状況 …………………………………………………… 48
　　　(1)　先行行為に基づいて保証者的地位を問題とする見解……48
　　　(2)　物的支配に基づく保証者的地位を問題とする見解………54
　　　(3)　法的影響関係・法的処分関係に基づく保証者的地位を
　　　　　問題とする見解……………………………………………58
　　　(4)　支配の観点から「警告義務」の限度で製造物監視義務を
　　　　　問題とする見解……………………………………………64

(5)　社会生活上の安全義務に基づいて保証者的地位を
　　　　　問題とする見解……………………………………………67
　　5　小括 ………………………………………………………………72
　第4節　「企業」の製品回収義務と組織の中の「自然人」の
　　　　　作為義務 ……………………………………………………　74
　　1　問題点の抽出 ……………………………………………………74
　　2　皮革スプレー事件判決における組織関係的観察方法 …………75
　　3　組織関係的観察方法に対する学説の評価 ………………………77
　　　(1)　否定的見解 …………………………………………………77
　　　(2)　肯定的見解 …………………………………………………83
　　4　小括 ………………………………………………………………91
　第5節　結語──我が国の議論への展望 ………………………　92
　参考文献 ……………………………………………………………　106

第2章　欠陥製造物に対する法規制の状況 ……………………　111
　第1節　考察の視点 …………………………………………………　111
　第2節　事前規制型刑罰法規による安全確保 ……………………　113
　　1　分析の視点 ………………………………………………………113
　　2　製造・販売段階における規制──形式犯による処罰 …………113
　　3　製品流通段階における規制 ……………………………………114
　　　(1)　刑事特別立法による処罰の可能性 ………………………114
　　　(2)　製品流通段階における形式犯規定による処罰──
　　　　　従前から見られるもの ……………………………………115
　　　(3)　製品流通段階における形式犯規定による処罰──
　　　　　最近見られるもの …………………………………………116
　　4　安全確保と法益論 ………………………………………………122
　　5　事前規制段階における規制の傾向 ……………………………124
　第3節　事後規制としての過失犯処罰 ……………………………125

1　分析の視点 ………………………………………………… 125
　　2　製造・販売段階の過失 …………………………………… 126
　　3　製品流通段階の過失 ……………………………………… 130
　第4節　結語 …………………………………………………………… 132
　参考文献 ………………………………………………………………… 137

第3章　わが国の判例にみられる欠陥製造物に関する過失責任の特質 ……………………………………………… 139

　第1節　考察の視点 …………………………………………………… 139
　第2節　製造・販売段階の刑事過失 ………………………………… 140
　　1　さつまあげ中毒事件【判例A】 ………………………… 140
　　2　サウナ風呂事件【判例B】 ……………………………… 143
　　3　森永ドライミルク砒素中毒事件【判例C】 …………… 148
　　4　カネミ油症事件【判例D】 ……………………………… 155
　第3節　製品流通段階の刑事過失 …………………………………… 162
　　1　薬害エイズ事件 …………………………………………… 162
　　　(1)　薬害エイズ事件一般について ……………………… 162
　　　(2)　薬害エイズ・ミドリ十字ルート事件【判例E】 ………… 164
　　　(3)　薬害エイズ・厚生省ルート事件【判例F】 …………… 171
　　2　パロマガス湯沸器一酸化炭素中毒死傷事件【判例G】 ……… 187
　　3　三菱自工製トラックタイヤ脱落事件【判例H】 ……………… 196
　第4節　結語──判例理論の特質及び問題点 …………………… 205
　　1　判例理論の特質 …………………………………………… 205
　　　(1)　製造・販売段階の刑事過失の特質 ………………… 205
　　　(2)　製品流通後の刑事過失の特質 ……………………… 207
　　　(3)　製造・販売段階および流通段階における特質の異同 …… 210
　　2　判例理論の問題点 ………………………………………… 211

参考文献 …………………………………………………………… 219

第4章 不作為態様の過失犯に関する議論状況——とりわけ製品流通後の刑事過失について …………… 223

第1節 考察の視点 ………………………………………………… 223
第2節 保証者説の内容 …………………………………………… 225
1　ナーグラーの保証者説 ……………………………………… 225
2　その後の保証者説の展開 …………………………………… 227
　（1）　いわゆる分離理論について …………………………… 228
　（2）　等価値性の強調および保証者的地位の分類・
　　　　体系化の傾向について ………………………………… 231
3　小括 …………………………………………………………… 233

第3節 過失構造論と不作為犯論 ………………………………… 235
1　過失構造論からみた問題点 ………………………………… 235
2　旧過失論と不作為犯論 ……………………………………… 236
3　新過失論と不作為犯論 ……………………………………… 244
4　新・新過失論と不作為犯論 ………………………………… 247
5　小括 …………………………………………………………… 249

第4節 過失犯の存在構造・規範構造 …………………………… 253
1　過失の構造について ………………………………………… 253
2　過失犯の実行行為について ………………………………… 254
3　過失犯の規範構造 …………………………………………… 260

第5節 組織体の中の自然人の注意義務 ………………………… 263
1　組織的観察の必要性 ………………………………………… 263
2　基準行為論を背景とした二段階的判断 …………………… 263

第6節 結語 ………………………………………………………… 266
1　過失の構造および過失実行行為性について ……………… 266

2　過失犯の存在構造および規範構造 ……………………………… 267
　　3　注意義務と作為義務 ……………………………………………… 268
　　4　組織関係的な観察方法の採用 …………………………………… 268
　参考文献………………………………………………………………… 274

終章　総括と展望 ……………………………………………………… 279

　さくいん ……………………………………………………………… 293

序章

刑法上の製造物責任をめぐる不作為犯論の問題状況

　1　不真正不作為犯の対象領域は、純化されなければならない。近時の不作為犯論においては、学説上、故意不作為犯の理論と過失犯の理論との混合現象が見られるように思われる。その一つの場面として、いわゆる刑法上の製造物責任における議論が挙げられる。

　製品の欠陥に起因して生じた死傷結果について、製造・販売業者の刑事責任が追及されることは新しいことではない。そのような動きは、すでに、1950年代半ばから始まった高度経済成長期に生じた各種の食品公害の刑事事件において見られた。そして、この領域では、専ら刑事過失責任の追及が問題とされてきた。もっとも、この領域における刑法理論の解釈上の問題点については変遷が見られる。

　初期の製造物過失の事例では、科学技術の進展により人類がそれまで未経験であった「未知の危険」に対する理論的な対処が問題とされた。そこでは、過失犯の予見可能性論における危惧感説をはじめとして、「未知の危険」に対する理論構成が提唱されてきた。この段階では、判例実務および学説のいずれにおいても、純然たる過失犯の問題と考えられていた。

　これに対して、近時（2000年以降）問題とされている製品流通段階の過失の場面では、現実の結果に結びついた危険は、基本的に、一定の被害発生後あるいは危険性発覚後に判明した「既知の危険」である。しかし、この段階では、「既知の危険」の原因である欠陥製品が企業の現実の支配下

から離脱しており、製造業者の安全対策の懈怠という「不作為」がクローズアップされている。わが国の判例実務上は、この段階でも依然として純然たる過失犯の問題として処理されている。しかし、学説の有力説では、この段階の過失は、「不真正不作為犯」の現代的な展開の場面として認識されている。つまり、故意犯の不真正不作為犯と並んで、過失犯においても不真正不作為犯があるとして、「過失的不真正不作為犯」という概念を肯定し、かつ製品流通段階の不作為態様の過失をその一類型として把握するのである。そして、学説では、主として、回収義務の発生根拠が激しく議論されている。ここにおいては、不作為態様の過失一般が、「過失的不真正不作為犯」として構成されるのである。

このように、製造物過失事例の学説の問題意識は、純然たる過失犯論の予見可能性論から、不作為犯論の法的作為義務あるいは保証義務の発生根拠論にシフトしている。しかも、ここでの法的作為義務の発生根拠論は、故意犯と共通するものとして理解されているのである。ここに、故意不作為犯の理論と過失犯の理論との混合現象が見られるように思われる。

これに対して、アルミン・カウフマン（Armin Kaufmann）は、目的的行為論の立場から、過失的不真正不作為犯の概念を規定した。彼は、命ぜられた行為を遂行しようとする意思は存在したものの、その行為遂行が過失により失敗した場合、すなわち、保証義務の遂行過程に注意義務違反がある場合に、過失的不真正不作為犯（fahrlässiges unechtes Unterlassungsdelikt）が成立するとした。この考え方によると、過失的不真正不作為犯の成立範囲は、相当限定化される。

しかし、このような考え方ではなく、不作為態様の過失一般を「過失的不真正不作為犯」として構成する場合には、その対象となり得る事象は、アルミン・カウフマンの想定する場面より広範にわたることは明らかである。のみならず、本来、過失犯は、社会生活上の必要な注意を果たさずに漫然と行動し、それによって「結果を発生させた」ことを本質とするもの

である。そのため、過失犯の現実の行為態様としては、むしろ不作為的に行動するのが「通常」の形態ともいえる。実際、過失犯の領域において、行為態様が不作為の事例を挙げれば枚挙にいとまがない。とりわけ、危険物の管理などに関する管理・監督過失の場面では、そのような傾向が強いといえよう。そうすると、「過失的不真正不作為犯」として扱う領域は非常に広範囲にわたることになる。

　しかし、本来、「不真正不作為犯」は、例外的に処罰されるに過ぎないはずである。ところが、不作為態様の製造物過失事例を代表として、結論として過失責任を肯定する論者は多い。そのため、結果的には、「過失的不真正不作為犯」として論じられる領域は拡張している。そして、そのような現象が故意犯の領域に反映される場合には、故意不真正不作為犯の拡張という逆現象も生じうる。

　これに対して、前述のように、わが国の判例実務で扱われた不作為態様の製造物過失の事例では、少なくとも最高裁は、正面から不作為犯論を展開していない。そこでは、「純然たる過失犯論」が展開されている。

　このようにわが国の学説と判例実務とでは、製造物過失の事例を一場面として、不作為態様の過失犯の理論構成面にギャップが認められる。このような学説と判例実務とのギャップはどのように理解すべきであろうか。

　一つの評価として、判例実務は、表面上は純然たる過失犯論を展開しながら、実態においては不真正不作為犯の成立を拡張しているという評価がありうる。もう一つは、そもそも過失犯においては、不真正不作為犯は問題にならないがゆえに、純然たる過失犯論が展開されているに過ぎないという評価も考えられる。後者は、故意の不真正不作為犯の理論と過失犯の理論とは異なるということを意味する。

　2　本論文は、以上のような問題意識の下、不作為態様の過失の一場面として脚光を浴びている製造物過失の場面を中心に、過失犯論と不作為犯

論の理論的な接点の有無を検討した上で、不作為態様の過失について、純然たる過失犯論を理論展開し、その事案解決の方法を提示することを目的とする。

本論文で検討する課題は次のようである。

第一に、ドイツ連邦通常裁判所の皮革スプレー事件判決の理論およびドイツにおける学説の動向を検討する（第1章）。

この事件では、過失犯（過失傷害罪）のみならず、故意犯（危険傷害罪）の成否も問題とされ、欠陥製品の不回収という不作為に関する部分について、故意犯・過失犯に共通して「不作為犯論」が展開されており、故意不作為犯の理論と過失犯論の混合現象という観点から重要な判例といえる。この判決後、とりわけ不作為犯論における製品回収義務の発生根拠を中心として、ドイツ刑法学において激しい議論を巻き起こし、その議論は、わが国の不作為犯論・過失犯論にも多大な影響を及ぼしているのである。

そこで、比較法的観点から、欠陥製造物に関する刑事責任について、本判決およびドイツ学説にみられる理論の特質と問題点について検討する必要があろう。

第二に、わが国における欠陥製造物をめぐる法規制の状況について検討する（第2章）。

欠陥製造物に起因する被害については、事後規制手段として刑法が介入することは考えられる。しかし、欠陥製造物をめぐる法規制は、刑法の領域に留まらない。むしろ、民事の領域において、製造物責任法に基づく損害賠償責任などにより事後救済が図られ、あるいは行政法の領域において、被害の未然防止の観点から被害発生前に行政規制が施されるのが通常の法規制のあり方ともいえる。そこで、製造物過失事例について刑法解釈論を展開する前に、わが国の法秩序の状況として、欠陥製造物に起因する被害について、刑法典の生命・身体犯としての刑法が介入すべき法状況に

ある否かについて検討する必要がある。ここでの課題は、製造物に関わる事前規制、事後規制という視点に基づいて特別法を含めた刑事規制を概観することで、組織の中の自然人の刑法典上の過失犯責任を追及することの意味を浮き彫りにすることである。

　第三に、わが国の判例にみられる欠陥製造物に関する過失責任の特質とその問題点について検討する（第3章）。

　わが国における欠陥製品に関する刑事責任は、もっぱら刑事過失責任の成否が問題とされている。判例は、個別事案の具体的妥当性を有する解決が重要であり、ここに体系的に統一された理論を見出すことは困難である。しかし、製造物過失に関する同種の事案を検討することにより、判例の一定の傾向を見出すことはできるであろう。そして、そこで抽出された要素を抽象化して、解釈論に取り込むことは可能なはずである。

　第四に、以上の検討を踏まえて、わが国における不作為態様の過失犯、とりわけ製品流通後の刑事過失についての議論状況を検討する（第4章）。

　ここにおいては、不作為犯論における保証者説の側面、および過失の構造の側面の両面から、不作為犯論と過失犯論との接点の有無が検討される。その上で、自らの過失犯の理論構成を示し、製造物過失事例についての理論的解決方法について提示する。

第1章
ドイツの判例および学説にみられる欠陥製造物に関する刑事責任の特質

第1節　考察の視点

　わが国において見られる大規模火災事件における管理・監督過失論は、ドイツではほとんど見受けられない。他方で、欠陥製品に起因する死傷事故について製造業者の責任を追及しようとする傾向は、ドイツにおいても見られる[1]。例えば、古くは、「コンテルガン事件」（Contergan-Fall）[2]、「モンツァ・スティール事件判決」（Monza Steel-Urteil）[3]、最近では、いわゆる「皮革スプレー事件判決」（Lederspray-Urteil）[4]や「木材防腐剤事件判決」（Holzschuzmittel-Urteil）[5]が挙げられる。後二者は流通済の製品の欠陥が発覚した以降あるいは欠陥に基づく被害が生じた以降に、製造業者や販売業者が回収措置等の対策を怠り、消費者に健康被害が生じたことについて、主として不作為による結果犯（危険傷害罪あるいは過失傷害罪）の成否が問題とされたものである。

　特に皮革スプレー事件判決においては、過失犯（過失傷害罪）の成否（製品不回収決定前の問題）のみならず、故意犯（危険傷害罪）の成否（製品不回収決定後の問題）も問われ、刑法上の製造物責任に共通する主要な問題点が論じられている。すなわち、（1）欠陥製造物の製品の使用と被害発生との因果関係（いわゆる「一般的因果関係」（generelle Kausalität））の有無[6]、（2）製品の不回収などの不作為処罰の前提となる保証者義務の

有無および内容、(3) 組織体における集団的意思決定と結果との因果関係の判断方法（故意不作為の共同正犯の場合）、(4) 組織体の中の複数人の不作為形態の過失が競合する場合の因果関係の判断方法などである。

　ドイツでは、危険傷害罪や過失傷害罪のような結果犯については、わが国と同様、法人自体の処罰規定がないため、欠陥製品を製造・販売した製造業者等の法人ではなく、当該組織の中の自然人の刑事責任を追及することになる[7]。そこで、その際の議論の前提となっているのが、(2) の観点である。ここでは、行為者に対する刑法上の義務付けとして、伝統的な不作為犯論における保証者説が故意犯および過失犯に共通して機能しているのである。ただ、「組織」の中の個人の刑事責任が問題となるという意味で、組織論的な視点（組織関係的観察方法）が取り入れられ、従来の不作為犯論に変容が見られることに留意する必要がある。

　このように、企業体が市場に流通させた欠陥製造物による被害に関して、個人の刑事責任を追及することに対しては、従前の保証者的地位を弛緩化・脱形式化するものであるという批判もある[8]。従前の概念を弛緩化するという場合、前提となる「伝統的な刑法理論」の危機という文脈で論じられることが多い。とりわけ、ドイツにおいては、リスク社会（Risikogesellschaft）[9]における刑法の積極的役割（いわゆる、リスク刑法（Risikostrafrecht））を肯定することへの警戒が、上記批判の背景になっていることが多い。

　わが国においても、皮革スプレー事件判決の理論およびそれに対する学説の動向についてすでに多くの紹介等がなされており[10]、皮革スプレー事件判決をめぐる議論は、日本刑法学に対して、多大な理論的影響を与えている。その意味で、本判決の理論およびドイツにおける学説の動向を比較法的な観点から検討することは必要であろう。しかしながら、従前の議論においては、ドイツでの製造物責任の議論をそのままわが国の議論に取り入れている感が否定できないように思われる。わが国においては、管理・

監督過失論の延長として、刑法上の製造物責任が論じられてきたという背景があるのに対して、ドイツでは必ずしもそのような背景があるとはいえないということも注意する必要があろう。

　本章では、上記のことを念頭に置きつつ、流通済の製品の欠陥が後に判明した場合における、製造業者等に対する刑法上の義務付けについての議論を中心に検討する。まず、ドイツおよびわが国の刑法理論（とりわけ不作為犯論）に多大な影響を及ぼした皮革スプレー事件判決の事実関係および判旨のうち、主として前記（2）に関係する部分に焦点を当てて叙述する（後述第2節）。次いで、本判決の前記（2）に関連するドイツ刑法学説の議論を検討する（後述第3節および第4節）。その上で、わが国の議論への展望を指摘したい（後述第5節）。

第2節　皮革スプレー事件判決（ドイツ連邦通常裁判所第2刑事部1990年7月6日判決）の概要

1　事実の概要

　（1）ドイツ連邦通常裁判所は、皮革スプレー事件の事実について、次のように要約している。

　W.u.M. 有限会社は、靴および皮革製品の製造その他を業としている。皮革スプレーは圧縮ガス缶に詰められたものであるが、これもその製品の一部であって、吹き付けて使用するものであり、特に靴やその他の被服物の手入れ、防水あるいは染色のために使用されていた。この製造物は、とりわけ子会社であるE.R. 有限会社とS. 有限会社によって販売されていた。前者の会社は、食品店、大型スーパーマーケットおよびドラッグストアにブランドEを卸していたのに対し、後者の会社は、靴専門店および

皮革専門店にブランドＳを納入していた。

　1980年晩秋以降、商品表示がなされた皮革スプレーの使用後に、複数の者が健康侵害を受けたことを伝える被害報告が、企業グループになされるようになった。この健康侵害は、たいていの場合、呼吸困難、せき、吐き気、悪寒、発熱の症状が現れるものであった。被害者の多くは、医師による処置を要し、しばしば入院加療を必要とし、また生命への危険がある状態のため、真っ先に集中治療を要する事例も稀ではなった。診断書は、ほとんどが肺への水分堆積（肺水腫）であることを明らかにしていた。ほとんどの被害者においては（特にコルチゾン製剤の投与により）、抜本的な全快に向けた回復措置が直ちに取られた。

　第一の被害報告によって、会社内部の調査が開始された。この調査は、返却されたスプレー缶に関するものであった。その際、製造上の欠陥は発見されなかった。確定されたことは、1980年中頃以降のスプレーの場合、シリコンオイルの作用物質の割合が増加されていたことだけであった。この調合の変更は、1981年の初めに取り消されている。それにもかかわらず、更に被害報告が続いた。２つの化学企業およびある顧問の医師の毒物に関する専門的見解では、何らの解明ももたらされなかった。シリコンオイルの作用物質は、製品から取り除かれた。1980年、製品に用いられている弗化炭素樹脂の納入業者が変わったことが判明したので、1981年３月以降、再び以前の納入業者にこの素材を納入させることになった。しかし、被害報告は続出した。それは、もはや（始めのうちのように）、ブランド名Ｓの皮革スプレーのみならず、ブランド名Ｅの皮革スプレーにも関する被害報告もあった。そこで、1981年４月中旬、特定のＥスプレーについて短期間の製造および販売の停止措置が取られた。しかしながら、会社独自の化学検査における調査の後、結果が出なかったので、数日後にこの措置は撤回された。

　1981年５月12日、取締役の特別会議[11]が開催された。周知の被害事件

が、唯一の議題であった。参加したのは、W.u.M. 有限会社の全取締役であるが、とりわけ被告人 S. および被告人 Sch. 博士も参加しており、その中には死亡した共同被告人 Br. および分離前の共同被告人であった Bo. も入っていた（両人に対する手続きは分離されている）。企業グループの中央研究所所長である被告人 B. 博士は、「主任化学者」として招かれた。彼は状況を報告した。彼が特に指摘したところによると、これまでの調査では有毒な性質の手掛かりはなく、それによるスプレーの危険性も存在しなかったことから、この製造物を回収する指示は出さなかったとのことであった。彼は、外部機関に対する更なる調査を委託することを提案し、それに加えて、すべてのスプレー缶に警告表示を取り付け、すでに存在する表示を場合によっては改善することも提案した。経営陣は、この提案に賛同した。販売停止・回収措置の指示、および警告措置は、これから行われる調査により「真正の製造物欠陥」もしくは「証明されうる消費者の危険性」が明らかになったような場合にのみ、これらを考慮するということについて、意見の一致が見られた。

この会議に引き続き、被告人 W. および D. は、包括的な報告を受けた。当時 W. は、S. 有限会社の取締役であり、D. は、E.R. 有限会社において同様の地位に就いていた。両者は、会議においてなされた決定をそれぞれの責任領域に取り込んだ。

その後も、商品表示のなされた皮革スプレーの使用後に、更なる健康被害が発生した。新たな調査においても、特定の物質を被害原因として確定することはできなかった。次第に、スプレー缶に付けられた警告表示が補充・改善されていった。1983年9月20日、W.u.M. 有限会社は、連邦保健庁および連邦少年・家族保健省が介入したことから、販売停止ならびに回収措置の実行を開始したが、回収された製品に含まれていた薬の調合の更なる利用を完全に放棄したわけではなかった。

(2) マインツ地方裁判所（Landgericht Mainz）は、一つは販売者が適切な時期に製品回収をしなかったこと、一つはこの製品の製造および販売を継続したことによってスプレーが多数使用されたことが、傷害の被害をもたらしたとして、被告人S.、Sch. 博士、W. および D. は非難に値するとした。1981年2月14日の被害事件Fが認知された後に発生した、4件の被害事件については、それぞれ独立した行為として過失傷害が認められた。1981年5月12日の取締役会議後に生じた、これ以外の38件の被害事件については、危険傷害を理由として有罪とされたが、各被告人の行態は一つの行為として評価された。被告人B. 博士は、1981年5月12日の取締役会議に不十分な情報の提供と助言を行ったとして、危険傷害の幇助として有責と評価された。

　地方裁判所は、それに応じて、被告人らを次のように有罪とした。すなわち、

1) S. と Sch. 博士は、それぞれ、4つの事件に関して、過失傷害罪により罰金の併合刑に、また危険傷害罪により1年6月の自由刑に。
2) W. は、3つの事件に関して、過失傷害罪により罰金の併合刑に、また危険傷害罪により1年の自由刑に。
3) D. は、過失傷害罪および危険傷害罪により罰金の併合刑に。
4) B. 博士は、危険傷害罪の幇助により罰金刑に。

　裁判所は、自由刑に関しては、保護観察を付して刑の執行を猶予した。
　この判決に対し、被告人らの上告が提起された。これらは、形式法および実体法の侵害を理由とするものであった。

2　判決理由の概要

　(1) 被告人S.、Sch. 博士、W. および D. の上告は功を奏しなかったが、被告人B. 博士の上告については、無罪判決が下された。被告人S.、Sch.

博士、W. および D. の有罪判決は、罪数について原審が併合罪とした部分を観念的競合と改めたことを除いて、結論において正当とされた。

　過失傷害罪および侵害者が生命に危険を及ぼすような所為による危険傷害罪の成否について、本判決は、理由部分（判決原文の項目「Ⅲ」以下）において、1.a から1.g、2 の項目に分けて論じている。各項目に対応した表題を付するとすれば、次のようになる。すなわち、

1. a)　皮革スプレーの使用と健康侵害との間の因果関係
　 b)　先行行為に基づく取締役の保証者的地位
　 c)　保証者的地位に基づく製品回収義務
　 d)　危機的・例外的状況における、業務執行の一般的答責性および全面的管轄の原則の介入（管轄を越えた課題の克服）
　 e)　取締役全員に共通に義務付けられた回収義務と区別された個々の取締役に向けられていた行為命令
　 f)　個々の取締役の不作為と健康被害との（仮定的）因果関係
　　　aa）第二段階および第三段階の（仮定的）因果関係
　　　bb）第一段階の（仮定的）因果関係
　　　cc）危険傷害罪における不作為による共同正犯
　　　dd）過失傷害罪における不作為の因果性
　 g)　危険傷害罪の成立
2．不作為の場合の行為の個数の判断方法

である。

　上記問題のうち、本論文では、製造業者等に対する刑法上の義務付けに関する部分（上記1.b ないし1.e）を中心に論じる。そこで、本論文と関係する1. b ないし1.e に関する判決理由については、できる限り詳細に叙述し、それ以外については概要を叙述する。

　なお、上記1.a ないし1.g については、以下（2）で叙述し、上記 2 については、以下（3）で叙述する。

(2) a) 皮革スプレーの使用と健康侵害との間の因果関係

　まず、有罪判決の基礎になったすべての被害事件において、当該消費者の健康侵害が、その都度使用された皮革スプレー（特に、「S-3効用」、「E-保湿」。しかし、他のスプレーでも同様の処方である）によって発生させられているということは、法的な瑕疵のないものとして認定されている。——この点につき上告人が述べる疑念に対して——刑事部は、被害事件の原因がスプレーの性質に認められるか否かについて、決して未解決のままにしているわけではない。この疑念が判決の基礎の関係から生じることはさておき、少なくとも刑事部は、事実関係の叙述の枠組みにおいて、次のことを明確に認定している。それは、事故の原因が、「場合により起こり得る毒物学的な作用のメカニズムにある個々の原料、あるいは少なくとも他の原料との結合に存する」のであり、したがって原因はあるということである。このことは、因果関係を肯定する上で、上告審を拘束する認定として十分である。健康被害を惹起する特殊な性質を製品に与えている物質もしくはもろもろの物質の結合につき（刑事部自身が認めているように）、自然科学的に正確に確定することが今なおできなかったとしても、このことは変わらない。それに関する責任関連性のある内容物の調査、化学的組成の認識およびその毒物学上の作用の仕方を把握することは、本件の場合においては重要ではない。法的に瑕疵のない方法において（たとえ詳細に解明されていないとしても）、製品の内容的性質が被害を惹き起こすものであることが確定された場合においては、因果関係の証明のために、なぜこの性質が被害を惹起するものであるのか、すなわち自然科学的分析および認識により、最終的に何がその原因であったのかまで、さらにそれ以上確定される必要はない[12]。もっとも、因果関係が、このような方法によらず説明されるのであれば、他の問題となる被害原因すべてが、法的に瑕疵のない証拠評価の下、排除され得るものでなければならない。実際、刑事部は、これを本件で行っている。（中略）

b）先行行為に基づく取締役の保証者的地位

　皮革スプレーの使用により発生した傷害被害に関する被告人らの刑法的答責性は、製造会社 W.u.M. 有限会社、販売会社 S. 有限会社並びに E. R. 有限会社の取締役としての地位から生じる。なぜなら、これらの会社は、被害を惹起する製品を流通させたからである。

　その際（原審が正しく判断したように）、危険傷害罪として評価された事件のうち、まず、1981年5月12日の取締役の特別会議の後に製造もしくは販売されたスプレーの使用により被害が発生したものに関しては（10件の被害事件）、作為による構成要件に該当する行態（Verhalten）を認定することができる。なぜなら、その会社の目的の範囲内で活動する有限会社をとおして製品を製造および販売することは、取締役自らの行為として――刑法上も――帰責され得るからである。彼らは、起こり得る被害結果について、作為犯の観点の下、責任を負う。責任非難にとって重要な時点からすると、被害を惹起するそれぞれの皮革スプレーが、販売者のもとに達していたものの、いまだに消費者には達していなかった広域に及ぶ多数の事件に関しては、事情は異なったものになる。この事件（危険傷害の総計28の被害事件と過失傷害の4つの被害事件すべて）においては、取締役は、発生した被害に関して、（不真正）不作為犯の観点においてのみ責任を負う。

　被告人らには、前掲3会社の取締役として、この会社によって製造および販売された皮革スプレーの消費者について、彼らがこの製品を用法通りに使用する際に、製品の性質により発生する恐れのある健康被害から守られるように配慮すべき法的義務があった。健康に危険を及ぼしている日用品を流通させた者は、被害回避を義務づけられ、彼がこの義務を有責的に怠る場合は、それにより惹起した被害結果について、刑法上の責任を負わなければならない。

　刑事部は、この被害回避義務を民法上の社会生活上の安全義務

（Verkehrssicherheitspflicht）、とりわけ製造物監視義務から導いており、そして直接的には、民事上の製造物責任の領域に関する最高裁判例[13]から発展してきた原則に依拠している[14]。事実、民事上の製造物責任にとって重要である義務と同一のものが、刑事上の答責性の基礎をも形成するという見解が多い。とりわけ、製造物の欠陥を原因とする損害賠償の義務は、不法行為責任（民法823条以下）の事例として理解されている。他面、損害賠償を指向する民法の責任原理は、そのまま刑法上の答責の規定に用いられるべきではない。しかしながら、損害の予防に向けられた民法上の義務と刑法上の責任を基礎づける義務とが、一致するか否か、あるいはどの程度一致するか否かは[15]、判断する必要はない。なぜならば、いずれにせよ、ここでは本件での認定を基礎にすれば、刑法上の原則上では、被告人らは、被害回避のために義務を負っている保証者的地位があったからである。この保証者的地位は、義務違反の先行した危険行態（先行行為（Ingerenz））から発生したものである。

その場合、この関係において、先行行為による刑法上の責任の正当化、根拠および前提条件に関して、様々に判断された（特に学説上の）問題について[16]、何らの意見表明をするに及ばない。いずれにせよ、義務違反の先行行態（Vorverhalten）により、第三者に対する危険状況を創設した者は、それによって切迫した害の回避を義務づけられることが認められる。すなわち、このことは少なくとも、先行行態が被害発生の危険を身近なものにせしめ（相当性）、義務違反が、危殆化された法益の保護に寄与するために規定されているような命令をまさに侵害する場合[17]に妥当するのである。

少なくともこの枠組みにおいては、刑法上の答責性は、実際、欠陥製品の製造および販売について存在する。義務に違反して、そのような製品を流通に置くことで使用者に対して危険を惹起する者は、原則的に、この危険に相応した被害に実現しないよう責任を負わねばならない。このこと

は、次のような性質の消費財を製造および販売する場合に特に当てはまる。それは、消費者のために規定に沿って使用する際（その正当な期待に反して）、健康被害発生の危険の原因となるような性質の消費財である。すなわち、被害を積極的な作為により惹起した者のみが責任を負うのではなく[18]、切迫した害の回避をしないような者も責任を負うのである[19]。この法則は、暗に、連邦通常裁判所の新しい判決の基礎にも置かれている。すなわち、判決の下された事件では、判決部は、被告人が食品専門の大貿易会社の取締役として、すでに供給された傷んだ商品の回収を指示することを怠ったため、一連の消費者に健康侵害をもたらしたとして、被告人に対する傷害罪の有罪判決を認めているのである[20]。

　刑事部は、そのような結果回避の義務を負うべき保証者的地位の前提条件を当該事案において法的な瑕疵もなく認定している。危険を創り出した被告人ら4人全員の先行行態は、次のことにある。それは、会社の取締役として関与した彼らが、規定に沿って使用をした際に利用者において健康被害が生じる恐れのある皮革スプレーを、市場に供給したことである。健康に危険を及ぼした製造物が問題であったこと、すなわち、危険が製造物の毒物学的性質自体を原因としていたことは、スプレーの使用と被害発生との因果関係の検証の際に行なわれた吟味から明らかである。

　これにより危険を創り出した被告人らの先行行態は、実際、客観的に義務に違反していた。このことは、例外がないわけではないものの、法秩序が、原則として、次のような危険の創出を禁止していることからすでに導かれる。その危険とは、事象の経過に誰も介入しない場合に、それ自体から、その後の進捗において第三者に対する身体の侵害に発展する危険である。これは、そのような危険な所為について制裁を科す特別の法規範、特に、原因を惹き起こした者の刑法上の責任を追及する特別の法規範の存在が検出されない場合にも当てはまる[21]。すでに、身体の完全性の法益は、一般的な保護を受けているが[22]、上記のことは法的な基礎になっている。

それを度外視しても、本件においては、危険を創り出した先行行態の客観的注意義務違反は、法律上の規定からも導き出される。被告人らは、食品および必需品法（LMBG）の規定に違反している。問題とされている皮革スプレーは、LMBG 5 条 1 項 7 号 a および b の意味における日用必需品にあたる[23]。LMBG 30 条 2 号によれば、「規定どおりに……使用した際に、その物質的組成によって、健康が……害される性質の物や薬剤を、日用必需品として流通に置くこと」を禁止している。製造物の販売部門は、実際に、製造者およびその販売組織から、卸売業者および小売業者を経ることで、LMBG 7 条 1 項に法律上規定されている流通に置くという概念（「他人にそれぞれ譲り渡すこと」）を満たしている[24]。したがって、健康に危険を及ぼした皮革スプレーの販売は、LMBG 30 条 2 号に規範化された禁止に違反するものであり、さらにその表題（「健康の保護に関する禁止」）ならびにこの法律の目的においても、全体として、規定上回避されるべき前述の危険を基礎づけているのである[25]。その場合、被告人らが、本件手続において、（もはや）この違反によって全く追及されないことはない。

先行行態の客観的義務違反性は、ここでは（刑事部が適切に導いているように）、「許された危険」の観点の下でも、除外されたわけではなかった[26]。なぜなら、被害事件の多さに鑑みると、被害の原因となっている皮革スプレーの場合、いわゆる単なる「外れ値」（Ausreißer）が問題なのではないからである。それ自体は、一般的な欠陥のない大量生産の製造において、例外なく回避されるというものではないので、そういう状況においては、何ら刑法上の責任も基礎づけない[27]。

したがって、被告人らの保証者的地位が所与のものであったことから、それに対して上告人 S. から申し立てられた不服は受け入れられない。その不服とは、皮革スプレーの危険性に関する認識は、1981 年 5 月 12 日の取締役の協議後に、この製品を更に販売することおよびそれを放置すること

がせいぜい取引上の「注意違反」と認められる程度になったにすぎない、というものである。先行行態の客観的義務違反性は、所為がすでにそれでもって注意義務に違反していること、すなわち、過失的に行動していることを前提としない[28]。その限りでは、危殆化結果が法的に認められないことで十分なのである。危殆化結果をもたらした行態が、個人的責任の意味において、非難可能であるか否かは問題ではない。したがって、何ら注意違反が存在しない場合でも、危険状況の創出は、結果回避義務を負っている保証者的地位を基礎づけるのである。すなわち、保証者の義務に違反した先行行態は、有責的である必要はない[29]。

これは、刑法上の答責性の許容されない拡張を意味するものではない。なぜなら、保証者的地位を肯定することは、未だ可罰的であるか否かについて決定するものではなく、さしあたり、刑法上の構成要件の行態命令（Verhaltensgebot）が向けられる規範の名宛人の地位に引き入れるにすぎないからである。この行態命令は、作為犯の領域では、禁止された行為の不作為を要求するのに対し、ここでは、行為の義務を基礎づけるものである。そのことは、両方の事案とも行態命令に有責的に応じない場合に、はじめて刑法上有責となりうるということに違いはない。

　c）保証者的地位に基づく製品回収義務

それに従って肯定されるべきところの保証者的地位から（刑事部が適切に認定したように）、ここでは、すでに流通に置かれ健康に危険を及ぼした皮革スプレーを回収する義務が生じていた[30]。

この種の事件において、刑法上の重大な回収義務を一般的に否定するシューネマンの反対説[31]は、支持することはできない[32]。この見解は、危険を及ぼしている物に対する物的支配（Sachherrschaft）があることのみを前提とし、そこから経営者の保証者責任自体が生じるとする。それゆえ、危険な商品が経営者の支配領域から離れるやいなや、物的支配は消滅せざるを得ないことになろう。この前提が考慮されることは、実態に即し

ているとはいえない。なぜなら、健康に危険を及ぼしている商品が、消費者のために製造活動をした製造業者あるいはその販売組織によって流通におかれている場合には、責任を問われるべき処分権能（Verfügungsmacht）は、いわば企業内に「留まっている」商品のみならず、とりわけ（その目的規定に相応して）消費者の手元に到達する予定の製品の流通経路にも及ぶからである。

　健康に危険を及ぼしている消費財の販売において、まさに義務違反がある場合には、上述のことに関して答責的である者が、その行為の結果に関する刑法上の責任を免れるとしたら失当であろう。シューネマンが自説に提示する個々の理由も納得できるものではない。「先行行為原理は原則的に使用できない」とすることに関しては、義務に違反する危険な先行行為の場合には、問題にならない。特に、ここでの通説によると、新たに企業に入ってきた者は義務に違反する先行行態が欠けるため責任を負わないことになるのに対し、退職した「年金受給者」は保証者的地位にとどまってしまうとして、「ナンセンスな」結論を導く、とする点は正しいとはいえない。企業に入った者は、通常、仕事の引き継ぎによって前任者の保証者的地位に就くのであり、また（存続した保証者的地位から導かれた）退職者の行為義務は、当然、彼が企業の部外者として、なお被害回避のために寄与しうるものに制限される。企業は、既に流通に置かれた商品の帰趨を左右する法的権能を何ら有していない、ということは次のことからして通用しない。その理由は、被害回避のための法的義務の承認に関しては、影響力行使の事実的な可能性だけが重要であり、そして（販売取引上、用いられないわけではない）回収の態様において、そのような可能性はまさに存在するからである。最後に、商品が製造者の支配領域内から一旦離れた場合には、製造業者は、切迫した被害発生に関して、無関係の第三者と何ら異ならない地位に就く、という主張もまた正しくない。この硬直した見方の場合、危険惹起者の行為の可能性およびその答責性を完全に見落とし

てしまう。製造者および販売組織の下には、被害情報が集まるため、彼らは、最も網羅的に概観する能力を持っているのである。彼らにより発せられる回収措置には、間に入っている第三者と比較して、より大きな影響を及ぼす機会がすでにあるのである。なぜなら、上記の回収措置がある場合、小売業者や消費者は、製品の欠陥を判断し、切迫した危険の程度を見積もり、そして、その除去に不可欠な措置を適切に選択するために必要な専門的知識を、彼らにおいていち早く前提としうるからである。実際その点で、答責的な製造業者あるいはその販売組織の地位は、無関係の第三者の地位にある購買者とは区別されるのである。

　回収命令を肯定することは、実際（被告人らが主張した見解と反対に）、彼らが負担している義務を何ら過大にするものではない。当該皮革スプレーにおいては、次のような家庭の必需品であることが問題であったからである。それは、大量生産され、また（以前の被害発生に見られるように）不特定多数の消費者の健康に対し、真に受け止めるべき危険（ernstzunehmende Gefahr）を及ぼした物品である。それゆえ、被害の予防のための効果的な安全措置が命ぜられたのである。回収以上に十分な徹底的な対策はない。容器に印刷された使用および警告指示の補充や改善だけでは、流通に置かれてしまった製造物をもはや捕捉し得ないから、不十分であった。この指示が危険を的確に明示した「より厳格な」表記の場合に、皮革スプレーの販売がなお法的許容の枠組みに留まっていたか否かについては、上記のことからは決められない。回収は、実際、延期できる状況になかった。化学的・毒物学的諸調査が、報告された被害事件の固有の原因について未だに何らの解明をもたらさず、とりわけ被害を惹き起こす物質の発見に至らなかったことは、さらに傍観することを正当化するものではなかった。官庁、とりわけ連邦健康庁が、なお別の予防措置で十分だと考えている間は、回収義務は存在しない、とする被告人S.が主張した見解も否定されるべきである。流通に置かれている、健康に危険を及ぼしてい

るもろもろの製品が、何ら被害を惹き起こさないように、より効果的な方法で注意せねばならないという課題は（所轄官庁が何を必要と考えているのかとは無関係に）、この製造物の製造および販売に関して責任のある者に対して義務付けられる[33]。

結局、回収には費用がかかり、場合により関係企業の評判（「イメージ」）に傷をつけ、また売上の減少および利益の逸失をもたらすかもしれないという理由で、被害回避をするために必要な回収を行わないことは許されなかった。問題とされている利害関係の衡量の際には、経済的諸観点は後退せざるを得なかったのである。すなわち、ここでは、健康被害が生じる前に消費者の保護を優先することが当然であったのである[34]。

回収を行わない際に、消費者は取るに足りない不利益に曝されるにすぎないが、企業にとって回収は困難を伴い、場合によっては、企業の存立に危険を及ぼす結果と結びついていたかもしれないという場合には、法的状況は、別に考慮されるべきであるかもしれない。しかし、そのような事態はここでは存在していなかった。一方では、消費者は深刻な危険に曝され、その一部は、生命を脅かす健康侵害にすら曝されたのである。他方、W.u.M. 有限会社の総売上げに占める皮革スプレー製品の割合は、約6〜8％の値に過ぎなかった。また、のちに実際に実行された回収が、企業グループの経済上の基盤に問題を起こしていたか否かに関して、確定事実からは何らの根拠も明らかにされていない。

d）危機的・例外的状況における、業務執行の一般的答責性および全面的管轄の原則の介入（管轄を越えた課題の克服）

回収についての義務（それはすべからく共同の遵守に向けられたものである）は、3会社の取締役らに義務づけられていた。もっとも、その義務は、被告人 S. と Sch. 博士の場合だけは（並びに親会社のそれ以外の取締役も）、健康に危害を及ぼしていた皮革スプレーすべての回収に関して、実際考慮されるべきすべてのことに及んでいた。これに対して、被告人

W. の場合は、その取締役の地位に相応して、ブランド「S.」の製造物に、また、被告人 D の場合は、ブランド「E.」の製造物に制限されていた。

　上述の会社にはそれぞれ複数の取締役がいたこと、また W.u.M. 有限会社においては、取締役それぞれに特別の業務領域が割り当てられていたということを理由として、それぞれ個々の被告人らの義務的地位は、何ら制限されるものではない。つまり、被告人 S. には業務領域Ⅰ（化学）が、分離前共同被告人 Br. には業務領域Ⅱ（技術、仕入れ、在庫および運送部門）が、被告人 Sch. 博士には業務領域Ⅲ（管理）が、そして、分離前共同被告人 Bo. には業務領域Ⅳ（販売部門）が割り当てられていた。原則として、有限会社にいる複数の取締役に対して業務領域を割り当てることは、それぞれ個々の取締役が業務執行全体に関して責任を負うべきことについて、何ら影響を及ぼすものではない[35]。民事上の責任結果の帰責に関して重要である、この会社法上の原則が、刑法上の義務的地位の範囲をも決定するか否かは、たしかに疑わしいようでもある。しかし、この問題はこれ以上追求するに及ばない。たしかに、取締役の義務的地位は、一般的には、その担当する業務の範囲および責任の範囲と結びつく[36]。しかし、――たとえば、危機的・例外的状況のような――特別の機会に、企業が全体として関わる場合には、業務執行の一般的答責性および全面的管轄の原則（Grundsatz der Generalverantwortung und Allzuständigkeit）が介入する。その場合には、業務執行は、全体としての活動の権限内にある[37]。そのため、企業から大量に生産および販売された一連の製品の使用に伴う被害事件に関して、消費者のクレームが山積する場合、どのような措置を取るべきかを何時決定し、また特別に販売停止、警告措置あるいは回収措置を開始すべきかを何時決定するかということについて、まさに行う状況にある[38]。本件には、この状況が存在していた。親会社の４つの業務領域すべてにおいて（刑事部が的確に詳述したように）、同様に販売会社にお

いても、異なる方法で関係していた「管轄を越えた」課題の克服が問題になっていたのである。したがって、業務領域Ⅰには、クレームがあった製造物の化学的組成を改めるべきか否かという問題があった。業務領域Ⅱでは、製造のために使用された一定の成分の仕入れを継続しえたか否かを検証する必要があった。業務領域Ⅲでは、今後の消費者のクレームの処理の仕方について決断する必要があった。そして、業務領域Ⅳでは、皮革スプレーの売上げの成果につき（それに関し同様に関係した販売会社について）、将来どの様に維持すべきかを明らかにする必要があった。これらの問題の「遍在性」（Allgegenwart）を考慮すると、管轄内部において、他の業務領域と意見調整を伴わない解決は、本来、問題とされていなかった。要求されていたことは、むしろ、業務指揮の介入であり、その権限に基づいて実際に必要な回収決定を下すことであった。

被告人 W. と D. に関しては、彼らは（彼ら自身、販売会社の取締役である）、親会社の取締役として業務領域Ⅳ（販売部門）の責任者であった分離前共同被告人 Bo. に従属していたことを理由として、その義務的地位が否定されるものではなかった。実際、組織を支配していた上司・部下の関係を、業務遂行の面において創り出していた企業内部の組織構造は、基本的には、取締役の役割と結び付いた答責性を何ら変更するものではない。これとの関連においては、被告人 S. が取締役の内部で支配的地位に立っていたことから、同人の意思表明に反対する決定は事実上あり得ないであろうということもまた、考慮する必要はない。この種の状況は、個々の取締役の法的答責性を制限するものではない[39]。それらはいずれにせよ、取締役ごとに命じられた行為が期待可能であったか否かの問題にとって意味があるにすぎない。

 e）取締役全員に共通に義務付けられた回収義務とは区別された個々の取締役に向けられていた行為命令

もっとも、取締役全員に共通に義務付けられた回収義務は、個々の取締

役に向けられていた行為命令とは区別されなければならない。

　地方裁判所は、この区別を的確に捉えていない。刑事部は、法的な評価において、それぞれの被告人に関し、回収することが可能であろうこと、また期待可能であったことを言及している。そのような行動が別の者によって拒否された場合において、自発的に回収の方向へ積極的に行動することは、実際（詳しく刑事部が述べるように）、取締役各自について期待し得た。消費者への重大な切迫した健康被害に鑑みると、企業内もしくは職務上の不利益のいずれにせよ、甘受しなければならなかった。事実、被告人ら全員は、回収措置の指示および実行が可能であった、としている。

　この判断には疑問が生じる。なぜなら、複数の取締役がいる有限会社の中には、基本的に、全体で業務執行をするものがあるということが、この判断では考慮されていないからである。それによれば、取締役は、ただ共同して行動する権限があるにすぎない。彼らは一人として、他の取締役の共働なしに行動することは許されていない。業務執行の措置は、取締役全員により共同して決定されなければならないのである[40]。ここで、定款もしくは職務規定によって異なった規制がなされていたということに関しては、いずれも根拠にならない。むしろ、次のことが認定されている。それは、W.u.M. 有限会社の業務執行上の決定は、多数決により行われる必要があり、その際に、被告人 S. の反対がある場合には、決定を中断しなければならず、監査役会議議長の優先決定（Stichentscheid des Aufsichtsratsvorsizenden）が最終的に決め手になっていた、ということである。会社全体に関わる管轄を包括した（まさに回収措置の場合のような）措置を問題としていた場合には、ともかくこれに関する経営陣全体の決定は必要であったのである。

　したがって（地方裁判所によって主張された見解とは反対に）、問題とされている回収を独断で指示する権限が個々の取締役に付与されていなかったとしても、彼らの被害回避に向けて義務づけられていた包括的な保

証者的地位が存続することを何ら変更するものではなかった。たしかに、それにより、この保証者的地位から生じる具体的な行為義務には限界があった。そこで、各取締役は、必要な回収の指揮および実行に関する取締役全体の決定を実現するために、その関与権限をすべて行使することにより、可能かつ期待可能なことを行うことの義務だけを負っていた。被告人らは、誰もこの行為義務を果たさなかった——彼ら全員、代わりに必要とされるべき行為を行わなかったのである。

f）個々の取締役の不作為と健康被害との（仮定的）因果関係

この不作為は、被告人らに帰属された被害事件の発生に関し、実際、因果性を持っていた。そのため、刑事部が、被告人らに対して非常に広範囲にわたる行為命令をその判断の基礎に置いていたことは、結果に影響するものではない。

（不真正）不作為犯においては、義務に合致した行為の実行がなされていたならば、構成要件に該当する被害結果は生じないであろう場合、つまり、前者を付け加えて考えると後者がなくなる場合には、原因は存在する[41]。（中略）判例が、命じられた行為によって被害結果が「確実性に境を接する蓋然性をもって」回避できたであろうことを求めている限りにおいては[42]、原因と結果との連関について、通常（積極的作為の原因の場合に）前提とされているものより、ここでは厳密でなくてもよい、などと考えられているわけではない。むしろ、それは、裁判官の確信に関して必要な証明の程度を伝統的に記述しているに過ぎない。

この原則によれば、本件では、結論において因果関係を肯定することについて異議を唱えるべきではない。因果性の問題は、本件事件では3つの異なった段階において問題とされていた。第一段階では、必要な回収措置がそもそも実現されたか否かが決定されねばならなかった。第二段階では、回収措置がそれぞれ中間を管理する小売業者に適時到達したか否かが決定されねばならなかった。そして、第三段階では、これらの者が回収

従ったとすれば、すなわち、被害を惹き起こす皮革スプレーが消費者に交付されなかったとすれば、その健康侵害が起こらなかったか否かが決定されねばならなかった。

aa）第二段階および第三段階の（仮定的）因果関係

刑事部は、第二段階と第三段階の（仮定的）因果関係を法的な瑕疵なく言及している。それについて付された理由は、もっぱら事実認定の領域、そして刑事部が担う証拠評価の分野に属している。（中略）

bb）第一段階の（仮定的）因果関係

第一段階の（仮定的）因果関係についても、当該認定を基礎として、同様に肯定することができる。もっとも、実際、次の点については配慮されねばならない。つまり（すでに言及したように）、個々の被告人ごとの行為義務は、必要な回収指示およびその遂行に関する業務執行全体の決定を成立させるために、すべて彼に可能かつ期待可能な行為に制限される、ということである。したがって、この行為義務の履行が、そのような決定を獲得することを導くものであるか否かが重要である。この命題は、被告人らそれぞれに個別に立てられるため、その答えは次の理由により疑わしくもある。それは、必要な決定を導くために各取締役によってなされる試みが、回収を拒んでいた他の取締役の抵抗にあって功を奏しないであろうということを排除しえないからである。しかし、それにも拘らず、上述のことは、取締役の刑法上の責任を構成させるのである。

cc）危険傷害罪における不作為による共同正犯

被告人ら4人が分離前共同被告人 Br. および Bo. と共に共同行為者であるという点で、上述のことは、危険傷害罪の責任非難の領域についても当てはまる。その結果、被告人ら各人は、他のすべての者に対する不作為的寄与を帰責されねばならないので、必要な回収を行わなかったことにつき全体として責任がある。

共同正犯は、（不真正）不作為犯の場合でも可能である[43]。それはとり

わけ、共通に課せられている義務を共同でのみ履行することができる複数の保証者が、それを行わないことを共同して決断する場合に認められる[44]。

　まさに、本件ではその状況であった。被告人 S. および Sch. 博士も含む W.u.M. 有限会社の全取締役が参加した1981年5月12日の取締役の特別会議の際、参加者らは、全面的な回収を見合わせることについて、全会一致の決議をした。そこには、彼らに共通して課せられている被害回避義務を遂行しないことについて、沈着な共同の決断があった。それは、決議の参加者について不作為の共同性、つまり共同正犯性を基礎づけた。

　被告人 W. および D. は、親会社の取締役ではなく、上記特別会議に彼らが出席したことは確定していないものの、実際には、共同行為者の範疇に入っている。なぜなら、彼らは（いずれにしても）、この会議に引き続いて、そこでの当該決定に関する包括的な報告を受けた上でそれを承認し、そしてそれぞれその責任領域に、実際取り込んだからである。それにより、彼らは共同行為者となった。親会社の取締役会議において、回収に反対する決定がなされてしまったことに反対していないことによって、彼らは、ただわずかに遅れてこの決定を是認し、その業務領域に引き受けたのである。したがって、共同正犯の根拠づけに関しては、事前の申し合わせは必要ではない。むしろ、行為の合間に生じた合意でも十分である[45]。実際、被告人 W. および D. は、その承認をもって、親会社においてのみならず、二つの販売会社において（彼ら自身の他に）同時に取締役であった者全員の全会一致の意思表示に繋いだのである。この方法で、彼らは、実際、二つの販売会社の取締役の領域でも、次の合意の獲得につき（彼らの承認によって「完全なものとなる」）、不可欠の貢献をした。それは、何ら回収措置を指示しないことに関する合意である。これは実際、被告人らに危険傷害罪として帰責された被害事件が未だ発生していなかった時点、すなわち行為が未だ完成していなかった時点になされたことである。

dd）過失傷害罪における不作為の因果性

　地方裁判所が、被告人らに過失傷害罪としての責任があるとした事件では、実際、被告人らそれぞれには、必要な回収をなさないことに関して責任がある。取締役はこれに関し、単に部分的寄与を果たしたということに他ならないが、問題は、被害回避に向けた必要な回収決定を支持すべきなのにしなかったことにある。そのため、彼の部分的寄与は、必要な回収を行わないことに関して（他の取締役の部分的寄与との共働（Zusammenwirken）において）原因となったのである。それゆえ、すでに言及したように、経営陣全体による回収決定実現に向けた義務に合致する努力が、あるいは他の取締役の反対に遭い、それにより功を奏しないことがあるとしても、この因果性は何ら欠けないのである。

　上記のことは、次の原則から導かれる。それは、刑法上の重大な結果が、複数の行為者の行動の寄与の繋がりからのみ生じるような事件形態の判断について、一般的に妥当する原則である。

　刑法上の作為答責性（Handlungsverantwortlichkeit）の領域では、構成要件に該当する結果に対し相互に依存していない複数の関与者が、全体として初めて彼らの行為寄与をもたらすような場合、個々の寄与それぞれが責任を根拠づける意味において原因になる、ということは疑いのないことである[46]。（中略）

　実際、これについて、作為答責性に関して当てはまることは、不作為に関する刑法上の責任の領域でも、同様に当てはまるというべきである。結果回避に向けて命じられた措置、すなわち、ここでは経営陣が回収決定をすることは、複数の関与者の共働によってのみ実現できるとすれば、関与権限があるにも拘らずそれを行使しない者は、命じられた措置を行わないことに関する原因について寄与があったことになる。すなわち、この範囲内では、上記の者は、そこから発生した構成要件該当結果について責任を負うのである[47]。その場合、彼は、以下の理由でもって、その負担が軽減

されうるということはできない。それは、合議体の必要な決定を引き出すための努力が、争いとなる事案において、他の参加者により反対されてしまうとしたら功を奏しないであろうという理由である。彼は、必要な決定を実現するために、可能かつ期待可能なことをすべて行った場合にのみ、その刑法上の共同責任を免除されることになろう[48]。しかし、これは被告人らには当てはまらない。(中略)

g）危険傷害罪の成立

1981年5月12日の取締役会議により始まることが認められている第2の所為に関しては、生命に危険を及ぼすような所為による危険傷害罪の客観的構成要件（§ 223 a StGB）を構成しているということを認めているとともに、傷害罪として評価したことは、法的な瑕疵はない。(中略)

(3) 不作為の場合の行為の個数の判断方法

しかし、その他に異議を唱えるべきではない有罪判決について、部分的に変更されねばならないことがある。それは、地方裁判所が、被告人らについて複数の所為それぞれについて不当に有罪を下している点である。

a) ただし、刑事部が、被告人S.、Sch. 博士、W. の場合に、過失傷害罪と危険傷害罪との関係で複数の所為を想定した点は、上記のことはあてはまらない。これらの被告人には、それによって重いものとはなっていない。(中略)

b) これに対して、地方裁判所が、被告人らを単に罰金の併合刑に処した点については、事情は異なる。多数の所為を基礎にしている想定は、法的な検証に耐えない。

aa) 被告人S.、Sch. 博士そしてW. が過失傷害罪として帰責された一連の事件では、刑事部は、それぞれ個々の被害事件の惹起を法的に独立した所為として評価した。(中略)

それを採用することはできない。被告人らはそれぞれ、1つの過失傷害

罪しか犯していない。なぜなら、彼らに帰責された一連の被害事件はすべて、同一の不作為により惹起されているからである[49]。複数の被害事件の発生が、どのような場合に同一の不作為に基づくのかについては[50]、義務の履行、そしてそれとともに被害回避のために命じられている所為を基準に判断される。この所為が、ただ１つの義務に違反した不作為の行為であるとすれば、実際、１つの不作為の所為（unterlassene Handlung）のみが存在する[51]。

本件はそのような状況であった。（中略）

実際、被害回避の効果上、命じられた行為は、命令の水準でその単一性を調整するために、部分的に一致することで、ほぼ十分なのである。その単一性は（例えて言えば（spiegelbildlich））、実際の事象経過の段階で、所為単一（tateinheitlich）の不作為を想定することを正当化する。作為犯の場合、すでに、実行行為の単純な部分的重複が所為の単一性を作り出しているのと同様、不作為犯の場合も、所為の単一性は、命じられた行為が部分的に同一の構成要件に該当する被害結果を阻止できることで基礎づけられる[52]。

bb）被告人D.の場合、過失傷害罪は、実際、危険傷害罪との所為の単一性の関係で位置づけられる、ということを注意する必要がある。被害回避のために必要な目的物回収を導く行為命令は、全体の所為の期間中、変わることなく存在し続けていた。（中略）

cc）それに対し、刑事部は、危険傷害罪に該当する被害事件全体を１つの所為として評価したが、その際、構成要件が積極的行為により実現される事案も含めたことは、法的に何らの瑕疵がない。すなわち、その事案は、相応した不作為の事件とともに自然的行為の単一性を形成するのである。

第3節　製品流通後の製造・販売業者の製品回収義務の発生根拠

1　問題点の抽出

　本件では過失傷害罪と危険傷害罪の成否が問題となっているが、発生した被害事件との関係で、法的な理論構成が異なっている。すなわち、1981年5月12日の取締役の特別会議の後に製造もしくは販売されたスプレーの使用により発生した被害（10件の被害事件）に関しては、作為による構成要件に該当する行態が認定できるとして、作為犯構成がとられている。これに対して、上記特別会議以前に販売されていたスプレーに関して生じた被害（危険傷害の総計28の被害事件と過失傷害の4つの被害事件すべて）については、不作為犯構成により処理されている。整理すると、次の表のようになる。

罪名	被害事件	法的構成
過失傷害罪（ドイツ刑法230条）	①1981年2月14日に認知されたF事件後に発生した4つの被害事件	不作為犯
侵害者が生命に危険を及ぼすような所為による危険傷害罪（ドイツ刑法223条a）	②1981年5月12日の取締役の特別会議後に生じた被害事件38件のうち、会議前に流通していた製品に起因する被害28件	不作為犯
	③1981年5月12日の取締役の特別会議後に生じた被害事件38件のうち、会議後に製造販売された製品に起因する被害10件	作為犯

　不作為犯構成を採った上記①および②の場合について、本判決は、被害を惹起する欠陥製品を流通させたという「義務違反の先行した危険行態

(先行行為)」が、製造業者および販売業者の各取締役の保証者的地位を基礎付け[53]、その地位に基づいて製品回収義務が生じるとする[54]。しかし、取締役全員に共通して義務づけられる回収義務と個々の取締役に対して義務付けられる行為命令とは明確に区別するべきであるとする[55]。

　このような判決の論理に対し、ドイツでは、第一に、判決が述べるような先行行為論により被告人らの保証者的地位を肯定することができるか否かについて問題とされている。これについては、先行行為の「義務違反」の意味が問題になり、これが保証者的地位の発生を限定化する機能を有するかが問われよう。第二に、取締役全員に共通して義務づけられる回収義務と個々の取締役に対して義務づけられる行為命令とを区別するという手法の当否も問題とされている。

　このように本判決では、先行行為の観点から被告人らの保証者的地位が問題とされているので、本節では、まず、先行行為の要件に関して、「義務違反性」を要求する従前の判例について検討する（後述２）。次いで、本判決の先行行為論に対する評価をする（後述３）。そして、製品流通後の製造・販売業者の製品回収義務の発生根拠に関するドイツ学説の動向について検討する（後述４）。

　なお、上記第二の点については、節を改めて第４節で検討する。

２　先行行為の「義務違反性」に関する従前の判例について[56]

　(1)　本判決は、先行行為による刑法上の責任の正当化、根拠および前提条件に関して、何らの意見表明をするに及ばないとはしつつも、①先行行態が被害発生の危険を身近なものにせしめたこと（相当性）、②義務違反が、危殆化された法益の保護に寄与するために規定されているような命令をまさに侵害すること（義務違反連関）が必要であるとする。そして、③その義務違反は、「客観的義務違反」である必要があるが、危殆化結果を

もたらした行態が、個人的責任の意味において、有責的である必要はないとしている。

　(2) ドイツにおける判例では、かつて、先行行為の要件としては、取り立てて義務違反性を要求せず、自己の行為によってあるいは自己の行為と相まって損傷の危険を惹起した者は、力の及ぶ限り損傷の発生を回避すべきであるという考え方がとられていた[57]。

　しかし、この考え方によると、義務の際限のない拡張をもたらし、自己責任の原則に抵触する場合も出てきてしまう[58]。そこで、戦後の判例では、先行行為に一定の制限を設けようとする動きがあった。「社会的に通常でかつ一般に是認された先行行態（あるいは行態）」（sozial übliches und von der Allgemeinheit gebilligtes Vorverhalten（Verhalten））については保証義務が発生しないとする裁判例がそれである[59]。たとえば、飲食店主が自動車で来店した客に対し、ウィスキーを提供し、その後客が自動車を運転して帰宅する途中、畑に自動車が転落して同乗していた2名が負傷した事案に関して、そのことが示されている。この事案では、飲食店主の不作為による過失傷害罪（ドイツ刑法222条）が問題となったが、1963年11月13日の連邦裁判所決定は、飲食店で客に対して、アルコールの飲み物を提供することは、社会的に通常でかつ一般に是認された行態であるとして、アルコールの提供行為自体は先行行態にはならないとしている[60]。

　また、正当防衛を行った者が、防衛行為によって危険状態に陥った侵害者に対して、不作為による故殺（Totschlag）（ドイツ刑法212条）の保証者的地位に立つかが問題となった事案において、1970年7月29日の連邦裁判所判決は、防衛行為者の保証者的地位について、次のように述べている。すなわち、「正当防衛における行為者は、通常の危険状態を創り出す者とは根本的に異なる状況にあるということを前提としなければならな

い。被侵害者の危険行為、すなわち侵害者に対する防衛行為が、被侵害者の自由な決意に基づくものではなく、侵害者の違法な行態によって招かれ、かつ惹き起こされたのである。この特別の事情は、防衛行為により危殆化した防衛者の法的地位に反映させねばならない。したがって、違法な攻撃により自己危殆化状態を惹き起こした者は、被侵害者に対し、保証者として自己の保護者となるよう強制することはできない。」として防衛行為者の保証者的地位を否定している[61]。

　これらの事案では、先行する行態が、結果的に、法益侵害を惹起する原因となったとしても（前記①の要件に相当）、それが、社会的に通常でかつ一般に是認された行態であったり、正当防衛により正当化される行態であったりした場合には、保証者的地位を発生させないとするものであり、明示的ではないが、前記②の義務違反連関ないし③の客観的義務違反性を否定するものと評価することができよう。

　その後の判例では、本皮革スプレー事件判決も引用している1986年5月6日の連邦裁判所判決が、義務違反連関の要件について指摘している。事案は、被告人が国道を自動車で時速約120キロメートルの速度で走行中に、ミニバイクと衝突し、それにより傷害を負ったバイクの運転手を救護することなく放置し、不作為による故殺未遂の成否が問題となったものである。この事案について連邦裁判所判決は、次のように判示している。すなわち、「刑事部は、BGHSt, 25, 218判決において、たしかに、自動車による公共の交通領域の利用は、一般に社会的に通常なものとして是認された行動様式に属しているということを言及している。しかし、このことは、自動車があらゆる観点において交通に適して運転された限りにおいてのみ当てはまるものである（a.a.O. S. 221）。運転手が、規則どおりに運転し、実際、他の交通関与者の保護に役に立っているその他の規則に違反することがなく、すなわち、事故に至るまでのその行動全体について、一般社会による拒絶がなされ得ない限りにおいてのみ、社会的に通常な行態で

あるといえる（a.a.O. S. 222; これについては、Rudolphi JR 1974, 160 f. 参照）。」と判示している[62]。ここでは、「運転手が、規則どおりに運転し、実際、他の交通関与者の保護に役に立っているその他の規則に違反することがない」場合に、「社会的に通常な行態」であると論じられている。これを逆から見れば、そのような規則を侵害する形で行われた行為については、もはや保証者的地位の発生を否定する必要はないということになる。そのため、ここにおいて、前記②の義務違反連関の要件に相当する判断が示されているといえよう。

3 本判決の先行行為論に対する評価

（1）本判決は、先行行為の要件に関する判例の立場を踏襲する形をとり、前記①ないし③の要件を示しているのである。

まず、①については、「規定に沿った使用が、消費者に関して、……健康被害発生の危険の原因となるような性質の消費財」を流通に置くことで、消費者を危険に曝したということで肯定されよう。問題となるのは、②ないし③の点、すなわち、本件の先行行態（欠陥製品を流通に置くこと）に、客観的な義務違反性が認められるのかということである。

この点について、本判決はいくつかの観点を指摘しているが、整理すると次の3つが挙げられよう。すなわち、1）法秩序が、原則として、「事象の経過に誰も介入しない場合に、それ自体から、その後の進捗において第三者に対する身体の侵害に発展するような危険」の創出を禁止していること[63]、2）食品および必需品法（LMBG）30条2号は、「規定どおりに……使用した際に、その物質的組成によって、健康が……害される性質の物や薬剤を、日用必需品として流通に置くこと」を禁止しており[64]、健康に危険を及ぼした皮革スプレーの販売は、同規定に規範化された禁止に違反していること[65]、3）本件の被害事件の多さに鑑みると、被害の原因

となっている皮革スプレーの場合、統計学上の、いわゆる単なる「外れ値」が問題なのではなかったので、「許された危険」の観点の下でも、客観的義務違反性が除外されたわけではなかったこと[66]、である。

その上で、本判決は、先行行態の客観的義務違反性は、「危殆化結果が法的に認められないことで十分」として、最終的には、「保証者の義務に違反した先行行態は、有責的である必要はない」としている。

（2）上記のように、本判決は、先行行為について、従前の判例で示された基準に則った内容を示しているが、学説では、客観的義務違反性の要件が実質的に放棄されていると評価するものが多い。たとえば、ロター・クーレン（Lothar Kuhlen）は、義務違反の要件から有責な先行行態が導き出されるわけではないということは正当としつつも、先行行為の客観的義務違反性の判断については、次のように述べている。すなわち、「法的に許容されない危険結果を考慮に入れ、あるいは、流通に置くことの客観的な義務違反性の由来を流通に置かれた製造物に関して事後的に（ex post）確定された危険性に求める場合には、義務違反性の要件は明白に放棄されているといえる。なぜなら、そのように理解された『客観的な義務違反性』は（事後的に判断されるべき）危険創設の要件に本質的に含まれているし、それについては異論がないからである。そして、これらすべての事件につき、惹起された危険が（事後的に観察した）許された危険の範囲外に位置づけられねばならないことが付け加えられている」としている[67]。しかし、それに対して、先行行為論（Ingerenz-Diskussion）においては、「義務に違反する先行行態の要件につき、事前的に（ex ante）許容されない危険創設」が要求されており、その諸要件は、行態不法を事前的にのみ確定しうるという今日の刑法の支配的学説から何の問題もなく導かれるものであるとする[68]。そして、法的義務は、その名宛人に特定の行態を動機づけるものであるべきであるので、「ある行態が、行為時点にお

いて、法的に許容されない（客観的に）認識可能な危険の創設と結びついている場合に、行態は、その当時（客観的に）義務に違反しているということができる。」とする[69]。

これによると、具体的には、皮革スプレーを流通に置く段階においてすでにその危険性が認識される場合のみ、それを流通に置くことは義務に違反しているという結論になる。皮革スプレー事件では、過失傷害罪の成立が問題とされている1981年2月14日以降に供給されたものについてだけ義務に反していたということになる。しかし、皮革スプレー事件の被害事件を整理したように、「可罰的な不作為」と認められた被害事件[70]において、被害を惹起した皮革スプレーが、上記時点の後に流通に置かれたということは認定事実からは何ら示されてないのである。

BGHは、それにも拘らず、義務違反の先行行為から保証者的地位を肯定するという方法をとっていることから、クーレンは次のように批判している。すなわち、「BGHは、結果発生が義務に違反した先行行態に基づく必要があるとした先行行為の要件について、最近の BGHSt 34, 82と同じように捉えたことから、実態からかけ離れてしまっている。刑事部が、この判例変更を明確にしていないことについては、批判が必要であるとともに、この変更を事後的に規定された客観的な義務違反性の助けを借りて覆い隠すという不適当な解釈的試みをしたことへの批判も必要である。」としている[71]。

また、ルネ・ブロイ（René Bloy）も、先行行為の客観的義務違反性について次のように述べている。すなわち、「不法要素としての客観的義務違反は、責任の構成要素によって決定されるものではないということは的確な認定であるが、しかしながら、決して、それが一面的・結果指向的に規定されてよいという結論を認めるものではない。すなわちその場合、客観的義務違反性は、行為反価値を制限することから、事前的判断が要求されるということに意を払うべきである。そのため、行為者の状況の下で慎

重な人間が、一般に危険を認識し、回避することが可能であった場合にのみ、行動には客観的義務違反が存在しうる。したがって、連邦通常裁判所は、皮革スプレー事件判決において、少なくとも刑法上に特定されるべき客観的義務違反性の概念を、許容できないほど過度に拡張した。」としている[72]。

　これらの見解は、保証者的地位を発生させる先行行態の前提要件としては、それが行われる時点での事前判断に基づき、客観的な義務違反性が認められなければならないとする。そして、そのことは行為反価値性を制限する観点から要求されるものであると理解することができる。

　(3)　保証者的地位の発生根拠を先行行為に求める場合には、ドイツにおいては、上記のように、先行行為の前提要件として客観的義務違反性が求められ、しかもその義務違反性は、刑法の観点から事前的に導き出させるものでなければならないとするのが一般的傾向である。そのこともあり、本判決における先行行為の客観的義務違反性の判示にはおおむね批判的といえる[73]。

　しかし、このような考え方の是非を論じる前に、客観的義務違反性の事前的判断と違法論とがどのような関係にあるかについては留意しておく必要があろう。なぜなら、上記の考え方は、行為反価値論の見地から事前判断に基づく義務違反性を要求しているが、そのような関係は、結果反価値論の見地からは、必然的な関係とはいえないからである。

　この点について、先に検討したクーレンやブロイの説明の他に、ハロー・オットー（Harro Otto）がやや詳しく検討しているので引用することとする。オットーも、本皮革スプレー事件判決の義務違反性の判断方法については批判的な立場であるが、本判決の考察方法について次のように述べている。すなわち、「先行行態の客観的義務違反性は、結果が法的に認められないことから導き出されることになる。結果反価値から行為反価

値が推し量られているのであるが、行為反価値が、義務違反の行態によらずに基礎づけられてしまっているのである。このような帰結は、厳格な客観的不法観の下では可能であるかも知れない。［しかし］今日広く認められている人的不法観の諸原則とは相容れない。それによれば、ある行態の義務違反性は、行為反価値性の観点からのみ決定されうるのである。実際、その行為反価値性は、法益を危殆化している行態の客観的な義務違反性を確認する際でも、客観的予見可能性および客観的注意義務違反を前提にしているのである。それゆえ、ある行態、つまりそれに化体したリスクがその現実化の時点では客観的に認識できたのではなく、被害を及ぼしている結果に基づいて、事後的にはじめて認識されるような行態は、客観的に義務に違反していると評価されえない。」としている[74]。

このように、先行行為の義務違反性に事前判断を要求する見解の根底には、人的不法論・行為反価値論に基づく不法観があるのである。そうすると、結果反価値論の立場からは上記の関係は、必ずしも自明のことではない。むしろ、ブロイが否定していた「結果指向的」な立場からは、先行行為の客観的義務違反性を事後的に確定し、そこから保証者的地位が導かれると説明することも可能である。わが国の議論に取り入れる際には、この観点について留意する必要があろう。

もちろん、問責の対象となる不作為の段階で、およそ一般通常人が認識あるいは予見できないような危険に関して不作為者の責任を問うとすれば、それは不能を強いるものとして結果反価値論の立場からも許容することはできない。しかし、ここでの問題は、「不作為段階」の違法性判断ではなく、あくまで法的作為義務の根拠となる先行行態の義務違反性を判断する上で、事前判断が要求されるか否かということである。ここでの義務違反性要件が、先行行態自体を処罰するためのものであるとするならば、刑法上処罰できる程度の義務違反性が必要であり、かつ事前判断が求められるであろう。しかし、この場合、それとは問題状況を異にしている。な

ぜなら、違法論（特に人的不法論）の観点から先行行態の事前的な客観的義務違反性を要求することは、「先行行態自体」の過失を処罰することと混同することになるのではないかと考えられるからである。具体的には、ここで要求されている事前的な義務違反行為に基づいて欠陥製品に起因する健康被害が生じたとすれば、回収義務違反ではなく、むしろ先行行態自体の過失（販売中止義務違反）を根拠に刑事責任を追及できるはずである。その場合、少なくとも、皮革スプレー事件の4件の過失傷害罪（前記一覧表①参照）との関係で「回収義務違反」という構成で過失責任を問うことは無意味である。

以上からすると、先行行為に事前的判断に基づく義務違反性を要求することは必然的とはいえないように思われる。むしろ、先行行為の義務違反性の問題は、先行行為論の機能面から考察すべきである。

（4）そこで次に、先行行為のもともとの機能から、先行行為の「事前的」な義務違反性が要求されるのかを検討する必要がある。

本来、不作為以前の先行行為を問題とする根拠は、因果的な原因を設定した者は、法益保護の見地から、法益に対する危険が実現化しないよう配慮すべきという点にある。このような危険源の創出が先行行為論の出発点である。しかし、このような純粋に事実的な意味の危険性だけが問題にされてしまうと、前述のように、義務が際限なく拡張することになる。そこで、法的作為義務を限定するストッパーとして先行行態の義務違反性が要求されたのである。そのストッパーを具体化したものの一つが、前述した「社会的に通常でかつ一般に是認された先行行態（あるいは行態）」であるか否かという基準である。これは純粋に事実的なレベルの危険性判断にとどまるものではなく、規範的な概念というべきである。この規範的概念は、あくまで、「先行行為後」の不作為者の法的作為義務を制限すべきか否かという機能を担っているものであり、可罰性判断に要求される違法性

判断と軌を一にするものではない。そうだとすると、先行行為段階での事前的な義務違反性は当然に要求されるわけではなく、事後的視点により客観的義務違反性を判断することも十分可能である。むしろ法的作為義務を導き出すという「機能」に着目すると、事前的義務違反性は不要ともいえるのである。学説では、前記のように、違法論との関係で事前的判断が要求されているが、違法論との関係がア・プリオリのものではないことは前述したとおりである。

（5）もっとも、先行行態の義務違反性を事後的視点に基づいて判断する場合には、そこで判断される「客観的義務違反性」の内実がどのようなものであるのかは検討する必要があろう。

まず、前記（1）で示した１）の観点（法秩序が一定の危険の創設を禁止していること）は、一般論の域を出るものではなく、具体的な義務違反性の根拠としては弱い。また、２）の観点（LMBG 30条2号に違反していること）は、具体的な規範違反ではあるが、行政取締法規違反であり、これが直ちに刑法上の作為義務の根拠となるとはいえない。そこで注目すべきなのは、「外れ値」（アウトライアー）に当たるか否かを検討している、３）の点である。

「外れ値」とは、データの分布から大きく外れる値のことで、本来は統計学上の概念であるが、通常の経験の外にあるものや現象を示すための科学的な用語として使用されることがある。製造業者や販売業者は、製造物の流通に際しては、リスクを完全に排除するものでないにしても、せめてリスクを最小化するという一般的義務を負っていることには異論がないであろう。しかし、消費者の健康被害の原因となった製造物の欠陥が、このように突然変異的に生じる「外れ値」に相当するのであれば、予め何らの対策もなしえない性質のものであるので、事後的観点においても、製品を流通に置く行為が遡って義務に違反しているというべきではない。この場

合は、「許された危険」の範囲内にあるといえ[75]、最終的には、製造・販売業者の刑法上の作為義務が否定されることになろう。本判決は、外れ値に相当する場合にはこれを制限しており、正当といえる。これに対し、欠陥がそのようなものではなく、製造業者・販売業者において放置すべきではない程度の欠陥を内包し、消費者に対する危険を発生させていた場合には、事後的に見て、流通行為が許された危険の範囲内にあるとは言い難い。この場合は、社会生活上許された危険の範疇に属さない程度の危険を創出しているというべきである。

　工業的量産品の欠陥について、それが「外れ値」の問題で有るか否かに着目するものは本皮革スプレー事件判決だけではない。本判決後に判断された、いわゆる「木材防腐剤事件判決」においても同様のことが言及されている。この事件は、木材防腐剤を用いた消費者から、頭痛・疲労感・力感・倦怠感・発汗・集中力障害など様々な体調不良が訴えられていたところ、当該製品を製造した製造会社が、回収措置を取らず、販売を継続したという事案について、会社取締役の過失傷害罪および過失による毒物放出罪の成否が問われたものである。この事件においてフランクフルト地方裁判所は、皮革スプレー事件判決と同様、規定に沿って使用された際に、特殊体質をもった使用者に健康被害を惹き起こすような木材防腐剤を提供したことが違法な先行行態に当たるとしている。それに加え、違法な先行行態に当たらないとされる場合について、次のように言及している。すなわち、「このような前提は、構成要件該当性を阻却している一般的な制限を、いずれにせよ、社会的相当性の観点の下で受けることができる。とりわけ、次の場合にそのようにいえる。それは、被害事件が、孤立した、予測することのできない現象であり、その現象が個々の製造物（一部分）から決して排除し得ない欠陥に起因している場合である。このような『外れ値』の狭い領域においてのみ、刑法上の製造物責任は、『許された危険』により制限されうる。その場合、被害事件は、未だ欠陥除去措置を喚起す

るものではないという帰結となる。(中略)〔本件では〕もはや客観的にみて、いわゆる「外れ値」が問題なのではなかった。」としているのである[76]。

　いずれにせよ、本判決でいうところの客観的義務違反性の判断の中心は、上記の意味での許された危険か否かの判断にあるといえよう。その意味で、「客観的な義務違反性は、——事後的に判断されるべき——危険創設の要件に本質的に含まれている」とするクーレンの評釈は、一面においては正鵠を射ている。

　このように、先行行態の義務違反性を事後的に確定した上で、製造業者等の法的作為義務を肯定することも不可能ではない。もっとも、このように判断された客観的義務違反性の内実は、事後的に観察された許された危険性の有無の判断に傾斜するため、事前的判断を導入する場合に比して、法的作為義務の限定機能が弱くなることは否定できない。また、このように事後的観点に基づいて、許された危険か否かの判断に傾斜する場合には、義務違反性の要件は形骸化することになるので、端的に、義務違反性の要件を放棄して、「高められた危険な先行行態」により保証者的地位の有無を判断する見解に近づくことになろう（後述4（1））。このような方法論においては、自動車事故の事例や正当防衛事例との間に合理的な差異を設けることができるかが課題になるであろう。

　(6)　上記のように、保証者的地位を導き出す前提として先行行為を問題にする場合、不作為者自身の先行行為を認定する必要があるが、それにも自ずと限界がある。なぜなら、本件のように、製品を継続的に生産・販売する企業の取締役の責任が問題となる場合、不作為が問題となった時点の取締役と先行行為である製品流通行為の段階の取締役が異なることがあるからである。ここでは、二つの問題が考えられる。まず、保証者的地位を「否定」することが不当な場合であり、もう一つは、それとは逆に、保証

者的地位を「肯定」することが不当な場合である。本判決でもこれらの問題に言及している。前者の問題は、新たに企業に入ってきた者は義務に違反する先行行態が欠けるため責任を負わないことになってしまうのではないかというものであり、後者の問題は、逆に退職した年金受給者は保証者的地位に留まってしまいナンセンスな結論を導くというものである。この問題に対して、本判決は、「企業に入った者は、通常、仕事の引き継ぎによって前任者の保証者的地位に就くのであり、また（存続した保証者的地位から導かれた）退職者の行為義務は、当然、彼が企業の部外者として、なお被害回避のために寄与しうるものに制限される。」と指摘している。後者の点については、組織内の個人の刑事責任が問題になる以上、すでに企業に属していない者に関しては、流通する製品を回収等する何らの権限もないのであるから、本判決の述べる通りであろう。

　しかし、前者の問題への対応として、「前任者からの引き継ぎ」という構成が妥当か否かは、評価が分かれるように思われる。これには、二つの方向性があろう。一つは、先行行為論の本来的な考えを徹底する方向性である。先行行為説のもともとの考え方は、前述のとおり、因果的な原因を設定した者が、法益保護の見地から法益に対する危険が実現化しないよう配慮すべき、という点にあるのであるから、理論的には、先行行為を行った者と不作為者との同一性が欠ける場合には、保証人的地位が認められないという結論になろう。この立場からは、「新たに企業に入っていた者は義務に違反する先行行態が欠けるため責任を負わない」のはむしろ当然であり、何ら「ナンセンスな」結論ではないということになろう。

　もう一つは、やはり上記のような結論は「ナンセンスな」ものとして、修正を試みる方向性である。本判決のように、「前任者からの引き継ぎ」という構成はこれに属するといえる。しかし、このような構成に対しては、オットーの次のような批判がある。すなわち、「危険な先行行為の場合、——この行為の個々の前提とは関係なく——この種の『責任の承継』

（Haftungsübergang）は決して自明のことではない。むしろ逆に、危険創設に関する行為者の自己答責性は、ここでは、その責任の根拠であると同時に、危険創設に関わっていない別人を除外する根拠でもある。それにも拘らず、連邦通常裁判所が、有限会社として営まれている企業に新たに入ってきたある経営者につき、仕事の引き継ぎにより、先行行為をなした前任者の保証者的地位に就くということを前提とする場合、このような責任は、他者に対する危険の創設に関する答責性とは調和しえない。」との批判である[77]。オットーに先んじてブラムゼンも、先行行為の不完全な委譲可能性（Übertragbarkeit）こそが、他の（保護者と監視者の）保証者的地位と区別する特徴であるとしており[78]、職業的義務の承継と先行行為の承継との異質性を指摘している[79]。

このように、先行行為論の立場から危険創設行為を承継したとするには、単なる仕事の引き継ぎだけで基礎付けるのは困難であり、それなりの根拠が必要になろう。しかし、本判決ではその中身についてまで言及しているとは言い難い。先行行為説の立場から、これを認めるためには、むしろ別の論理が必要になるように思える。たとえば、危険な先行行為を問題にするにしても、それは企業内の構成員の個々の先行行為として理解するのではなく、むしろ「企業・組織体」としての先行行為を問題にするというような論理である。そもそも、危険な製品を流通に置く行為が、その時点の取締役の行為であるというのはフィクション以外の何物でもない。つまり、製品を製造・販売しているのは企業体全体の活動であるので、これを正面から受け止め、企業体の先行行為と理解するのである[80]。後で検討するように（後述第4節）、皮革スプレー事件判決においては、組織関係的観察方法が採られており、第一次的に「組織体」としての義務を特定している。しかし、この場合には、組織の活動を組織内の個人の帰責根拠とする理由が必要となろう。

いずれにせよ、BGHは、「前任者からの引き継ぎ」という構成をとるこ

とにより、「不作為者自身」による危険創設を必ずしも要求しない方向性を示したが、その背景には、次のような実質的な考慮があるのではなかろうか。つまり、「企業体が製造・販売した欠陥製品により消費者が現に危険に曝され、拡大被害が予想される状況下では、その当時の取締役が製品流通段階においても業務執行権を有する取締役の地位にあったかどうかは重要な問題ではない」という実質的考慮である。

　実際、本判決の判旨を見ると、先行行為の点だけを根拠に被告人らの保証者的地位を肯定しているわけではないように思われる。本判決は、危険を及ぼしている物に対する物的支配に着目するシューネマン説を批判している箇所において、先行行為以外の本質的理由も挙げているのである。それは、①製造者および販売組織の下には、被害情報が集まるため、彼らは、「最も網羅的に概観する能力」を持っていること、②製造業者等の回収措置がある場合、小売業者や消費者は、製品の欠陥を判断し、切迫した危険の程度を見積もり、そして、その除去に不可欠な措置を適切に選択するために必要な専門的知識をいち早く前提としうるため、製造業者等により発せられる回収措置には、「より大きな影響」を及ぼす機会があることである。そして、これらの事情に引き続き、回収義務を否定すべきではない事情として、③当該皮革スプレーは、大量生産され、また不特定多数の消費者の健康に対し、「真に受け止めるべき危険」を及ぼした物品であり、回収がもはや延期できる状況になかったことも指摘されている[81]。これらの事情は、先行行為段階の事情ではなく、被告人らが属している組織の組織的な能力・影響力、さらに無保護状態の消費者を救済すべき差し迫った状況を示す事情である。同時に、これらの事情は、流通してしまった製造物に欠陥があったことが事後的に判明した状況において、将来生じうる拡大被害の防止を製造業者に要求する背景にある事情でもある。これらの関連を解明することが必要になるように思われる。

4　学説の状況

　前述のように、皮革スプレー事件において BGH が「先行行為」の側面から保証者的地位を肯定したことについては批判が多い。もっとも、結論面だけを見れば、BGH は散発的にしか非難されていないということができる。なぜなら、大半の論者は、保証者的地位を導くための論証方法について批判しながら、いずれにせよ他の根拠で保証者的地位を肯定しているからである。

　以下では、流通した製品の欠陥が明らかになった後の製造業者の保証者的地位に関して、ドイツ学説における議論を概観する。ここでの課題は、保証者的地位を導く根拠について個々の学説の当否を検討するに留まらず、ドイツ学説における最大公約数的な事項を抽出することである。

(1) 先行行為に基づいて保証者的地位を問題とする見解
　1) 学説の検討
　先行行為に基づいて保証者的地位を基礎づける場合、先行行為の義務違反性の要件から離れてしまうと、刑法は「所為要求の明確性と予測確実性の保証」を放棄することになってしまう[82]、あるいは、「製造物責任以外の領域に望ましくない結果をもたらす。」[83]として、なお義務違反性の要件が必要だとする見解も依然として存在する。

　これに対して、先行行為の観点から保証者的地位を問題としつつ、義務違反の先行行態に代えて、「高められた危険な先行行態」を問題とする見解も提唱されている[84]。この見解は、事後的観点から見て、先行行態が規範的に許されない危険を創出したか否かを問題にしているといえよう。たとえば、クーレンの見解が挙げられる。クーレンは、皮革スプレー事件判決に対しては、前述のように、義務違反性の要件を必要としながら、実質的に事前的判断による義務違反性の要件が放棄されていると批判してい

る。しかし、結論としては、被告人らの保証者的地位を肯定したことは正当であるとする。クーレンは、保証者的地位の根拠としては先行行為アプローチを取るが、義務違反性の要件は、何ら適切な基準を提供するものではないとして、次のような出発点に立つ。すなわち、「物の製造および流通は、今日の社会においては、ともかくある種の危険を伴う活動である。その活動は、特定の製造物の不当な危険性が販売時においてすでに認識することができたか、それともできなかったのかということとは関係なく、製造業者と販売者の保証者的地位を発生させるものである。」というものである。そこで、結論としては、義務違反性の要件に代わるものとして、「日常的振る舞いに対して高められた危険な先行行態」による危険創出の場合に先行行為を限定する見解に依っている[85]。

　しかし、「日常的振る舞いに対して高められた危険な先行行態」の中身は必ずしも明確ではない。アンドレアス・ホイヤー（Andreas Hoyer）は、「最小限の危険と最大限の損害切迫性との間の連なり（Kontinuum）において、その超過の際に高められた危険に達するというべき、ある際だった時点を確定することは不可能」と批判し、「先行行態によって創設された様々なリスクの間の純粋な数量的区分に代えて、質的な限界基準を取ることが適切である。」としている[86]。

　クーレンは、皮革スプレー事件判決が出された当初、「高められた危険な先行行態」を問題とする見解に依ることを示していたが、同時にさらなる具体化が必要であるとも述べていた[87]。そこで、その後に出された論文においては、「事前的な義務の特定」という観点から製造業者の義務の限定の試みがなされている[88]。

　まず、クーレンは、製造物の危険性の要件が、あらゆる刑法上の製造物責任の不可欠の核心であるとして、法的に許容されない危険創設の点について次のように述べる。すなわち、「流通に置くこと、あるいは回収をしないことは、法的に許容されない危険と結びつけられ、そしてそれに伴っ

て（一応）義務に違反しているか否かが、製造物の危険性に左右される。」とする[89]。その一方で、製造物の危険性およびそこから生じている製造業者の義務の問題は、因果関係の問題以上に、論理的のみならず、実務的にも重要であるとして、製造業者が次のような困難な判断状況に置かれていることについて、注意を促している。それは、「製造物を広く販売してもいいのか、それとも供給されてしまった製造物を回収すべきなのか」という見通しの利かない困難な判断状況に製造業者が置かれているということである[90]。クーレンは、多くの重要かつ関心のある刑法上の製造物責任の問題の中で、この問題が最も重要で困難なものだとする。そして、明確な基準によって製造者の義務を適切に具体化することが著しく困難であると指摘している。

　クーレンは、コンテルガン事件においてアーヘン地方裁判所が医薬品メーカーの義務の特定に関して立てた原則に上記のことが顕著に現れているとしている。その原則は、医薬品の許容し難い被害の副作用が「実証された」場合に、製造中止もしくは回収のような措置が義務づけられるのではなく、そのような副作用が「真に受け止めるべき疑い（ernstzunehmende Verdacht）により危惧される」場合[91]にはじめて、そのような措置が義務づけられるというものである[92]。ところが、このような疑いの程度は、ケース・バイ・ケースに異なった諸要素を考慮しなければならないので、それをはっきり示す「一般的に有効な基準」は提示することができない。一方では「申し立てられた健康被害の重さ」や「被害の頻度」が、他方では「調合薬剤の治療上の価値」が考慮されるからである。クーレンは、このような方針は今日でも重要であり、これに対して、基本的には何らの異議も唱えるべきではないとする[93]。

　さらにクーレンは、以下のような一般的なテーゼを提示して、製造業者の帰責の拡大について警鐘を鳴らしている。そのテーゼは、「現代の科学的技術的市民社会、すなわち『リスク社会』は、その社会に特徴的であ

る、帰責の拡大による具象可能性（Gestaltungsmöglichkeit）の増加へと反応する危険をはらんでおり、その帰責の拡大化は法治国家の刑法の境界を破壊するものである」というものである[94]。このことは、見通しの利かない判断状況であること、およびしばしば深刻な被害を受ける個人が多数であることを理由とする典型的な製造物責任の場合、特に著しいとする[95]。

　このようなことから、クーレンは、「結果を考慮せずに」、つまり後になって現実に発生した侵害に目を奪われることなく、処罰に値する製造業者の義務を制限的に規定することが必要であり、製造物責任の公正さは、決定的にこの点にかかっているとする[96]。そして、刑事裁判と刑法解釈学は、製造業者の行動について処罰すべきとする要求を、「事案類型化」（Fallgruppenbildung）によってさらに具体化する課題に直面しているとして、「デグッサ事件」（Fall Degussa）[97]を基にして、皮革スプレー事件と木材防腐剤事件との違いを浮き彫りにしようとしている[98]。

　デグッサ事件とは、ドイツで唯一のアマルガム製造会社であるデグッサ株式会社（Degussa AG）の製造・販売に係るアマルガム充填材（アマルガムを材料とした歯の充填材）を原因として、その使用者に深刻な健康侵害が生じた事案について、フランクフルト・アム・マインの検察庁が、当該会社の幹部を傷害罪により捜査した事件である。その手続きは、デグッサ社が、アマルガム材による歯の充填からの健康被害に関し、さらなる調査を実施あるいは援助すべく財団に出資するという条件の下で、打ち切られた。それにより、デグッサ社は、アマルガム製造物の製造と販売を断念した。

　幹部に対し高まった批判の背景には、多方面から主張され、かつ公然と長期間にわたって議論された、アマルガム材による歯の充填の有害性があった。それは、しだいに医師および歯医者の下での宗教戦争の観を呈するようになっていった。アマルガムが水銀を含んでいるということ、そし

て他の事情は別の人と同様であるが（ceteris paribus）、アマルガム充填材の使用者が、別の人に比して僅かに強い水銀を負っているということより生じうる、長期にわたる深刻な健康侵害について議論されていた。多くの人に用いられたアマルガム材による歯の充填の効果に対して、科学上の知識が将来どのように進展するかに関係なく、いずれにせよ流通に置く時点では、科学上の広く支持された見解によれば、アマルガム充填に実際に主張されていた影響があるという疑念について、何ら根拠は存在しなかった。この見解は、長年実施された様々な研究および幅広い国際的議論に基づいていた。それは、権限を持つ官庁よって共有され、その官庁は、それに対応した歯科学的なアマルガム製造物の販売を薬事法（§§21, 2 Abs. 1 Nr. 5, 25, AMG）により許可していた。

　クーレンは、ここでただおおまかに描写された状況が、本質的観点において、皮革スプレー事件および木材防腐剤事件の状況と区別しているとする。その違いについて、①皮革スプレー事件および木材防腐剤事件とは異なり、「低分量領域での長期露出」が問題であったのであり、それに伴う個々の被害報告には、わずかな重みしか与えられなかったこと、②木材防腐剤事件とは異なって、ずっと以前から議論された侵害の仮説につき、国際的に強化された研究および意見水準が存在していたことを挙げている[99]。そして、そのような状況下において、製造業者が取り得る原則的態度、並びにその例外について、次のように述べている。すなわち、「そのような状況において、科学上の支配的な知識水準を前提にすることは、基本的に製造業者に許容されるべきである。これは、AMG 95条1項1号の犯罪構成要件と関連している同法5条による製造業者の義務の規定と一致する。医薬品が、この規定の意義において危険か否か、それゆえ刑罰の威嚇によって流通に置くことが禁止できないか否かは、『科学的知識のその都度の状況』に従い決定される（AMG 5条2項）。これらの知識の標準となるのは、いずれにせよ、基本的に、科学団体の支配的な見解である。

この原則の例外は、極めて限られた限界状況でのみ問題となるに過ぎない。とりわけ、次の場合である。それは、製造業者が（たとえば、その下に達した個々の情報あるいは優越的な研究可能性を背景に）、一般的な科学的知見の形成のために供することのできない情報を手中にしている場合である。このことから、すでになされたアマルガム製品を販売したことそれ自体は、製造業者の義務を何ら侵害しなかったことは明らかである。」というのである[100]。

　またクーレンは、上記のような製品により惹き起こされた危険状況に対する評価とは別に、アマルガム製品の販売についての官庁の許可の側面からも考察している。すなわち、「このような許可の決定は、適切に整えられた手続きにおいて行われた材料検査に基づくものであり、その調査は、医薬品に危険性がないことにも及んでいる。（中略）官庁が、包括的な材料の検査手続きに基づいて、製造物に危険がないことを保証し、これを基礎にして流通を許可する場合には、実際、製造業者は、原則として、官庁の判断を前提とすることが認められる。この原則にも例外がないわけではない。たとえば、許可手続きにおける情報提供義務を侵害し、あるいは別の根拠から優越的な知識を保有している製造業者は、官庁の判定を口実にすることはできない。」としている。その上で、デグッサ事件では、結局、製造物販売の義務違反性は、互いに無関係に存在していた二つの根拠を理由に排除されたとする。つまり、アマルガム製品の販売の場合は、「科学的な知識の状況からしても、許可判断と結びついた製造物の安全性に関する非危険性の官庁のテストからしても、理由はないと言うべきであった。」ということである[101]。クーレンは、上記のことは、製造業者の義務の適切な具体化から難なく導かれるものであり、不確定でかつ逸脱の傾向のある処罰リスクと刑法上の製造物責任との結びつきは、決して宿命的なものではないと述べている[102]。

　2）評価

このような「製造業者の義務の特定」の議論と前述の「高められた危険な先行行態」の考えがどのような関係に立つのかは必ずしも明確ではない[103]。実際、クーレンの議論は、明確な基準を立てる前に事案類型的な比較をするものであるので、直ちに採用することはできない。

もっとも、クーレンの議論を「製品流通後にどのような危険状態が生じれば製造業者の介入が期待されるのか」という視点で見直してみると、製造業者への義務付けの前提条件を確定する意味では一定の価値がある。クーレンは、コンテルガン事件において示された「真に受け止めるべき危険の疑い」があるか否かを重視していた。そのような疑いがあったことについては、皮革スプレー事件判決でも触れられているが[104]、これが認められるためには、客観的な状態として、製造業者が介入すべき危険状態の認定が必要になるはずである。結局、ここでの判断は、流通した製品によって惹き起こされている危険が、「許された危険」を超過したか否かという規範的な判断と重なることになろう。デグッサ事件の分析でいえば、「低分量領域での長期露出」というように、事後的な報告によっても真に受け止めにくい性質の危険性であること、国際的に強化された研究および意見水準に基づいて製造業者が危険でないと信頼して良い科学上の支持された知識水準が存在したこと、製品の販売に当たっての官庁の許可があったことなどが、判断材料となろう。実際、高められた危険な先行行態の有無を問うクーレンの立場においても、単に製品を原因とした健康被害が発生していれば、直ちに法的に許容されない危険創出ありとして製造業者の義務を肯定しているわけではないのである。

(2) 物的支配に基づく保証者的地位を問題とする見解
1）学説の検討
先行行為に基づく保証者的地位を全面的に否定し、危険源に関する不作為者の事実上の物的支配によって保証者的地位を基礎付ける見解として、

ベルント・シューネマン（Bernd Schünemann）の物的支配説がある。シューネマンは、当初、物的支配概念に従って製品流通後の製造業者の保証者的地位を一般的に否定していたが、後に改説し、一定限度で保証者的地位を認めるに至っている。改説後の彼の見解については別途検討するが（後述（4）参照）、彼が示した支配概念は、支配領域性を問題とする学説のベースともなるべきものであるので、はじめに詳しく検討することとする。

　シューネマンは、作為と同等の不作為だけが問題になるという「作為同等性」（Begehungsgleichheit）について、次のように述べている。すなわち、「この『作為同等性』を単なる手掛かりとして、裁判官が何らかの（作為と不作為において、場合により完全に異なった）基準により決めることが許される『同等の当罰性』（gleiche Strafwürdigkeit）と理解しようとするのであれば、このような刑法の探求の仕方は、『法律なければ犯罪なし』（nullum crimen sine lege）（基本法103条2項）という憲法上の原則と全く調和しえない。したがって、不作為犯の可罰性が、作為犯と異なった諸事情、つまり、法律上全く輪郭が示されず、その結果裁判官の判断だけに委ねられた諸事情に基づくべきとするならば、不作為犯の可罰性は、もはや合理的に検証可能な手段を用いて、刑罰法規（Strafgesetz）自体に結びつけることはできないであろう。そして、罪刑法定主義（nullum-crimen-Satz）の『最小限保証』（Minimalgarantie）は、侵害されるであろう。それゆえ、作為同等性は、形式的ではなく、『可罰性についての本質的な構造』（für Bestrafbarkeit wesentlichen Strukturen）において同等なものとして、実質的に規定されるべきである。一般的犯罪概念のレベルでは、等置問題（Gleichstellungsproblem）の解決にとって、何らの有効な実質的構造が存在しないことから、不作為の作為同等性は、各犯罪類型において、どのような行為の特別な特徴が可罰性を基礎付けるのか、ということに基づいて規定されねばならない。」としている[105]。

その上で、結果犯の可罰性の根拠について、次のように述べている。すなわち、「結果犯（実際上最も重要である）の場合、可罰性の根拠（つまり、帰責が許されている『事物論理的構造（sachlogisch Struktur）』）は、結果についての人間の支配にある。そして、これに対して、この支配に関する基盤は、人間と、結果の直接的な原因として結果を惹き起こしている身体動作との関係に存するのである。他方では、この関係自体が、人間が身体に対して支配を及ぼしていることによって特徴付けられることから、我々は、『結果の原因に対する支配』（Herrschaft über den Grund des Erfolges）を、結果犯においては、作為と同様（作為同等性の原理のゆえに）、不作為についても一様に当てはまる帰責原理であると認めているのである。」としている[106]。

　シューネマンは、そのことによって、結果犯における等置問題解決の規範的な方針が獲得され、その漸進的な具体化によって、個々の保証類型が規定されるべきとする。まず、第一の具体化として、結果の理由を「本質的な結果原因」（wesentliche Erfolgsursache）と「被害者の不救助状態」（Hilflosigkeit des Opfers）とに区分し、前者には「一定の危険源に関する答責性」が、後者には、「特定された法益に関する特別の保護義務」が対応するとする[107]。次いで、第二の具体化として、この両方の類型から本質的な保証者的地位を導き出している。すなわち、「本質的な結果原因に対する支配は、社会生活上の義務（たとえば、弛んだ屋根瓦を取り除く家屋所有者の義務、あるいは自己の自動車が見知らぬ者によって使用されることを防ぐ自動車所有者の義務）並びに禁治産者（unmüdige Person）についての監督義務（たとえば、精神病者の世話係に関して）を発生させる。被害者の脆弱性に対する支配は、以下のことにより実現される。それは、現在の所与のものとしてあるものか（たとえば、胎児についての妊婦の関係）、自身の介入によるもの（たとえば、捨て子の受け入れによるもの）、あるいは、第三者の信頼行為（Vertrauensakt）によるもの（たと

えば、危険共同体の場合や病気の親戚の世話）である。すべての事案において、支配は（作為犯の場合における結果関連性と比較可能にするために）、現在の所与のものである権力関係（Gewaltverhaltnis）、あるいは意志活動によって基礎付けられている『現下の』（aktuell）権力関係でなければならないということが配慮されている。それに関して、単純な回避可能性、つまり個々の不作為の潜在的因果性では、決して十分ではない。」としている[108]。

2）評価

「現下の」権力関係、あるいは「物的支配」[109]という概念に従えば、問題となっている危険源が、物的支配者・支配保有者の事実上の支配領域になお見出される場合にのみ、監視保証者義務が承認されるので、流通してしまった製造物に関しては、基本的に保証者的地位が否定されることになる。皮革スプレー事件判決でも引用されているように、シューネマンは、当初、製造業者の回収義務を一般的に否定していた[110]。

しかしながら、物的支配の概念は、危険物と製造業者との物理的空間的な繋がりに過度に焦点を合わせている感が否めない。また、危険な製造物を流通させておきながら、流通させた後は製造業者の物的支配が及ばないから何らの刑法上の義務も負わないという結論は、演繹的にはそうなるであろうが、いかにも一刀両断的な帰結であって適切な結論とは思われない。刑法も社会統制手段の一種である。物的支配説の結論に対しては、「何らかのもの」がそぎ落とされてしまったという感が拭えない。そもそも製造業者等の回収義務の問題は、製造物の製造・販売後に業者の支配領域を離れることではじめて問題となるものである。つまり、かかる回収義務を認めることの本質は、製造物が製造・販売業者の支配領域を離脱し、すでに消費者の支配領域にある場合であってもなお、製造物の安全性について、ある種の「アフターケア」を促進することにあるのである[111]。物的支配説によれば、結果的には、刑法にこのような機能を担わせることを

拒否することになろう。

（3）法的影響関係・法的処分関係に基づく保証者的地位を問題とする見解
1）学説の検討

　欠陥製造物に関する製造業者の事実上あるいは法的な影響権能・支配権能（処分権能）に基づいて、刑法上の製造物回収義務を基礎付けようとする見解として、イェルク・ブラムゼン（Joerg Brammsen）の見解が挙げられる[112]。皮革スプレー事件判決において、刑法上の回収義務を否定する学説として、シューネマン説に類似する見解としてブラムゼンの文献が挙げられていたように、当初ブラムゼンは回収義務否定説であった[113]。しかし、皮革スプレー判決後は、製造物回収義務を、産業上の領域、換言すれば、監視保証者義務における安全義務の適用事例の一つとして位置づけるに至っている。

　ブラムゼンは、皮革スプレー事件においては、先行行為の客観的義務違反性は認められないとして、先行行為に基づく保証者義務は肯定できないとする。その上で、危険行為が客観的に予見可能ではなく、客観的注意違反ではない場合、あるいは正当化されたとすればなおさら、保証義務の根拠に関して、次のような保証者の状況が引き出されねばならないとする。それは、「保証義務の発生が、危険行為の存在に依存しない場合」である。つまり、「不作為的な特別義務の負担者に、実際、固有の危険創設行為がなく、あるいは注意に適い、かつ許容された場合、それどころか客観的に予見できない危険状況の場合でも、結果回避を義務付ける保証者的地位が考慮されねばならない。」とする[114]。

　ブラムゼンは、先行行為アプローチの制限された有用性を認識することが、回収問題の実態および体系に即した説得的な解決への道を開くとするならば、製造業者の回収義務が、これまで一般的に承認されている保証義務のどのようなものに本来的に分類されるべきなのか、というさらなる問

題が立てられるであろうとする。彼は、危険を自ら基礎付けた者だけが先行行為による帰責的地位に合致しうるのであり、「委譲可能性が欠けていること」(fehlende Übertragbarkeit) が先行行為論の特徴の一つと考えている。そして、この特徴が他のすべての保証者的地位と先行行為の保証者的地位とを区別しているとする[115]。ところが、企業内においては、逆に、人事変更における義務的地位の顕著な委譲可能性を特徴としている。新たに企業に入る者が、前任者の機能関係的な義務を引き受けることは当然のことである。しかし、ブラムゼンは、問題となっている義務が、前任者の固有の義務違反の危険行態から生じる場合（まさに先行行為の場合）には、このような職業特殊的あるいは企業特殊的な義務の委譲により説明することには限界があるとするのである。一方で、企業内の後任者は、「その前任者の故意の違法行為からのみ生じている切迫した法益侵害」であってもなお回避する必要があり、それに伴い、後任者は、実際上、「自己答責的で犯罪的に行動していた前任者の『就任上の義務者』」(Einstandspflichtigen) になるであろう。」とする[116]。しかし、そのような後任者の責任は、刑法における自己答責性原則の基本的意味とは明らかに相容れないとして、「専ら先行所為とは無関係な (vortatsunabhängig) 事態に即した事由」に保証者義務の根拠を求めようとする[117]。

　次いで、ブラムゼンは、物的支配説に着目し、物的支配概念に従った場合の問題点を考察している。監視保証者の保証者義務が、危険源に関する不作為者の事実上の物的支配によってのみ基礎づけられるとするならば、監視の保証者義務は、そもそも問題となっている危険源がなお物的支配者・支配保有者の事実上の支配領域に見出される場合にのみ肯定されることになる。しかしそうすると、危険源が一旦行為者の支配領域から離れるならば、保証者義務は、もはや支配原理によって基礎付けることはできない。そのため、ブラムゼンは、「現下の事実上の（物的）支配状況の保有と監視の保証者義務とを繋げることが、これまで、回収問題の実態および

体系に即した解決を実際妨げてきた決定的な原因である。」としている[118]。

そこでブラムゼンは、物的支配の考えから脱却するため、次のように述べて、事実上の支配関係の他に、法的な影響関係つまり法的処分関係（Verfügungsverhältnisse）も考慮されるべきとしている。すなわち、「物理的・現実的な（物的）支配関係がある場合に監視の保証者義務を制限することは、的確ではない。そうすることは、著しい単純化の中で、監視保証者の義務的地位の基礎を成し、それに著しい特別の特徴を与えている社会の複雑な状況の多面性を考慮していないからである。高度に複雑で絶え間のない社会的変化に支配されている社会においては、あらゆる社会秩序システムは、相互に相関的な（assoziativ）影響関係に立ち、互いに補充、浸透し合い、別のシステムの変化に内部的な分化（Ausdifferenzierung）をもって反応している。そのため、監視の保証者義務の発生は、事実上の（物的）支配関係の現実性とだけに結びつけられ得るものではない。共同体全体の発展は、存在している状態の硬直化（Zementierung）によって不可能にすべきでないとすれば、事実的視点も法的視点も絶対化することはできず、はじめから、それらの内の一つについてだけ独占的な価値を認めることはできない。むしろ、監視保証者義務の根拠付けに関し、純粋な事実上の支配関係の他に、法的な影響関係つまり法的処分関係も考慮されるべきである。そのようにしてのみ、一定の『委ねられた』（überantworteten）特別の社会的地位に結び付けられ、そして一般的に是認されている社会の全体的関連で命じられた配慮が保証される。」というのである[119]。

このようにして、ブラムゼンは、「消費者の手元への……経路上」にある製造物は、いまだになお製造業者の事実上あるいは法的な影響力つまり法的処分権限に支配されているとする。そして、製造業者の製造物回収義務が、監視保証者義務に問題なく位置付けられるとすれば（その監視の保

証者義務は、現下の（物的）製造関係の連関の外にあるものであるが）、製造物回収義務は、販売された商品が規定に沿った「流通状況」(in-den-Verkehr-Gelangen) に置かれることで、いわば機械的に消滅するものではないとしている[120]。

さらにブラムゼンは、次のように、監視保証義務が認められる領域と物的支配により保証義務が認められる領域とを区別することで、物的支配説の問題点を浮き彫りにしている。すなわち、「次のような位置づけの関係(Zuordnungsverhältnis) の場合だけは、監視保証との繋がりは欠ける。それは、空間的に密接であり、所有者と物の外部関係にだけ焦点を合わせており、いかなるときも（直接的で障害なく）行使できる作用意志(Einwirkungswille) の実現が保証されている位置づけ関係にある場合である。それらはいずれも、この種の保証者責任の限界を企業領域内部に存在する物に強いて限定しているものである。換言すれば、もっぱら、監視保証者の事実上の影響領域あるいは処分領域を安易に物理的・現実的な（支配の）中核部分に制限することによって、流通に達してしまった商品の回収に関する製造業者の監視保証者義務を拒絶しているのである。社会生活の参加者に関して保証義務を基礎づけている（相互の）期待態度(Erwartungshaltung) について現実との関連を切り取ることは、いつでも移転し得る現下の（物的）支配権能による縛りを取り払うものである。翻って、そのことは、団体構成員の、日常の社会生活において自明なものとして是認され、そして確実に予期可能なものとして予定されたさらに進捗した期待態度として一致させなければならない。」としている[121]。

企業領域内部にある危険物に対する保証義務は、物的支配に基づいて基礎づけることができるため、あえて監視の保証義務の問題とするまでもない。しかし、物的支配説は、物的支配権能にこだわるあまり、本来企業の外部に対して及ぼすべき監視保証者の義務を安易に拒絶してしまっているということであろう。ブラムゼンは、このような物的支配説の問題点を明

らかにし、物的支配権能からの脱却を試みているのである。

2）評価

危険物に対する現下の物的支配の有無だけに囚われてしまうと、監視保証者の義務的地位の基礎を成し、それに著しい特別の特徴を与えている「社会の複雑な状況の多面性」がそぎ落とされてしまう。そのことが、結果的には、「監視保証者の事実上の影響領域あるいは処分領域を安易に物理的・現実的な（支配の）中核部分に制限することによって、流通に達してしまった商品の回収に関する製造業者の監視保証者義務を拒絶」することになるというブラムゼンの指摘は傾聴に値する。「そぎ落とされてしまったものの中に、重要なものがあるのではないか」という趣旨であろう。そして、「高度に複雑で絶え間のない社会的変化に支配されている社会においては、あらゆる社会秩序システムは、相互に相関的な影響関係に立ち、互いに補充、浸透し合い、別のシステムの変化に内部的な分化をもって反応している」というくだりからも分かるように、ブラムゼンが重要視したものは、社会における相互の影響関係である。ここから「法的な影響関係・法的処分関係」という概念が導かれているように思われる。このようなブラムゼンの分析手法については興味深いものがある。

ただ、彼が製造物回収義務の根拠として述べている「法的影響関係・法的処分関係」について、その概念上の位置づけや内実については、不明確な点が多い。まず、「法的影響関係・法的処分関係」は、拡張された支配概念の枠内に位置づけられるのか、それとも支配概念とは別の概念として位置づけられているのか。これについては、ブラムゼン自身、別の論文において、製造物回収義務を「支配思想」により根拠付けることを明確に拒否するかのように述べる一方で[122]、製造物回収義務は、「支配を持続させる（herrschaftsüberdauernd）」物的危険源保証の更なる適用事例であると述べるなど[123]、一見すると位置づけ上の混乱が見られる。しかし、先に検討したように、ブラムゼンが物的支配権能に囚われることを問題視

し、物的支配説からの脱却を試みていたことは間違いない。そして、「消費者の手元への……経路上」にある製造物は、いまだになお、製造業者の事実上あるいは法的な影響力つまり法的処分権限に「支配」されている[124]、などと表現されていることからすれば、ブラムゼンは、支配概念を拡張した上で、その枠内で「法的影響関係・法的処分関係」を論じていると解するのが素直である。「支配思想」による説明を拒否するかのような記載は、物的支配説のような従前の支配概念に従うことを拒絶するものとみるべきであろう。実際、一般的に、ブラムゼンの見解は、支配概念を拡張したものとして分類されているのである[125]。

　問題は、「法的影響関係・法的処分関係」が如何なる内実を持つのかについてである。これについては、「他者に情報を提供したり、警告したり、またそうすることによってこれらの者を動機付ける『権能』は、事実的あるいは法的な処分権能とは全く異なる」とするオットーの批判[126]が重要であるように思える。つまり、ある物を処分する事実的あるいは法的な権能を行使する者は、その支配的知識によってこの物について決定することができる。しかし、「影響権能」は、情報や警告により他者を動機付ける可能性を開くに過ぎず、法的処分権能のように支配を基礎付けるものではない。ブラムゼンが述べる「法的影響関係」がこのような影響可能性に過ぎないとすれば、法的処分関係と同列に置くことは問題である。また、単なる影響可能性に着目する場合は、監視保証義務が際限なく拡大することにもなろう。他の学説においては、このように「支配」と「影響可能性」とを混同することを問題視し、両者を明確に区別して、製造業者の「特別な影響可能性」に依拠して帰責を基礎付けようとするアンドレアス・ランジーク（Andreas Ransiek）の見解もある[127]。

　ブラムゼンが主張する「法的影響関係・法的処分関係」については、上記のような支配概念の位置づけ問題もさることながら、その中心的概念の意味内容が多義的であることは否定できない。その意味で、ブラムゼンの

見解は、支配概念の複雑化の一つの契機となったといえよう。

(4) 支配の観点から「警告義務」の限度で製造物監視義務を問題とする見解

1) 学説の検討

前記 (2) で検討したように、シューネマンは当初、物的支配説の見地から製品流通後の刑法上の欠陥製品回収義務を一般的に否定していた。しかし後に、「被害者の部分的な不救助に対する支配」の観点から一定限度で刑法上の作為義務を認めるに至っている[128]。

シューネマンは、先行行為に基づいて製造業者の保証者的地位を肯定したBGHに対して、いくつかの批判をしているが、その一つとして、BGHが想定していた結果回避義務の内容についての批判がある。つまり、BGHが、消費者への「警告」について触れずに、「回収義務」についてだけ述べていることである。この点についてシューネマンは、次のように述べている。すなわち、「たとえ、民法上、消費者の要請が商品の引き取りもしくは危険な製造物の賠償を主張するものであっても、刑法上の結果回避義務は、常に、ただ消費者への警告をもって満たされるというべきである。なぜなら、消費者が自己の所有下にある危険な製造物を引き続き使用するか否かは、当然、もっぱら消費者自身が判断すべきことであるからである。第一刑事部が、それ自体、自ら徹底して強調していた民法の法状況からの刑法の自主独立性（BGHSt-37, 115）を十分に考慮していないことは、このように保証者義務の範囲を誤って規定することに顕著に現れている。」としている[129]。このようにシューネマンは、「警告」の限度で刑法上の義務を認めるという結論をまず示した後、自身が定立した「結果の原因に対する支配」による限定的な等置方針（Gleichstellungsrichtlinie）はそのまま維持して、この義務を支配原理により説明しようと試みている。

そこでシューネマンが試みているのは、皮革スプレー事件の事情の下で

の支配関係が、「患者と家庭医との関係」、あるいは「自動車保有者と整備を実施した修理工場との関係」と同様に説明できるか否かである[130]。シューネマンは、警告義務（Warnungspflicht）は、製造物監視義務を想定する際のみに意味があるとして、次のように述べる。すなわち、「実際、すでに製造物を所有するに至った消費者への事後的な警告に向けた保証者義務の事物論理的前提として、継続的な製造物監視義務を想定する重要な基準は、明らかに次のような支配理論の範囲内にある。それは、製造業者が、顧客に対し、まさに継続的な製造物の監視をすることを約束し、そして顧客は、家庭医に対する患者、もしくは修理工場に対する自動車保有者が、製造物の安全性（Gefahrlosigkeit）のケア（その限りでは、通常の消耗過程（Abnutzungsprozeß）は問題にならない）を製造業者の手に委ねる、という具合に信頼しているということである。そのため、このような前提の下では、これまで、引き受け（Übernahme）による保証者的地位の下位形式の一つとして私が認めていた、被害者の部分的な不救助状態に対する支配（Herrschaft über die partielle Hilflosigkeit des Opfers）が発生する。」というのである[131]。

　シューネマンはこのように述べた上で、製造業者が製造物をさらに監視し、かつ事後的に認識された危険を一般人に明らかにするということを、消費者はどのような条件の下で所与のものとできるのかという問題について述べている。これについて、シューネマンは、ブランド（Marke）の立ち上げとその宣伝とを挙げて、製造業者の「社会類型的な態度」（verkehrstypisches Auftreten）に対する消費者の信頼という観点で説明している。すなわち、「個々のコマーシャルで確かめ得るように、製造業者は、工業的製造物の場合、しばしば明示的に、かつ実際上は常に黙示的に、製造業者により製造・検査された製造物に特別の信頼性があることを宣伝している。そして、このことが、決定的な点において、ブランド商品と非ブランド商品とを区別している。またブランド商品は、通常非ブラン

ド商品より高価であることから、顧客は、このように宣伝で明示的もしくは黙示的に約束された追加の給付（Zusatzleistung）にも特別の対価を支払っている。その結果、消費者は、当然に製造業者の製造物監視義務を信頼することができるのである。」としている[132]。

　その上で、かろうじて、製造物監視義務および事後的な警告義務が次の場合のみ基礎付けられることが、皮革スプレー事件判決により提示されたとする。それは、「製造業者が、そのようなケアを明示的あるいは黙示的に約束し、そして消費者集団が、類型的にそれを実際信頼している場合」である。そして、まさにブランド商品の場合は常にそうであり、かつその場合だけに限られるとしている[133]。

　2）評価

　このようにシューネマンは、製造業者の支配を、「被害者の部分的な不救助状態に対する支配」という枠組みの中に押し込もうとしているが、プロクルステスのベットの感を否めない。シューネマンの論述においても実質的には、消費者の製造業者に対する信頼が製造物監視義務および事後的な警告義務を肯定する根拠の中心に据えられており、もはや「支配」という枠組みの中で説明するのは困難と言わざるを得ない。前記（2）で検討したように、シューネマンは、もともと支配概念の中身として、「現在の所与のものである権力関係」、あるいは「意志活動によって基礎付けられる『現下の』権力関係」でなければならないとしていた。捨て子の引き受けなど、「被害者の不救助状態」を引き受けた事例の場合はまだしも、流通した製造物の場合には、このような関係は見出し難い。そうすると、シューネマンが従前主張していた支配概念の拡張あるいは変更が行われたと見るべきであるが、その内容は必ずしも明らかではないのである。

　また、製造業者の結果回避義務の内容について、回収義務だけに固執すべきではないということはそのとおりであるが、逆に、製品回収をはじめから結果回避措置から排除することは是認できない。シューネマンは、自

己の所有下にある危険な製造物をさらに使用するか否かは、もっぱら消費者自身が判断すべきとする。しかし、消費者に対する危険の程度如何によっては、単なる警告では足りない状況もあるはずである。現に本皮革スプレー事件判決でも、「不特定多数の消費者の健康に対し、真に受け止めるべき危険」を及ぼしており、「回収は、実際、延期できる状況になかった」として、「被害の予防のための効果的な安全措置」として回収措置が命じられていた[134]。本件では、死者は出ていないが、そのような事案ですら回収が必要とされるのであるから、死者の発生が予想されるような重大な事案では、一層その必要性が高いといえる。回収措置は、消費者の心理に対して製造物の危険性を喚起するより効果的な手段といえるから、結果回避措置の内容から一律に排除すべきではないと考える。

(5) 社会生活上の安全義務に基づいて保証者的地位を問題とする見解
1）学説の検討
i）ヒルゲンドルフの見解

皮革スプレー事件において、原審のマインツ地方裁判所は、結果回避義務を民法上の社会生活上の安全義務（Verkehrssicherheitspflicht）、とりわけ製造物監視義務から導き出した[135]。この観点から製造業者の保証者的地位を説明しようとするものとして、エリック・ヒルゲンドルフ（Eric Hilgendorf）の見解がある。

ヒルゲンドルフは、先行行為に基づいて製造業者の保証者的地位を導入することは可能としつつも、その観点を導入する契機はないとする。彼は、クーレンと同様に、「危険な物の製造業者は、その製品の製造および販売の際に、客観的に危険が認識可能であったか否かに関係なく、すでに危険源の創設の観点から保証者義務がある」ということを出発点とする[136]。もっとも、彼が保証者義務の根拠としているのは、危険な先行行為ではなく、社会生活上の安全義務である。それは、「危険な業務を保有

している者なら誰でも自己の答責領域に属する危険源について負わされている」ものである[137]。

その場合、保証者義務に関し、先行行為の考え以外の独立の根拠付けの方法が問題となる。ヒルゲンドルフは、特定の先行行態はもとより、それに義務違反性が伴うことも問題ではないとして、次のような考察から独立の根拠を導き出そうとする。すなわち、「自由主義的で補完性原則（Subsidiaritätprinzip）に依拠した共同体においては、危険源の創設および操業によって利益を取得し、かつ危険の制御について独占的地位（Monopolstellung über die Gafahrensteuerung）を有している者には、この危険に関しても責任を取ることを正当に期待しうる」という考察である[138]。そして、彼は、判例がとりわけ交通事犯の領域において社会生活上の安全義務から保証者的地位の導き出すことを原則的に認めていること、および建造計画に関しても、保証者的地位を導き出すことが支配保有者の社会生活上の安全義務からほぼ一般的に是認されていることを指摘している[139]。つまりは、製造業者の社会生活上の安全義務も社会的に是認されているということを述べたいのだと思われる。それゆえに、ヒルゲンドルフは、BGHが皮革スプレー事件判決において、一定の危険源に関する答責性（状況責任（Zustandshaftung））の形態として、「製造業保証者」（Herstellergaranten）の前提条件をさらに作り出すことを怠っている点を遺憾としている。彼は、次のように述べて、そのような前提条件を作り出すことの積極的意義を強調している。すなわち、「高められた危険性の源泉に対する答責性の観点から、危険な施設を経営する者の保証者的地位について明確にすることは、確実に法政策的なシグナルを発するうえに、将来の下級審裁判所に、時としてかなり困難となるもの、つまり製造業者に義務違反の先行行態があることを証明するという困難さを免れさせることになろう。」というのである[140]。その上で、民事上の客観的注意義務違反の判断を刑法上に転用できる否かについて論じ、これを認めるべきとしてい

る[141]。

ii) ブロイの見解

　社会生活上の安全義務の観点から製造業者の保証者的地位を肯定しようとする最近の見解として、ルネ・ブロイの見解を挙げることができる。ブロイも先行行為に基づいて製造業者の保証者的地位を肯定することについては否定的であり、端的に「製造業者が、いかなる条件の下で、処罰に値する回収義務を負担するのかを解明することが必要」とする[142]。彼は、製造物を流通に置くことそれ自体は、そのような義務を伴う製造・販売業者の負担を未だ正当化するものではないとする。なぜなら、製造物流通に伴って常に結びつけられる特別のリスクは、すでに民事上の製造物監視義務によって中和されている（neutralisieren）からである[143]。しかしながら、この製造物監視義務を刑法に結びつけることは次のようなことからもっともなこととする。すなわち、「製造物監視義務は、まさに、今日の科学および技術の水準に従い欠陥のないものとして生産された製造物の供給に関して、実際存在するものであり、それにより、製造物の流通後においても許された危険が持続的に遵守されることを監視することに役立つのである。つまり、危険が監視中に認識できるようになったとすれば、それによって許された危険を超過し、製造業者は介入に向けて義務づけられる。その場合、製造業者は、状況に応じてさまざまな指示をなし得る。」というのである[144]。

　しかしながら、そのような刑法以外の社会生活上の安全義務を保証者的地位の根拠に取り入れる際には、慎重な対応をとるべきである。ブロイ自身もそのような立場を取っている。そこでブロイは、単純に社会生活上の安全義務に「補助機能」を割り当てることが可能性のひとつであるとする。その場合は、「先行行為の保証者的地位は、合法的な先行行態を理由とする場合には、――それについて適切な――社会生活上の安全義務が（少なくとも）あるという条件の下で、承認すべき」という結果になると

している[145]。しかし、その場合の核心部分を見れば、ここでの保証者的地位は、社会生活上の安全義務に根拠をもっているとする。

次いで、ブロイは、社会生活上の安全義務についてのBGHの立場を検討している。BGHは民事上の社会生活上の安全義務を保証者的地位として機能させることが適切であるか否かについて、明らかにオープンなままにしていたと思われる[146]。しかし、ブロイは、核心部分をみればこの微妙な問題に対する積極的な立場を明らかにしていると評価している。すなわち、「連邦通常裁判所の先行行為の構築は、合法的に流通に置かれたものの、実際、後になって危険であることが判明した製造物の場合においては、可罰的な回避義務が存在するという考え方からなされているのである。なぜなら、リスクの最小化は、認識に依存するものであり、そのため、その時々の現下の知識状況に基づいてそれは行われなければならないからである。このことは、実際、刑法上の重要な製造物監視義務を前提にしており、場合によっては、それが適切な警告および回収義務を引き出すのである。」というのである[147]。

さらに、ブロイは、社会生活上の安全義務と物的支配概念が一定の関連性を持っているとしつつ、その限界についても言及している。事物から発生した危険のコントロール可能性は、事物に対する支配と高度に結びついており、社会生活上の安全義務の多くは、そのことに依拠している。しかし、ブロイは、このことは社会生活上の安全義務を承認する理由を十分に記述しているわけではないとする[148]。製造物監視義務は、そもそも、製造物が製造業者の支配領域を離れた後で、はじめて問題となるものである。ブロイは、その機能の本質が、「製造物がすでに消費者の支配領域にある場合であってもなお、製造物の安全性について、アフターケアをするということにある」として、社会生活上の安全義務を拠り所とした保証者的地位について、物的支配概念とは独立の正当化根拠が必要であるとするのである[149]。そして、ここでの社会生活上の安全義務は、「製造業者と消

費者との間に存在している関係」に根ざしており、製造業者が以下のことに配慮するという是認された義務から生じるものとする。それは、「規定に従って製造業者の製造物が使用された場合に、何ら被害が生じないように配慮する義務」であり、消費者は、自ら検証することなく、製造業者がそのような配慮をすることについて信頼することが認められているのである[150]。

　ヒルゲンドルフも指摘しているように、交通事犯などの特定領域の社会生活上の安全義務は、刑法上の義務としても認められている。これらの領域では、他者のはたらきを利用する際の信頼の原則の影響がみられる。ブロイは、製造物流通の場面においても信頼の原則の影響があるとして、この原則に基づいて、製造業者に対して、どのような社会的な期待が向けられているのかという観点から考察を進めている。すなわち、「信頼の原則は、一定の社会的接触のある形態の分野にだけ適用され得るものであり、決して個人心理的（individualpsychologisch）に理解されるべきものではない。匿名の需要充足が標準的である状況は、まさに現代社会において特徴的なものであるが、それは次のことによってのみ実現されうる。つまり、各関与者は、彼らの役割に特有の行動（製造業者、自動車運転手等としての行動）に基づき、一般化されている一定の期待の下にすでに置かれており、彼らはその期待を考量しなければないのである。その限りでは、ここにおいては、支配の観点とは何ら関わりをもっていない。むしろ、社会的役割の引き受け（Übernahme einer sozialen Rolle）に基づく保証者的地位が問題である。その場合、引き受けは、意識的な『引き受けの決断』に基づいているか否かとは関係なく、当該の役割行動自体にすでに含まれている。実際、製造業者の状況責任は、そのような信頼の構成要件（Vertrauenstatbestand）を受け継いでいる。」としている[151]。

　２）評価
　ヒルゲンドルフの見解は、製造業者の保証者的地位を認めることの法政

策的な意義を強調するあまり、刑法上の義務の根拠付けとしては、厳密さに欠ける。その傾向は、民事上の製造物責任における客観的注意義務違反の考え方を刑法上の製造物責任に直ちに取り入れようとする点[152]にも見出すことができる。法秩序を動的存在として把握するならば、特定分野の社会生活上の安全義務が刑法上の義務に転化することは認められ得るが、刑法的原理に則した慎重な考察が不可欠であろう。

　これに対して、ブロイは、社会生活上の安全義務を刑法に取り入れようとする際、刑法の観点から慎重な姿勢を取っている。そして、刑法上の回収義務が問題となる場面においては、もはや支配概念によってそれを説明することはできないこと、製造業者の義務が消費者との「関係」に根ざすものであり、その関係においては「信頼の原則」の影響があることなど、傾聴に値する指摘が多い。製造業者の物な支配を離れた製造物の安全性について、なお製造業者の監視を及ぼそうとする場合には、支配の概念や個人心理的に理解された信頼を越えて、消費者との関係において製造業者が引き受けている社会的役割を考慮せざるを得ないであろう。実は、支配概念に着目するブラムゼンやシューネマンも、製造業者の保証者的地位を認める実質的な根拠として「社会生活の参加者に関して保証義務を基礎づけている（相互の）期待態度」[153]や「製造業者の社会類型的な態度」に対する消費者の信頼[154]について言及しているのである。つまり、製造業者の社会的役割に対する消費者の信頼が製造業者の義務を認める中核的な部分となっていると解される。

5　小括

　流通した製品の欠陥が明らかになった後の製造業者の保証者的地位に関して、ドイツ学説における最大公約数的な事項を整理すると次のようになろう。

第一に、ここでの議論は保証理論（Garantietheorie）の枠内の議論であり、故意犯・過失犯に共通の原理として、保証者的地位が問題とされているということである。皮革スプレー事件では、故意犯（危険傷害罪）と過失犯（過失傷害罪）の成否が問題とされ、両者に共通する要件として、製造業者の保証者的地位が問題とされているのである。

　第二に、学説は、先行行態の義務違反性を要求して保証者的地位を導き出すことにはおおむね批判的といえる。製造・販売業者が、製品の製造及び販売時に、当該製品の危険を客観的に認識できたか否かとは無関係に、製造業者の保証者的地位を見出そうとしている（以下、先行行態の義務違反性を要求しない考えを総称して、「義務違反性アプローチ否定説」という。）。つまり、製品回収義務の問題は、「製品の製造・販売時の刑事過失が認められないような場合であっても事後的に危険性が判明した段階で何らかの安全対策を取るべきか否か」ということが共通の問題意識になっているといえよう。そもそも製造・販売段階で刑事過失が認められればそれを根拠に少なくとも製造業者の過失結果犯の責任を追及できるはずである。先行行態に刑事過失と同等の義務違反性を求めることを前提に、製造業者の回収義務を導きだそうとするのは、ある意味では議論の前提を崩すものであったのである。そのため、先行行態の義務違反性の点を問題としない義務違反性アプローチ否定説の流れができたことは、当然のことであった。

　第三に、義務違反性アプローチ否定説に従う場合、二つの方向に分かれていることが挙げられる。一つは、先行行為を根拠に保証者的地位を導き出そうとしつつも、先行行態の要件を緩和する方向である（以下、「要件緩和説」という。）。たとえば、「高められた危険な先行行態」を問題とする見解が挙げられる。もう一つは、義務違反性アプローチ否定説を徹底して、保証者的地位を導き出すにあたってそもそも先行行為自体を問題としない方向である（以下、「先行行為アプローチ否定説」という。）。この方

向では、緩和・拡張された「支配」概念から、あるいは社会生活上の安全義務の観点などから、製造業者等の刑法上の義務を肯定する見解が認められた。要件緩和説は、結果惹起の原因となっている因果的起源を問題とするものであるのに対して、先行行為アプローチ否定説は、逆に、因果的起源を問題としないものである。この二つの方向は、因果的起源の果たす役割について、根本的な相違が認められる。

第4節 「企業」の製品回収義務と組織の中の「自然人」の作為義務

1 問題点の抽出

　製品の製造・販売時にその欠陥が認識されず、製品が流通してしまってからそれが判明した場合であっても製造業者の刑法上の作為義務が認められ得るとして、それはどのような内容の義務であり、誰が負担すべき義務であろうか。商品の製造業者が自然人である場合には問題は単純である。自然人たる製造業者に課せられている義務は、「回収義務」であり、具体的措置として「回収措置」が求められる。主体の特定はもとより、義務の内容の特定にさして困難はないであろう。

　しかし、法人たる製造企業、特に大企業が欠陥製品を流通させている場合には、義務の主体の特定はもとより、義務内容の特定も困難になる。とりわけ、「企業自体」に要求される義務内容と企業内の取締役等の「自然人」に要求される義務内容とが一致しない現象が生じる場合は、その傾向が著しい。そのため、企業内の個々の構成員が、どのような条件の下で、企業の義務違反に関して刑法上答責的であるのか、という問題がもたらされるのである。これは、製造物責任の領域だけではなく、企業活動に付随

して個人の生命・身体が侵害される場面において、共通して問題になり得るものである。

　皮革スプレー事件判決においても、まず、製造業者および販売業者の業務執行機関である取締役全体が負っていた回収義務を認定し[155]、次いで、組織内の自然人である個々の取締役の行為義務を認定するという手法[156]がとられている。このように、異なる義務の二段階的判断が本判決の顕著な特徴となっている[157]。この判断手法は、わが国における「企業組織体責任論」[158]を思わせる理論構成であるとの指摘もされている[159]。このような手法が、個別行為主義の下、可罰的不作為を特定していく不作為犯論と整合するものであるかは、慎重に検討する必要があろう。ここには、古典的刑法における「個人的答責性」と「集団の不法」に関する個々の自然人の刑法上の答責性の問題[160]も伏流している。

　そこで本節では、企業体の義務と組織の中の個人の義務とを区別する論理を分析し、合わせてここでの論理と故意不作為犯および不作為態様の過失犯との関係についても若干検討する。

2　皮革スプレー事件判決における組織関係的観察方法

　（1）皮革スプレー事件判決では、「要求されていたことは、むしろ、業務指揮の介入であり、その権限に基づいて実際に必要な回収決定を下すことであった。」とされている[161]。ここで問題とされているのは、会社の業務執行の決定を担う取締役全体としての義務であり、具体的な措置として流通した製品の「回収措置」が想定されている。このような集団・組織としての義務の認定が、第一段階の問題である。これに対して、シューネマンは、製造業者の刑法上の義務を検討する際に、常に回収義務だけを問題とすることについて批判し、ブランド品についての「警告義務」を問題とした。しかし、仮に警告義務を問題とするにしても、判決の論理によれ

ば、製造企業の場合は、「警告」という外部的措置をとるのは企業内の取締役等の自然人ではないので、この場合も取締役全体として義務を問題にすることになろう。

　第一段階の義務の認定における判断の特徴は、3会社に複数の取締役がいたことや各取締役に特別の業務領域が割り当てられていたことを理由として、各取締役の義務的地位を制限することを認めていない点である[162]。組織体の場合、組織が巨大になればなるほど組織内に属する自然人の業務の分業化が進み、その権限が限定化されるのが社会的な現実であろう。刑法上の義務を問題にする場合も、通常は、組織内の個人に割り当てられた業務領域を無視し得ないはずである。実際、本判決においても、「取締役の義務的地位は、一般的には、その担当する業務の範囲および責任の範囲と結びつく」としており、分業化によって責任が制限されること自体が否定されているわけではない。しかし、本判決は、危機的・例外的状況のような「特別の機会」に企業が全体として関係する場合には、「業務執行の一般的答責性および全面的管轄の原則」が介入するという論理を用いて、結論として分業化による責任の制限を認めていない。具体的には、特定の業務領域内だけではなく、他の業務領域との意見調整が必要となる「偏在的」な状況にあったとして、被告人らが担っていた個々の業務領域の「管轄を超えた」課題の克服が問題であったとしている。このような取締役全体としての義務を想定する場合、個々の取締役の個別的な事情は捨象されることになる。現に本判決は、組織を支配していた上司・部下の関係、および取締役の内部で事実上支配的地位に立っていた人物の影響力を考慮する必要がないとしている[163]。

　(2)　第二段階として、第一段階で問題とされた回収義務とは別に、個々の取締役に向けられていた行為命令が問題とされている。原審では、前者の義務と後者の義務は厳密に区別されていなかったが[164]、BGHは、両者を明確に区別している。原審のように、両者を同一視してしまうと、①複

数の取締役がいる会社の中には、基本的に「全体で」業務執行をするものがあるということ[165]、②その場合、取締役は、ただ共同して行動する権限があるにすぎず、他の取締役の共働なしに行動することは許されていないということが無視されてしまうからである。この場合、組織体に課せられる義務およびなすべき措置と組織体内部の自然人に課せられているものが、一致しないことになる。最終的に、各取締役は、「必要な回収の指揮および実行に関する取締役全体の決定を実現するために、その関与権限をすべて行使することにより、可能かつ期待可能なことを行うことの義務だけ」を負っていたとされている[166]。

このような観察方法は、組織関係的観察方法（organisationsbezogene Betrachtungsweise）と呼ばれている。

3 組織関係的観察方法に対する学説の評価

（1）否定的見解[167]
1）学説の概要
ⅰ）まず「組織」が負担していた義務を特定し、次いで「個々の取締役」が負担していた義務を特定するという手法は、ある種、「トップ・ダウン的判断」[168]である。このような判断手法は、第一次的に、自然主義的に理解された「最も近い行為」（Tatnächsten）を指向する伝統的な刑法上の判断手法に対して、重大な変更をもたらしている[169]。

このようなアプローチに対する評価としては、様々なものがある。たとえば、「思い切った一歩」[170]もしくは「パラダイム転換」[171]と形容されるような抜本的な革新があったと評するものもあれば、帰責方法の変更に着目したヴィンフリート・ハッセマー（Winfried Hassemer）の次のような批判もある。すなわち、「あらゆる共犯責任に共通する原則は、我々の刑法文化においては、個人的帰責である。個人的帰責は、複合的な共犯構造の

場合も（憲法で保護された比例の原則および責任なければ刑罰なしの原則との一致において）、すべての者に自らの行為に相応しいものが身に降りかかるということ、つまり、個々人について責任を負うべきものが衡量され、科刑されることを保証している。答責性が一括して量定され、その後皆に分配されるという理解における『企業責任』は、いずれにせよ、我々の刑法とは馴染まない。」というのである[172]。そして、ハッセマーは、皮革スプレー事件判決においては、会社法の帰責基準と刑法上の帰責基準とが相互に関連し合っているとして、「義務違反による帰責の出発点と基準は会社法であり、そこでは義務の配分は会社内の地位に基づいている。」と分析する[173]。彼は、すべての刑法的帰責の伝統的な出発点は法益の侵害にあるとし、複数の者に帰責する従来の方法は、被害に最も近い原因を設定した者の第一次的違反を問題にし、もし状況が許すならば、その後はじめて、「第二次的違反」や「第三次的違反」として、組織義務、選択義務、監視義務、統制義務の違反を追及するというものであったとする[174]。しかし、皮革スプレー事件判決によれば、行為者の答責性が、方法論上、被害ではなく企業における義務の配分に左右されるとして、「判決は答責性に関する刑法的検査の伝統的方法を本質的に変更している。」としている[175]。そして、第一次的違反によって媒介されるべき義務違反を、監督、組織もしくは統制に関してさらに問うということに代えて、複合的な関与構造における帰責の方法が、引き続き、義務の配分という会社法上の基準によって機能するならば、この方法は、最低条件として、このような基準を刑法上の諸要求のために具体化せねばならないとする。つまり、「複合的な行為関係の場合でも、個人への帰責は、構成要件的被害の実現について、個人的・状況的に寄与したことが具体的に解明され、量定される、ということが前提となる」とする[176]。その上で、彼は、「集団への帰責は我々の刑法に反しており、刑法の名の下で人が処罰される限りでは今後も刑法に反するにちがいない」というのである[177]。

ⅱ) これに対して、組織社会学の見地から皮革スプレー事件判決における行為の捉え方および組織関係的な観察方法について批判する見解がある。とりわけ、ギュンター・ハイネ（Günter Heine）の批判が重要である。皮革スプレー事件判決は、取締役の特別会議の後に製造・販売されたスプレーの使用により被害が発生したものに関し、作為による構成要件に該当する行態を認定し、それ以外の被害事件については不作為の行態を認定している。その際、作為の点に関しては、会社の目的の範囲内で活動する有限会社をとおして製品を製造および販売することは、取締役自らの行為として刑法上も帰責され得ると判示している[178]。ハイネは、皮革スプレー事件判決においては、経営上の積極的活動および処置が企業の行態（作為あるいは不作為）とされ、そしてこの行態が個々の取締役の固有の「行動」として刑法的に帰責されていると分析している[179]。彼は、この手法によって、BGH は黙示的に法人の行為能力を承認しているとも指摘している[180]。

ハイネは、このような行為の捉え方はいわゆる「機能的な正犯者概念」（funktionale Täterbegriff）をもたらすと言及している[181]。機能的正犯者概念とは、機能的正犯者として企業の指導的な構成員の可罰性を問うものである。オランダやベルギーにおいて支配的な手法であり、ヨーロッパ共同体委員会における企業および企業集団に対するカルテル罰金手続でも用いられているとされている。とりわけオランダがこれについて最も長い伝統を持っており、正犯の規範的な見方が実際最も強く示されているとされている。正犯者としての企業の指導的な構成員の可罰性は、オランダの最高裁判所の判例、とりわけ、いわゆる有刺鉄線事件（Stacheldrahtfall）において発展されたものである[182]。そこでは、機能的な正犯帰責のためには、以下の二つの基準（いわゆる Stacheldrahtkriterien）が必要とされている。一つは、行為者が犯罪的行態（inkriminierte Verhalten）への影響力を行使することができ、したがって何らかの処分権能をもっていること

を要求する権力基準（Machtkriterium）である。もう一つは、行為者がいずれにせよ刑法的に重要な行態を甘受することが通常であり、したがって「現場で」（vor Ort）タブー視された行為がそのような事象に含まれ、通常の業務経過に基づき受け入れられているという受忍基準（Hinnahmekriterium）である[183]。

　ハイネは、このような考え方について、以下の二つの疑問を呈している。一つは、企業における事実上の支配権能が機能的なものに変わっている場合でも、なお刑法上の帰責は可能であるのかというものである。もう一つは、情報が分節化し、検査機能が優位している場合に、そもそも典型的に行態の甘受を説明することができるのかというものである[184]。そして、実際上、客観的な帰責の救いは、単純に十把一絡げにはいかないが、機能的・社会的な正犯者概念を基にして、社会的な答責領域を浮き彫りにすることによって見出されうるとする。そしてこのような理由から、むしろパラダイム転換が不可避になっているという。つまり、「もはや、社会的な答責領域においては、個人的な行為を特定することは問題ではなく、集団的な企業活動を一定の個人に帰責することが問題となる。」というのである[185]。そして、まさに、皮革スプレー事件判決における企業関係的な観察方法により、BGHは、このような道を辿っているとする[186]。

　その上で、ハイネは、皮革スプレー事件判決により、最終的には次のような結果がもたらされると批判している。すなわち、「企業は、対立する事件においては、もはや刑法上の責任を免れる正犯者システム（Tätersystem）ではなく、原則的に各人が正犯者として責任を負う答責的共同体（Verantwortungsgemeinschaft）であることが明らかになる。このような正犯者クローン（Täterkloning）が他の集団的行為の領域に転用されるとすれば、至る所で、刑法上の責任の一定の限界はなくなってしまう。」というのである[187]。

　また、トーマス・ロッチュ（Thomas Rotsch）も、組織関係的観察方

法は、大企業が答責的共同体となる危険性を増大させるとして、ハイネが「正犯者クローン」と名付けたことは、完全に間違っているとはいえないとしている[188]。伝来の刑法上の帰責モデルでは、刑法上重要な行為に個人的な「支配」を要求していた。このような支配は、個別事案に関する行為義務を規定し、かつ具体化している。しかし、ニクラス・ルーマン（Niklas Luhman）によれば、とりわけ上司の地位は、表面上は不変のヒエラルヒー的地位構造の裏側において、支配的地位から調整的地位（Vermittlungsstatus）に際だって変動しているとされる[189]。ロッチュは、この所見は個々のセクトにおける管理者にも会社幹部にも当てはまるとして、結局、支配義務と調整義務とが一般的に絡み合うことにより、「組織的な非答責性」という結果が生じるとする[190]。そしてロッチュは、このような「義務の分配と分裂」により、伝統的な刑法上の帰責に関して、次のような明白な帰結があるとしている。それは、組織的な非答責性の問題について、「もはや行為支配論によっては克服しえない」という帰結である[191]。

2）評価

消費者が規定通りに製品を使用したにも拘らず、製品に起因して法益侵害の結果（消費者の死傷結果）が生じ、この結果の帰属が問題とされる場合、故意行為への帰属が問題となることは稀である。通常は、何らかの過失行為への帰属が問題とされよう。理論上は、設計、製造、販売の各過程における過失行為が問題となりうる。この過程の過失行為は、消費者の健康を害しうる原因（製品の欠陥）の設定に関するものであるので、なすべき措置としては、通常、危険源の除去が想定される。この場合は、ハッセマーが述べる「被害に最も近い原因を設定した者」の過失行為が問われ、場合によって、直接行為者の監督者等の第二次的責任を問うという構造になっている。

しかし、製品流通後の回収措置の懈怠が問題とされる場合、このような通常の帰責の方法は採用し得ない。なぜなら、ここでは、法益侵害の直接

的原因である危険源の設定に関与した者の過失行為が問題とされているのではなく、製品の欠陥に起因する危険状態を所与のものとした上で、かかる危険状態を除去する安全管理対策（警告措置、あるいは回収措置）の懈怠が問題とされているからである。そのため、直接行為者を介し、場合によってその上位者を帰責するという方法ではなく、組織の上位者の管理責任を直接問うという方法が用いられるのである。このような帰責順序の相違は、問責の対象となる行為の捉え方の違いによって生じる現象というべきである。したがって、ハッセマーが、製品流通後の回収措置の是非が問われている場面においても、なお「被害に最も近い原因を設定した者の責任を第一次的に問うべき」とのテーゼに拘っているとするならば、それは誤っていると言わざるを得ない。

　また、ハッセマーは、BGHの手法について、「答責性が一括して量定され、その後皆に分配されるという理解における『企業責任』」を問うもの、あるいは「集団への帰責」をするものと分析しているが、前記の帰責の方針にこだわるあまり、やや焦点のずれた不正確な批判になっているように思える。より直接的に、「組織」として負うべき義務・措置を特定した上で、組織内の個々の責任者が負っていた義務を特定するという判断手法の是非を問うべきである。

　これに対して、ハイネやロッチュの見解は、現代的な組織社会学の知見を重視し、BGHにおける行為の捉え方や組織関係的な考察方法を批判するものである。前述したBGHにおける二段階的観察方法は、組織の義務と組織の中の自然人の義務を問題とするものであり、裏を返せば組織としての行為とその中の自然人の行為を問題とするものである。その意味では、ハイネが指摘するように、企業の諸活動（販売・流通行為など）を個人の行為として同視するような側面があることは否定できない。しかしながら、組織関係的な観察方法を採用するとすれば、個人的な行為を特定することは問題ではないというハイネの指摘は、必ずしも正鵠を射ていな

い。現に皮革スプレー事件判決でも、企業としての義務と個々の構成員の義務とは異なるとして、後者の個別化が必要であるとされているのである[192]。とりわけ過失犯の領域においては、過失犯の構造とも関係するが、客観的な注意義務を特定することが重要である。この際、企業に対して要求されている措置を想定しながら、個人の個別的な注意義務（基準行為）を想定し、現実の行為が基準行為から逸脱しているかを考慮する必要がある。そのため、個々の自然人の個別的な行為を捨象することはできない。

　もちろん、刑法学において組織の実態とその変化を注意深く観察し、それを解釈学的に消化する必要はある。その意味で、ルーマンが指摘するような組織社会学の知見（企業内の上司の地位が、支配的地位から調整的地位へ際だった変動が見られることなど）を無視することはできない。しかし、社会学的な知見や組織的な現実を強調すると、逆に規範的な法的要請が無視されることにもなる。前述のように、現代の巨大組織においてはもはや個人の刑法上の答責性は把握しえないという見解があるが、これに対し、クーレンは、「フォーマルな組織において支配が尽きているという主張は、ともかく、自己創出的で（autopoietisch）インスピレーション的な夢想（Zukunftsmusik）にすぎず、しばしば提起される『組織的な非答責性』という問題に屈服する契機とは何らなりえない。」と批判している[193]。

(2) 肯定的見解[194]

1) 学説の概要

i) 皮革スプレー事件判決以前から組織関係的観察方法について肯定的な論者として、ヨアヒム・シュミット＝ザルツァー（Joachim Schmidt-Salzer）を挙げることができる。彼の見解は、皮革スプレー事件判決において随所に引用されており、判決における組織関係的観察方法の理論的な

基礎になっている。

シュミット゠ザルツァーは、刑法上の製造物責任が問題となる場面では、第一段階として、企業関係的な注意義務（betriebsbezobene Sorgfaltspflichten）の問題があり、第二段階として、企業関係的注意義務に関する内部的な答責性の問題があるとしている[195]。

企業関係的な刑法上の注意義務履行の一般的答責性は、経営陣、すなわち株式会社の取締役会（執行役会）（Vorstand）、有限会社、合資会社、合名会社における業務執行機関（Geschäftsführung）が負っているとする。このように刑法上の全面的管轄あるいは一般的答責性は、第一次的に（したがって企業内部の個々の部門リーダーなどの具体的権限を調査する以前に）業務執行機関にあるので、業務執行機関は、その管理している企業内部において刑法上の義務を履行することについて責任を負うべきであるとする[196]。

もっとも、責任という構成要件的メルクマールから導かれた個人的答責性の原理は、当然、業務執行機関内部においても当てはまるとして、第二段階として企業内部の答責性を問題としている。すなわち、「企業内部の個人答責性の原理は、具体的な事件前に、業務執行をする個々の構成員に義務づけられていた行為義務、組織義務、監督義務、統制義務あるいは類似義務の違反を帰責できるか否かについて、その都度検証する必要があるという帰結をもたらす。」というのである[197]。

シュミット゠ザルツァーの見解の特徴は、業務執行機関が負っている義務と企業構成員が負っている義務とを区別し、企業構成員の刑法上の答責性を企業内の分業状況と関連させる点にある。具体的には、経営内部の役割分担（水平的な企業内の分業（horizontale innerbetriebliche Arbeitsteilung））という観点の下で、「内部的権限分配による答責性」[198]、「事実上の機能承継による答責性」[199]、「事物の本性の割当てによる、欠陥もしくは不完全な企業内部の権限分配の場合における答責性」[200]が論じられて

いる。また、企業関係的な注意義務の遂行は、通常の場合は、企業内部の従業員に委譲され得るものであり、それによって従業員は、個人的に答責的になるとする（企業内の垂直的な遂行委譲（vertikale innerbetriebliche Ausführungsübertragungen））[201]。しかし、委譲不能な義務もあるとして、その具体例として、「一般的組織義務」と「例外的・危機的事件における介入責任」を挙げている[202]。

　前述のように、皮革スプレー事件判決は、被告人らに割り当てられていた業務を個別に認定しつつも、会社全体が関係する例外的・危機的状況にあるとして、業務執行の一般的答責性と全面的管轄の原則の観点から業務執行権の介入を要求し、被告人らの個別の義務を認定していた。そのため、二段階的義務の認定に関しては、ほぼシュミット＝ザルツァーの見解が取り入れられたといってよい[203]。シュミット＝ザルツァー自身、本判決における原則的・構想的な意義としては、業務執行の一般的答責性と全面的管轄の原則が明白に承認されたことにあるとしている[204]。

　ii) その他に皮革スプレー事件判決の組織関係的観察方法に肯定的な論者としては、クーレンが挙げられる。クーレンは、皮革スプレー事件判決があった当初から、製造業者および販売会社が回収の不作為により保証義務に違反したということでは自然人のみが負うことのできる刑事責任の根拠としては十分ではなく、「会社が負担した義務の個別化が企業内部の責任主体（ここでは、起訴された取締役）について必要である。」として、基本的に BGH が行った二段階の判断を評価していた[205]。そしてクーレンは、BGH が第一段階の義務の確定の後に、個々の取締役の答責性を企業の義務とは別に特定する際、個々の取締役の義務を前記のように制限したことは、「特に強調（そして賛同）に値する」ともしていた[206]。

　一方で、BGH が行った検証方法の転換は、前記のように、「パラダイム転換」などと評されるほど学説にインパクトを与えるものであった。にもかかわらず、この転換は、実質的な根拠付けや解釈学的な基礎付けを伴う

ことなく、あっさりと行われている。またそれに対応する判例の変更もまったく行われていない[207]。このようなことから、クーレンは、BGHのアプローチの適用領域は明確にされていないとして、一定の限定を試みている。まず、BGHのアプローチについては、「人の結合体は、その個々の職務担当者にその外部に作用する権利および義務を導き出す独立の帰責主体を形成するか否か、またともかく具体化可能な方針を導き出す独立の帰責主体を形成するか否か」という問題を提示していると分析する。その上で、家族や偶然的コミュニティーについてはこのような判断方法は適切ではないが、営業上活動している法人を越えて、共同体ないしその機関の行動を組織関係的に判断するのであればBGHは適切であるとする[208]。

またクーレンは、BGHのアプローチでは、社会的実在、より詳しくは社会的実在に関して特徴的で顕著な集団関係者の行動の意義をいち早く正当に評価されていることが重要だとしている。このような行動の意義は、これらの関係者自身に対して向けられる制裁を取り入れることにより考慮されるかもしれない。しかし、「個々の規範違反が組織の役割の範囲の中で生じる場合」には、個々の規範違反について、刑法上の答責性を免責することは認めるべきではないとして、組織関係的観察の必要性を説いている[209]。

クーレンは、このような前提の下で、まずは組織自体の不適切な行動を問題にし、その後に初めて個々の組織構成員に由来する答責性を問題にすることだけが実態に合致するとしている。具体的には、「二段階の帰責ステップにおいて、まず、責任を負うべき決定権者に視線を向け、そして次に、いずれにせよ遂行された最も近い行為に視線を向ける」という形をとることになり、それは、組織関係的な観察に全く適した結論であるというのである[210]。このようにクーレンは、組織関係的アプローチに問題点があることは認めつつ、このアプローチに司法が背を向けることは望ましくないであろうし、いずれにせよ期待されるべきことでもないとする。む

しろ根本的な批判に代えて、このアプローチに対して述べられている法治国家的思考をその枠組みにおいて考慮するという努力がなされるべきとする[211]。そしてこのことは、最終的には、第二の帰責ステップ、つまり、組織で判断されたことの個々の組織構成員への「委譲」（Übertragung）がどのように具体化されるかに決定的に左右されるとしている[212]。

　前記（1）の否定的見解でも指摘があったように、組織関係的観察方法においては、組織内の分業があったとしても組織構成員の刑法上の答責性が否定されず、むしろ答責性の拡大の傾向が見られる。その現象について、ハイネは、「正犯者クローン」と名付けていた。そのため、組織関係的観察方法を肯定するのであれば、答責性の拡大に対する歯止めが必要になる。そこで、クーレンは、第二の帰責ステップの具体化においては、深刻な侵害が刑法上罰せられない結果となる場合でも、帰責個別化の法治国家的な要請を厳格に（そして衡量の枠組みにおける原理としてだけではなく）遵守する必要があるとして、次の二つの方針を立てている。一つは、組織における個人の「ポスト」は、それ自体何ら可罰性を基礎づけ得ないというものである。もう一つは、新たな司法の帰責モデルでは、個人に課せられた義務についての個々の違反は可罰性の必要な条件であるということを何ら変更するものではないので、一般化されている各組織の役割に関して、この義務を具体化せねばならないというものである[213]。

　一つ目の方針について、クーレンは、個人のポストというものは、「ただ組織の誤った判断を特定の地位の保有者に対して個人的に帰責するために必要な前提であるにすぎず、行為刑法（Tatstrafrecht）において本質的である、刑法上の非難を個人の特定の行態と結び付けることの代わりになり得ない。」という理由を述べている。もっとも、組織における個人のポストは、この行態の「意味付け」、とりわけ作為もしくは不作為としての行態の評価について、一貫して関連性を有しているとも述べている[214]。

　二つ目の義務の具体化の方針については、次のように述べている。すな

わち、「義務の規定は、本質的に当該組織の法的形態に依存する。この具体化の段階においては、下位の企業従業員の義務を制限的に把握することを考慮すべきである。次に、『命令に則した通常の企業活動』（anweisungsgemäß übliche betriebliche Tätigkeiten）を行う従業員の場合には、『依頼されている行動が、明らかに違法である場合』についてのみ、刑法上重要な義務違反を肯定すべきことが考慮されるべきである。このことは、現実的な義務の規定に貢献を果たすのみならず、次のような異議、つまり組織関係的な帰責は刑法上の答責性のインフレ（『正犯者クローン』）をもたらし、その結果として、多かれ少なかれ刑事訴追当局の恣意的な選別判断をもたらす、という異議をも打ち破るのである。」というのである[215]。

このようにしてクーレンは、刑法は、役割関係的に一般化されている義務規定に留まることは許されないことが指摘されるべきであるとしている。むしろ、「ヒエラルヒーと権限の具体的で状況に応じた特殊性」を考慮に入れねばならないというのである[216]。このことは、環境法に関する連邦通常裁判所の新しい判決[217]でも認められているとする。その判決では、刑法上の答責性を「取締役の形式的な地位だけ」に結びつけることを否定している。具体的には、許されない環境汚染をしている有限会社の「書類上の」取締役ではあったものの、企業の実態上、相応の答責性も権限も持たない者に、刑法上の答責性を結びつけることを否定しているのである[218]。

2）評価

シュミット＝ザルツァーの見解は、会社の業務執行機関が、業務執行について一般的答責性と全面的管轄を持っていることを前提に、企業内部の分業状況を踏まえて、刑法上の答責性の分配をも導き出すものである。彼は、企業内部や企業間の分業問題は、製造物責任に特有のものではなく、企業内で増加する労働事故やその他の深刻な死傷結果を伴う企業内で

の事件の場合、さらには環境リスクや工業廃棄物の除去の場合など、広範な領域に共通しているとしている[219]。ここには二つの特徴がある。第一の特徴は、刑法上の帰責は、原則として企業内の会社法上の義務の区分を出発点にしていることである。前述のように、ハッセマーは、皮革スプレー事件判決の組織関係的観察方法について、刑法上の答責性が会社法に基づく義務配分に左右されると評していたが、この評価はシュミット＝ザルツァーの見解について顕著に当てはまるといえる。そして、企業内の分業状況が刑法上の答責性の源泉であるとするならば、事実上、複数の部分領域が絡み合っていることから、それぞれの権限担当者の大部分が正犯責任を問われ得る[220]。シュミット＝ザルツァー自身も自覚していることであるが、ここでは「答責性の倍増」（Verantwortungsvervielfachung）という現象が生じうるのである[221]。第二の特徴は、第一の場合とは逆に、とりわけ例外的・危機的状況においては、会社法に基づく義務の配分は解消され、「業務執行の一般的答責性および全面的管轄の原則」が介入し、取締役等の業務執行者の刑法上の責任が問われるということである。この場合、現実の分業状況は重要ではなくなるが、依然として刑法上の答責性の根拠が、会社法の原則にあることに変わりはない。彼の理論の特徴は、企業内における業務執行者の分業状況を考慮して、企業関係的な注意義務が委譲されることを認めつつも、状況に応じて業務執行に関する一般的答責性に基づいて刑法上の責任を認める点にある[222]。

　これに対して、クーレンの見解は、皮革スプレー事件判決における組織関係的観察方法には、十分な解釈学的な根拠付けがないこと、適用範囲が不明確であることなどの問題点があることを認めつつも、集団関係者の行動の意義を的確に把握しうる観察方法であるとして、その問題点を克服しようとするものである。まず、このアプローチの適用領域については、家族、偶然的コミュニティーは当てはまらないが、共同体あるいはその機関の行動を組織関係的に判断する場合には適切であるとする。このアプロー

チが一種の企業責任を問うための方法論であることを前提にすれば、このような限定はおおむね正当といえよう。次いで、個々の構成員の責任の限定のためには、前記の二段階的な帰責判断のうち、第二の帰責ステップ、つまり、組織で判断されたことの個々の組織構成員への「委譲」がどのように具体化されるかが重要であるとする。そして、①組織における個人の「ポスト」は、それ自体では何ら可罰性を基礎づけ得ず、個人の特定の行態と刑法上の非難との結び付きが必要であり、②「命令に則した通常の企業の活動」を行う下位従業員の場合、「依頼されている行動が、明らかに違法である場合」のみ刑法上重要な義務違反が肯定されるべきという方針を立てている。BGHのアプローチによると「正犯者クローン」という現象が生じるという批判に対して、構成員の答責性を制限する一定の方針を打ち立てることは必要といえる。

　いずれにせよ、シュミット＝ザルツァー、クーレンは、基本的には組織関係的観察方法に依拠して、企業構成員の刑法上の答責性を検討している。しかし、いずれの見解も、故意犯や過失犯の「構造」、とりわけ不作為による故意犯（故意不作為犯）や不作為態様の過失犯の構造を踏まえて、組織関係的観察方法を論じているわけではない。そのため、組織関係的観察方法と上記の構造論との関連性が不明確である。故意犯および過失犯の構造を踏まえた議論がなされていない点は、第3節で検討した製品回収義務の発生根拠の議論と類似するものである。

　そもそも組織関係的観察方法は、組織内の分業体制を考慮して義務の合理的分配をするものである。これは、過失犯において、客観的に設定される客観的注意義務を検討する際には、有効と思われるが、故意犯の場合に適用するのは不適切であるように思われる。なぜなら、故意犯とは、組織の分業体制や権限などを超越して法益を侵害するものであるから、組織の分業状況や権限などとの整合性を図る必要がないからである。皮革スプレー事件判決では、故意犯の理論と過失犯の理論とが混在しており、本来

結びつけるべきではない組織関係的観察方法が故意犯である危険傷害罪の判断においても取り入れられてしまっているように思われる。

前述のように、皮革スプレー事件判決の組織関係的観察方法は、わが国の企業組織体責任論に近いものであるという評価がなされている。しかし、わが国の企業組織体責任論は、最終的には、企業体自体の処罰を目指したものであり、皮革スプレー事件判決で示された組織関係的観察方法は、そこまでを想定したものではないであろう。

もっとも、注意義務の合理的分配という理論は、「企業組織体（行）活動をまず全一体としてとらえ、そののち各個人行為者が組織体活動のなかで果たした役割に注目してその個人過失を論ずる」という組織体過失論[223]と類似する面はある。その前提としては、過失の構造をどのように捉えるかという問題があるが、過失犯論との理論的関係を明確にするならば、組織関係的観察方法を取り入れる余地はあるように思われる。

4　小括

皮革スプレー事件判決における組織関係的観察方法は、従前の「ボトム・アップ的」な帰責方法（被害に最も近い原因を設定した者の第一次的違反を問題にし、それに引き続いて、「第二次的違反」や「第三次的違反」として、組織義務、選択義務、監視義務、統制義務の違反を追及するという帰責方法）から、「トップ・ダウン的」な帰責方法に転換するものであった。これに対する評価は、前記のように大きく分かれている。否定的見解では、この方法について、行為者の答責性が被害ではなく、企業における義務の配分に左右される（ハッセマー）、あるいは正犯者クローンをもたらす（ハイネ）などと述べられていた。表現の仕方は異なるものの、彼らは、組織関係的観察方法によると構成要件的結果に対する行為者の具体的な寄与が考慮されない虞があるとして、刑法上の答責性の拡大を懸念

していたのである。

　しかし、前述したように（79頁：3（1）1）ii）、ボトム・アップ的観察方法も万能ではない。とりわけ製品流通後に製品の欠陥が判明した際の製品回収が問題となる場面では、「被害に最も近い原因」（例えば、製品の設計・製造過程における製品の欠陥形成への寄与）を根拠に刑法上の責任を追及し得ないことが多いので、かかる考察方法は有効に機能し得ないのである。その意味で、クーレンが指摘するように、組織関係的観察方法自体を非難することはあまり生産的ではない。むしろ、帰責順序の変更は、問責の対象となる行為の捉え方の相違に基づくものであり、企業トップの責任追及から出発すること自体は否定されるべきではない。重要なのは、個人責任の原則に基づいて、刑法上の非難を個人の特定の行態と結びつけることである。企業関係的・組織関係的な注意義務を出発点としながらも、この点に留意して個々の行為者の答責性を判断することは可能である。もっとも、前述のように、かかる判断方法の理論射程を過失犯に限定する必要はある。

第5節　結語——わが国の議論への展望

　1　本章における検討結果を踏まえ、わが国の議論への展望を検討すると、次のようになる。

　まず、製品流通後の製造・販売業者の製品回収義務の発生根拠に関する理論について、先行行為アプローチ否定説（第3節5参照）は、結果惹起の原因である因果的起源を問題としていなかったが、少なくとも、製造販売業者に対する刑法上の義務付けの前提として、製造販売業者によって惹き起こされた危険状態の評価は必要になってくるように思われる。この点に関連し、クーレンは、第3節4（1）で検討したように、保証者的地位

の発生根拠につき、「高められた危険な先行行態」により判断する立場に依りつつ、欠陥製品により消費者に健康被害が生じた複数の事件（皮革スプレー事件、木材防腐剤事件、デグッサ事件など）を基に、事案類型化により処罰すべき事案とそうでない事案とを区別しようとした。この考察方法につき、製品により惹き起こされた危険状態について、規範的観点から「許された危険」を超過したか否かという観点で捉えるのであれば、危険状況の評価としてはそれなりの意味がある。皮革スプレー事件でも、惹起された危険状態が、「外れ値」の問題ではなく、許された危険の観点からも許容されていないことが指摘されていた。このように、惹起された危険状態が、社会生活上許された危険の範疇に属するか否かは、製造・販売業者に対する刑法上の義務付けの前提として必要になるように思われる。

　次に、製造・販売業者への義務付けの根拠については、もはや支配概念によっては説明できないことを正面から認めるべきである。通常、危険物に起因する安全義務は、危険物に対する現下の物的支配を根拠に認められることが多い。もっとも、それは、製造物が製造業者の支配領域にあることから実際認められるものである。前述のように、支配概念により製造業者の保証者的地位を導き出そうとする見解は、もともとは危険源に対する「現下の物的支配」の有無を問題にしていた。しかし、こと流通した製品の危険性が事後的に判明した場合は、この観点からの説明は困難であった。そこで、支配の有無を問題とする見解は、ブラムゼンのように、支配概念には「現下の物的支配」だけではなく、「法的な影響関係・法的処分関係」をも含まれるとし、あるいはシューネマンのように、被害者の部分的な不救助状態の引き受けにより支配があるなどとして、支配概念を拡張あるいは緩和していった。

　このような支配概念の拡張・緩和の結果、支配概念が不明確なものになっていることについては、すでに指摘されているところである[224]。しかし、そのこと以上に問題であるのは、支配概念により製造業者の保証者

的地位を導き出そうとする論者の実質的な理由付けを検討すると、およそ製造業者の「支配」とは異質な要素が重視されていることである。たとえば、製造業者に「委ねられた特別の社会的地位」があるとするブラムゼンの指摘や、製造業者の「社会類型的な態度」に対する消費者の信頼を問題とするシューネマンの指摘が挙げられる。支配概念を拡張・緩和する見解の問題は、このような異質な要素に装飾を施して、無理に支配概念の中で製造業者の義務を説明しようとしたことにあるといえる。これらのことに鑑みると、支配概念による説明の限界を率直に認め、「製造業者と消費者との社会的関係」に基づいて製造業者の義務付けの根拠を模索すべきといえるのではなかろうか。その意味では、ブラムゼンの論説に見られたように、「高度に複雑で絶え間のない社会的変化に支配されている社会」における社会構成員の相互関係の洞察が、わが国での議論でも必要になってくるように思われる（後述第 2 章）。

　さらに、要件緩和説にしても先行行為アプローチ否定説にしても、保証者的地位は、不作為による故意犯（故意不作為犯）および不作為態様の過失犯に共通する要件として位置づけられている。しかし、この要件が担っている機能について再検討する必要があるように思われる。保証理論は、構成要件的結果の発生を防止しなければならない法的な義務を保証義務といい、その保証義務を担う者を保証者と呼び、その保証者の不作為だけを不真正不作為犯の処罰の対象とするものである。行為時点において、保証義務を媒介として作為と不作為を等置するところに特徴がある。等置問題とは、作為は因果の流れを惹起しそれを結果発生に向かって支配・操縦することができるのに対して、不作為は単に因果の流れを利用できるに過ぎないという作為と不作為との存在構造上の差異を前提に、いかにして両者を等置するのかという問題である[225]。そもそも、故意不作為犯において保証義務を媒介として等置問題を解決するべきかという問題もあるが[226]、等置問題は、不作為態様の過失犯の場合でも問題とされるべきで

あろうか。

　この問題について、第3節5（1）の第3で示した二つのアプローチ（要件緩和説、先行行為アプローチ否定説）との関係で、角度を変えて検討してみる。第3節5（1）で指摘したように、要件緩和説と先行行為アプローチ否定説とでは、因果的起源の果たす役割について、根本的な相違が認められた。まず、要件緩和説においては、因果的な原因を設定した以上は、原因設定者は責任を負うべきという因果的責任拡大の契機がある一方で、先行行為の「委譲可能性」を否定する場合には、因果的起源に対する関与がない者、つまり製品流通に関係していない者の答責性を排除する契機がある（責任主体の制限）[227]。この立場では、因果的起源への関与は、答責性の根拠であると同時に、その限界をも設定する[228]。これに対して、先行行為アプローチ否定説は、結果惹起の原因である因果的起源を問題とせずに、製品流通後の不作為段階の事情を基に保証者的地位の存否を判断することになるので、刑事責任を負う「主体」拡張の契機がある。つまり、先行行為アプローチ否定説は、惹起されている危険状態の因果的起源に対する不作為者の関与を要求しないので、理論上、「原因設定者以外の者」であっても、不作為責任が認められる余地が生じることになる。結果惹起に向かう因果の流れがあることを前提に、誰が結果回避に向けて介入すべきか否かが問われることになる。ブラムゼンの言葉を借りれば、「専ら先行所為とは無関係な事態に即した事由」に基づいた不作為責任が問われることになる。

　しかし、とりわけ故意不作為犯の成否を論じるにあたり、因果的契機を完全に捨象することは許されるであろうか。不作為態様の過失犯においてはどうであろうか。ここにおいて、保証理論を媒介とした等置問題との関連が問題となる。この問題は、つまるところ、故意不作為犯の存在構造と不作為態様の過失犯の存在構造に違いがあるのか否かということと関係する（第4章第4節で検討する）。

2　最後に、本章第4節で検討した組織関係的観察方法との関係について述べる。前述のように、組織関係的観察方法は、組織の実態を踏まえた注意義務を導き出す理論として考慮する余地のあるものである。しかし、その当否を論じるに当たっては、過失の実体との関係を検討することが不可欠である。さらに、故意犯にまで及ぼすべき理論であるかについても検討する必要がある。とりわけ不作為による故意犯（故意不作為犯）と不作為態様の過失犯の成否が問題となる場合、それらの構造と組織関係的観察方法との関連を検討する必要があるのである（第4章第5節で検討する）。

注
1) 松宮孝明（2003）4頁、神山敏雄（2011）9頁。
2) LG Aachen, 18. 12. 1970, JZ 1971, S. 507. Vgl.: A. Kaufmann, JZ 1971, S. 569. なお、手続は、「賠償義務を伴う打ち切り」という形で終結している。本事件の紹介として、藤木英雄（1971a）98頁；（1971b）101頁；（1971c）76頁。アルミン・カウフマン鑑定の紹介として、中森喜彦（1971）106頁。
3) LG München II 21. 4. 1978, in J. Schmidt-Salzer, 1982, Nr. IV. 28.
4) BGHSt, Bd. 37, S. 106.
5) LG Frankfurt, am Main 25. 5. 1993, Zeitschrift für Umweltrecht 1994, S. 33. 本判決の紹介については、山中敬一（1994）133頁。上告審判決は、BGHSt. Bd. 41, S. 206.
6) この問題については、A. Kaufmann, JZ 1971, S. 569; L. Kuhlen, NStZ 1990, S. 566 f.; Kuhlen, BGH-FG IV 2000, S. 647. 650 ff.; J. Brammsen, 1991, S. 533; A. Hoyer, GA 1996, S. 160, 162; E. Samson, StV 1991, S. 182. 184 など参照。
7) もっとも、周辺刑法として、秩序違反法（OWiG）30条は、法人および団体に対する罰金について規定している。
8) W. Hassemer, 1996, S. 54. 本書の紹介として、山中敬一・前嶋匠（1997）118頁。
9) リスク社会論については、U・ベック（1998）参照。なお、リスク社会論と刑法との関係については E. Hilgendorf, 1993 参照。
10) 松宮（2003）3頁以下、岩間康夫（1992）41頁以下、堀内捷三（1993）3頁以下、北川佳世子（1996）171頁以下など。
11) ［訳注］ドイツ有限会社法上の有限会社には、取締役会の制度は存在しない。

12) ［原注］Kuhlen, 1989, S. 69 f., 72 でも同様。
13) ［原注］BGHZ 51, 91（鶏ペスト事件）から BGHZ 104, 323（シュプルーデル入り瓶事件）まで。
14) ［原注］現在、実際に、無過失責任を規制している 1989 年 12 月 15 日の製造物責任法、BGBl I 2198 を参照。これについての詳細は、F. G. v. Westphalen, NJW 1990, 83 ff.; Taschner/Frietsch, 1990; Palandt/Thomas, BGB 49. Aufl. S. 2452 ff.
15) ［原注］これについては、Kuhlen a.a.O. S. 148 ff., 171 ff.; J. Schmidt-Salzer, 1988c, Rdn. 1.023 ff. を参照。
16) ［原注］StGB 18. Aufl. § 13 Anm. 3 b aa の Lackner の概説を参照。
17) ［原注］義務違反連関、BGHSt 34, 82; BGH NStZ 1987, 171; BGH, Urt. v. 9. Mai 1990-3 StR 112/90; Stree in Schönke/Schröder, StGB 23. Aufl. § 13 Rdn. 32 ff.; Rudolphi in SK-StGB 10. Lfg. § 13 Rdn. 38 ff.; Jescheck in LK 10. Aufl. § 13 Rdn. 30ff. 参照。
18) ［原注］LG Aaschen JZ 1971, 507, 514 ff.-Contergan; LG München II in Schmidt-Salzer, 1982, Nr. IV. 28, S. 330-Monza Steel 参照。さらに、BGH in Schmidt-Salzer a.a.O. Nr. IV. 4, S. 171-Zwischenstecker; LG Lüneburg in Schmidt-Salzer, 1988a, Nr. IV. 3.7-Spielzeugpistole も参照。
19) ［原注］全体について、Schmidt-Salzer, 1988c, Rdn. 1.319 ff.; Goll in Westphalen, 1989, § 45 Rdn. 4 ff., 9 ff.; Brinkmann in E. Brendl, 1980, Gruppe 11 S. 67 ff., 71; Firgau in HWiStR, Artikel » Produkthaftung, strafbare « ; Cramer in Schönke/Schröder, StGB 23. Aufl. § 15 Rdn. 223.
20) ［原注］BGH NStE Nr. 5 zu § 223 StGB-Mandelbienenstich; OLG Karlsruhe NJW 1981, 1054-Reifen, mit ablehnenden Anmerkungen von Scholl NJW 1981, 2737 und Schmidt-Salzer, 1988a, Nr. IV. 2. 17 [3] も参照。
21) ［原注］客観的義務違反と責任との関係に関する原則。Münzberg, Verhalten und Erfolg als Grundlage der Rechtswidrigkeit und Haftung 1966 S. 72 ff., 92 ff.
22) ［原注］基本法 2 条 2 項 1 文参照。
23) ［原注］Zipfel in Erbs/Kohlhaas, Strafrechtliche Nebengesetze L 52 § 5 LMBG Anm. 30.
24) ［原注］Zipfel a.a.O. § 7 LMGB Anm. VI A m. w. Nachw.
25) ［原注］Meier DB 1985,1220 参照。
26) ［原注］これについては、Lenckner in Schönke/Schröder, StGB 23. Aufl. Vorbem. § 32 ff. Rdn. 94 参照。
27) ［原注］Goll in Westphalen, 1989, § 45 Rdn. 39; LG München II in Schmidt-Salzer, 1982, Nr. IV. 28, S. 321-Monza Steel も参照。

28)　[原注] aA offenbar Schünemann ZStW 96, 287, 295, 308; wohl auch G. Jakobs, Strafrecht AT 29/45, S. 670.
29)　[原注] statt aller: Stree in Schönke/Schröder, StGB 23. Aufl. § 13 Rdn. 38 m. w. Nachw.
30)　[原注] 回収義務については、BGH NStE Nr.5 zu § 223 StGB-Mandelbienenstich; LG München II a.a.O.-Monza Steel; Schmidt-Salzer, 1988c, Rdn. 1.370, 1.476; ders. NJW 1988b, 1939, 1941 Fn. 32; Brinkmann in Brendl, 1980, Gruppe 11 S. 70; Jakobs a.a.O.; K. Pfleiderer, 1968, S. 133; aus zivilrechtlicher Sicht: Foerste in Westphalen, 1989, § 24 Rdn. 233 ff. m. w. Nachw.
31)　[原注] B. Schünemann, 1979, S. 99 ff.; ders. wistra 1982, 41, 44 f.; ähnlich: Brammsen, 1986, S. 274 f.; N. Schmid, SchwZStR 105 (1988) S. 156, 167 f.
32)　[原注] Goll in Westphalen, 1989, § 45 Rdn. 12 f. も参照。
33)　[原注] BGH in Schmidt-Salzer, 1988a, Nr. IV.1.5 [2] 参照。
34)　[原注] Schmidt-Salzer, 1988c, Rdn. 1.332 f.; Goll in Westphalen, 1989, § 45 Rdn. 22; Brinkmann in Brendl, 1980, Gruppe 1 S. 70; OLG Karlsruhe NJW 1981, 1054-Reifen 参照。
35)　[原注] 一般的見解については、Scholz/Schneider, GmbHG 7. Aufl. § 37 Rdn. 25; Rowedder/Koppensteiner, GmbHG 2. Aufl. § 37 Rdn. 43; Fischer/Lutter/Hommelhoff, GmbHG 12. Aufl. § 37 Rdn. 28; Hachenburg/Mertens, GmbHG 7. Aufl. § 37 Rdn. 10 を参照。
36)　[原注] これについては、Schünemann, 1979, S. 107 f.; Schmidt-Salzer, NJW 1988b, 1937 ff.; ders. 1988c, Rdn. 1.117ff.; Goll in Westphalen, 1989, § 46 Rdn. 5 ff. 参照。
37)　[原注] Schmidt-Salzer, 1988c, Rdn. 1.160, 1.146 ff.; Goll in Westphalen, 1989, § 46 Rdn. 14Fn. Gruppe 11 S. 74 f. 参照。
38)　[原注] Schmidt-Salzer a.a.O. Rdn. 1.177; ders. NJW 1988b, 1937, 1941.
39)　[原注] BGH NStE Nr. 5 zu § 223 StGB-Mandelbienenstich.
40)　[原注] 一般的見解については、Zöllner in Baumbach/Hueck, GmbHG 15. Aufl. § 37 Rdn.16; Scholz/Schneider, GmbHG 7. Aufl. § 37 Rdn. 21 f; Rowedder/Koppensteiner, GmbHG 2. Aufl. § 37 Rdn. 16 f.; Fischer/Lutter/Hommelhoff, GmbHG 12. Aufl. § 37 Rdn. 27 を参照。
41)　[原注] st. Rspr., so in jüngster Zeit BGH StV 1984, 247 f.; BGH NStZ 1985, 26 f.; BGHR StGB § 13 Abs. 1 Brandstiftung 1; BGHR StGB vor §1/Kausalität, Pflichtwidrigkeit 2 m.w. Nachw.; Lackner, StGB 18. Aufl. vor § 13 Anm. III 1 c bb; Dreher/Tröndle, StGB 44. Aufl. vor § 13 Rdn. 20; Stree in Schönke/Schröder,

StGB 23. Aufl. § 13 Rdn. 15.
42) 〔原注〕 Vgl. die Nachweise bei Jescheck a.a.O. Rdn. 18.
43) 〔原注〕 RGSt 66, 71, 74; Dreher/Tröndle, StGB 44. Aufl. § 25 Rdn. 7 a; Cramer in Schönke/Schröder, StGB 23. Aufl. § 25 Rdn. 79; Roxin in LK 10. Aufl. § 25 Rdn. 154; Jescheck, Strafrecht AT 4. Aufl. S. 617 f.
44) 〔原注〕 Jescheck in LK10. Aufl. § 13 Rdn. 58.
45) 〔原注〕 Roxin in LK 10. Aufl. § 25 Rdn. 119 m. w. Nachw.
46) 〔原注〕 Lenckner in Schönke/Schröder, StGB 23. Aufl. Vorbem. § 13 ff. Rdn. 83; Rudolphi in SK-StGB 7. Lfg. vor § 1 Rdn. 51 a; Jescheck, Strafrecht AT 4 . Aufl. S. 253; Jakobs, Strafrecht AT 7/20 S. 160; Maurach/Zipf, Strafrecht AT Teilbd. 1, 7. Aufl. S. 250 Rdn. 56 参照。
47) 〔原注〕 so bereits K. Engisch, 1931, S. 30 f.
48) 〔原注〕 ähnlich, wenngleich für den Bereich der Handlungsverantwortlichkeit: BGHSt 9, 203, 215 f.;vgl. auch OLG Stuttgart NStZ 1981, 27f.; Schmidt-Salzer, 1988c, Rdn. 1.278; Cramer in Schönke/Schröder, StGB 23. Aufl. § 15 Rdn. 223.
49) 〔原注〕 RGSt 76, 140, 143; BGH NJW 1985, 1719 f. 参照。
50) 〔原注〕 BGH, Beschl. v. 14. August 1970-2 StR 299/70; Dreher/Tröndle, StGB 44. Aufl. vor § 52 Rdn. 6 参照。
51) 〔原注〕 BGHSt 18, 376, 379; Lackner, StGB 18. Aufl. § 52 Anm.3 c; Stree in Schönke/Schröder, StBG 23. Aufl. Vorbem. § 52 ff. Rdn. 28; Samson in SKStGB 9. Lfg. § 52 Rdn. 8; ähnlich: Vogler in LK 10. Aufl. vor § 52 Rdn. 40.
52) 〔原注〕 E. Struensee, 1971, S. 72 f., 46 ff.; aA RGSt 16, 290 参照。
53) BGHSt, Bd. 37, S. 113 ff.（判決理由Ⅲ. 1. b- 本書 15 頁）
54) BGHSt, Bd. 37, S. 119 ff.（判決理由Ⅲ. 1. c- 本書 19 頁）
55) BGHSt, Bd. 37, S. 125 f.（判決理由Ⅲ. 1. e- 本書 24 頁）
56) ドイツにおける先行行為論の推移の詳細については、岩間（2010）24 頁以下参照。
57) たとえば、酒場の経営者が、自動車の運転手に対して、アルコールを販売したところ、当該運転手の酩酊運転により人身事故が生じた事案につき、経営者に過失致傷罪の成立を認めたものがある（BGHSt, Bd. 4, S. 20 ff.）。
58) 日髙義博（1984）142 頁。
59) BGH NJW 1954, S. 1047. 判旨の中でこれを認めるものとして、BGHSt, Bd. 19, S. 152, 154 f.; BGHSt, Bd. 25, S. 218, 221.; BGHSt, Bd. 26, S. 35, 38 など。
60) BGHSt, Bd. 19, S. 152, 154.
61) BGHSt, Bd. 23, S. 327. もっとも、本事案では、刑法 330 条 c の一般的救護義務違反（ドイツ刑法現行 323 条 c）の保証者的地位は肯定された。

62）　BGHSt, Bd. 34, S. 82, 84.
63）　BGHSt, Bd. 37, S. 117.（判決理由Ⅲ. 1. b- 本書 17 頁）
64）　当該規定は、現在の「食品生活必需品供給法」（LFGB）30 条 2 号に相当する。
65）　BGHSt, Bd. 37, S. 117 f.（判決理由Ⅲ. 1. b- 本書 18 頁）
66）　BGHSt, Bd. 37, S. 118.（判決理由Ⅲ. 1. b- 本書 18 頁）
67）　Kuhlen, NStZ 1990, S. 568.
68）　Kuhlen a.a.O.
69）　Kuhlen a.a.O.
70）　1981 年 2 月 14 日から同年 5 月 12 日の間に起きた被害事件 4 件（前掲 32 頁一覧表①）と 1981 年 5 月 12 日の取締役の特別会議の後に生じた被害事件 38 件のうち、会議前に流通していた製品に起因する被害事件 28 件である（前掲 32 頁一覧表②）。
71）　Kuhlen a.a.O. S. 568.
72）　R Bloy, 2010, S. 35, 43.
73）　前記以外にも、W. Beulke/G. Bachmann, Jus 1992, S. 737, 739; B-D. Meier, NJW 1992, S. 3193, 3196; Samson, StV 1991, S. 184; I. Puppe, JR 1992, S. 27, 30; Hassemer, 1996, S. 56 ff.; W・ペロン（1994）11 頁など。
74）　H. Otto, 1999, S. 291, 304.
75）　G. Dannecker, 2000, S. 209, 219. 日本語訳として、G・ダネカー（須之内克彦訳）2002、262 頁。
76）　LG Frankfurt, Zur 1994, S. 34 f.
77）　Otto a.a.O. S, 294 f.
78）　Brammsen, GA 1993, S. 97, 111.
79）　Brammsen a.a.O. では、「たしかに、新たに企業に入る者が、前任者の機能的に関係した義務を引き受けることは当然のことである。しかし、この職業特殊的、あるいは企業特殊的な義務は、次のような場合には限界がある。それは、問題となっている義務が、前任者の固有の義務違反の危険行態から生じる場合（まさに先行行為の場合）である。危険自体を基礎付けた者だけが、先行行為からの帰責的地位に適合しうる。」としている。
80）　わが国において若干この観点に言及しているものとして、神例康博（2011）102 頁参照。
81）　BGHSt, Bd. 37, S. 121.（判決理由Ⅲ. 1. c- 本書 21 頁）
82）　Hassemer, 1996, S. 54.
83）　Samson, StV 1991, S. 184.
84）　K. Kühl, 2008; Kuhlen, NStZ 1990, S. 568 f.; Beulke/Bachmann, Jus 1992, S. 737, 740.; Meier, NJW 1992, S. 3193, 3196; Georg Freund, in: MK-StGB, 2003, § 13

Rdnr. S. 116 f.; Jakobs, 1991, Strafrecht AT 2. Aufl. 29/42; ders., BGH-FG IV 2000, S. 29.（この論文の紹介として、岩間（2001）1 頁以下）
85) Kuhlen a.a.O. S. 568.
86) Hoyer, GA 1996, S. 175.
87) Kuhlen a.a.O.
88) Kuhlen, BGH-FG IV 2000, S. 655 ff.
89) Kuhlen a.a.O. S. 656.
90) Kuhlen a.a.O. S. 656, 659.
91) LG Aachen JZ 1971, S. 515.
92) Kuhlen a.a.O. S. 656 f.
93) Kuhlen a.a.O. S. 657.
94) Kuhlen a.a.O. S. 657 f.
95) Kuhlen a.a.O. S. 658.
96) Kuhlen a.a.O. S.659.
97) デグッサ事件については、R. Hamm, StV 1997, S. 159, 163.; K. Tiedemann, 1999, S. 765 ff.
98) Kuhlen a.a.O. S. 660 ff. なお、ローター・クーレン（神例康博訳）2002・79 頁以下では、デグッサ事件以外の実務上の事件（構造上の欠陥がある天窓が落下し負傷者が出た事件）の事案類型的検討もなされている。
99) Kuhlen a.a.O. S. 661.
100) Kuhlen a.a.O. S. 661 f.
101) Kuhlen a.a.O. S. 662 f.
102) Kuhlen a.a.O. S. 663.
103) クーレン（神例訳）2002・100 頁以下では、流通に置かれた大量の製造物の危険性、死に至る重大な侵害の危険、製造物の構造的欠陥に起因する危殆化という事情を挙げて、「これらの重要な観点がすべて、実施に伴う莫大な費用にもかかわらず、製造企業（中略）に対して、名前を確認した所有者に対する警告だけでなく、さらに公的警告と、製造企業の費用負担による窓の修理をなすべき保証者的義務を肯定する根拠となっているのです。このように義務を特定することによって、義務の具体化という重要な段階に進む」としており、高められた危険な先行行態との関連を意識していることは窺うことができる。
104) BGHSt, Bd. 37, S. 121.（判決理由Ⅲ. 1. c- 本書 21 頁）
105) Schünemann, GA 1974, S. 231, 233 f.
106) Schünemann a.a.O. S. 234.
107) Schünemann a.a.O.

108) Schünemann a.a.O. S. 234 f.
109) Schünemann, wistra 1982, S. 41, 44.
110) Schünemann, 1979, S. 99 ff.; ders., wistra 1982, S. 44 f.
111) Bloy, 2010, S. 48.
112) Brammsen, GA 1993, S. 97. ブラムゼンの見解の紹介したものとしては、岩間（1994）201頁。
113) Brammsen, 1986, S. 274 f.
114) Brammsen, GA 1993, S. 111.
115) Brammsen a.a.O. S. なお、R. Busch, 1997, S. 534 f.; A. Ransiek, 1996, S. 40 参照。
116) Brammsen a.a.O. S.
117) Brammsen a.a.O. S. 111 f.
118) Brammsen a.a.O. 112.
119) Brammsen a.a.O. S. 113.
120) Brammsen a.a.O. S. 113 f.
121) Brammsen a.a.O. S. 114.
122) Brammsen, 2000, S. 95, 117.（=J・ブラムゼン（葛原訳）2002、136頁）。
123) Brammsen a.a.O. S. 122.（=J・ブラムゼン（葛原訳）2002、142頁）。
124) Brammsen, GA 1993, S. 112 f.
125) Otto, 1999, S, 300.
126) Otto a.a.O.
127) Ransiek, 1996, S. 39; vgl. auch ders., ZGR 1992, S. 216.
128) Schünemann, BGH-FG IV 2000, S. 621, 640.
129) Schünemann a.a.O. S. 638.
130) Schünemann a.a.O. S. 640. この観点の考察については、すでに、Schünemann, 1995, S. 49, 70 f. においてなされている。
131) Schünemann, BGH-FG IV 2000, S. 640. なお、「保護機能の引き受け」の観点から製造業者の保証者的地位を導き出すものとして、C. Roxin, 2003, Bd. II, § 32 Rdnr. 210.
132) Schünemann a.a.O. S. 640 f.
133) Schünemann a.a.O. S. 641.
134) BGHSt, Bd. 37, S. 121.（判決理由Ⅲ. 1. c- 本書21頁）
135) BGHSt, Bd. 37, S. 114.（判決理由Ⅲ. 1. b- 本書15頁）
136) Hilgendorf, 1993, S. 141.
137) Hilgendorf a.a.O. なお、ここでのヒルゲンドルフの主張を見ると、高められた危険な先行行態を問題とするクーレンなどの見解との違いが判然としないが、同頁に

おいて、「クーレンは、本事件において、保証者的地位が先行行為からのみ得られるのではなく、製造業者の答責性がまさに社会生活上の安全義務からも導き出されうることについて、十分に考慮していない。」と述べていることから、社会生活上の安全義務の観点を問題とする見解として分類した。

138) Hilgendorf a.a.O.
139) Hilgendorf a.a.O.
140) Hilgendorf a.a.O. S. 142.
141) Hilgendorf a.a.O. S. 148 ff.
142) Bloy, 2010, S. 45.
143) Bloy a.a.O.
144) Bloy a.a.O. S. 46.
145) Bloy a.a.O.
146) BGHSt, Bd. 37, S. 114 f.（判決理由Ⅲ. 1. b- 本書 16 頁）
147) Bloy a.a.O. S. 47.
148) Bloy a.a.O. S. 48.
149) Bloy a.a.O.
150) Bloy a.a.O. S. 48 f.
151) Bloy a.a.O. S. 49.
152) Hilgendorf, 1993, S. 152.
153) Brammsen, GA 1993, S.114.
154) Schünemann, BGH-FG IV 2000, S. 640.
155) BGHSt, Bd. 37, S. 123 f.（判決理由Ⅲ. 1. d- 本書 22 頁）
156) BGHSt, Bd. 37, S. 125 ff.（判決理由Ⅲ. 1. e- 本書 24 頁）
157) この点については、Kuhlen, WiVerw 1991, S.181. 243 ff.; Beulke/Bachmann, Jus 1992, S. 741 f.; Hilgendorf, 1993, S.113 参照。
158) 板倉宏（1975a）20 頁以下。
159) 山中（1994）133 頁、北川（1996）227 頁。
160) Bloy, 2010, S. 39.
161) BGHSt, Bd. 37, S. 124.（判決理由Ⅲ. 1. d- 本書 24 頁）
162) BGHSt, Bd. 37, S. 123.（判決理由Ⅲ. 1. d- 本書 23 頁）
163) BGHSt, Bd. 37, S. 125.（判決理由Ⅲ. 1. d- 本書 24 頁）
164) BGHSt, Bd. 37, S. 125.（判決理由Ⅲ. 1. e- 本書 25 頁）
165) ドイツの有限会社では、取締役が一人の場合は、この取締役が裁判上および裁判外で会社を代表し（有限会社法（GmbHG）35 条 1 項）、業務執行を行う。これに対して、複数の取締役が選任されている場合には、会社の代表は取締役全員が共

同で行い、業務執行も取締役全員で共同して行うものとされている（G. Crezelius/ F. Scholz, 2007, Bans II , 10. neubearbeitete und erw. Aufl. 2007, § 37 Rdnr. 21 f.)。
166) BGHSt, Bd. 37, S. 126.（判決理由Ⅲ. 1. e- 本書 26 頁）
167) 後記見解の他に組織関係的観察方法に否定的な論者として、Schünemann, BGH-FG IV 2000, S. 626; F. M. Conde, 2001, S. 624.
168) Schmidt-Salzer, 1992, S. 1866, 1869.
169) Kuhlen, WiVerw 1991, S.181, 242 ff.; ders., JZ 1994, S. 1142, 1144 f ; Hassemer, 1996, S. 62 ff.
170) Puppe, JR 1992, S. 30.
171) T. Rotsch, wistra 1999, S. 321, 326.
172) Hassemer a.a.O. S. 60 f.
173) Hassemer a.a.O. S. 63.
174) Hassemer a.a.O. S. 64.
175) Hassemer a.a.O. S. 64 f.
176) Hassemer a.a.O. S. 66.
177) Hassemer a.a.O.
178) BGHSt, Bd. 37, S. 114.（判決理由Ⅲ. 1. b- 本書 15 頁）
179) G. Heine, 1995, S. 156 ff.
180) Heine a.a.O. S. 156 Fn.33.
181) Heine a.a.O. S. 156 f.
182) Heine a.a.O. S. 156 f. m.w.N.
183) Heine a.a.O. S. 157.
184) Heine a.a.O. S. 158.
185) Heine a.a.O.
186) Heine a.a.O.
187) Heine a.a.O. S. 161 f.
188) Rotsch, wistra 1999, S. 326. なお、ロッチュは、新しい次元での行為者刑法（Täterstrafrecht）の復活を憂慮すべきとしている。
189) N. Luhmann, 1995, S. 219.
190) Rotsch a.a.O. S. 368, 373.
191) Rotsch a.a.O. S. 373.
192) BGHSt, Bd. 37, S. 125.（判決理由Ⅲ. 1. e- 本書 24 頁）
193) Kuhlen, BGH-FG IV 2000, S. 666.
194) 後記見解の他に、組織関係的観察方法に肯定的な論者として、M. Böse, NStZ

2003, S. 636, 639; H. Eichinger, 1997, S.119; P. Spitz, 2001, S. 386.
195) Schmidt-Salzer, NJW 1988b, S. 1939. なお、ders., 1988c, Rdnr. 1.345 ff.（Hersteller）, Rdnr. 1.396 ff.（Händler）, Rdnr. 1.437 ff.（Produktbenutzer）.
196) Schmidt-Salzer, NJW 1988b, S. 1939 f.
197) Schmidt-Salzer a.a.O. S. 1940.
198) Schmidt-Salzer a.a.O.
199) Schmidt-Salzer a.a.O.
200) Schmidt-Salzer a.a.O. S. 1940 f.
201) Schmidt-Salzer a.a.O. S. 1941. もっとも、業務執行者については、最終的な義務の免除を意味するわけではない。「委譲された課題であっても、事実上、規則どおりに処理されていることに疑念を抱くべき具体的契機がある場合は、統制義務、あるいは監視義務、介入義務は、依然として残っている。」とされている。
202) Schmidt-Salzer a.a.O.
203) Rotsch, wistra 1999, S. 325.
204) Schmidt-Salzer, NJW 1990, S. 2966, 2967.
205) Kuhlen, NStZ 1990, S. 569.
206) Kuhlen a.a.O.
207) F. Dencker, 1996, S. 14.
208) Kuhlen BGH-FG IV 2000, S. 664 f.
209) Kuhlen a.a.O. S. 665.
210) Kuhlen a.a.O. S. 665 f.
211) Kuhlen a.a.O. S. 666.
212) Kuhlen a.a.O.
213) Kuhlen a.a.O. S. 667.
214) Kuhlen a.a.O. S. 666.
215) Kuhlen a.a.O. S. 667.
216) Kuhlen a.a.O.
217) BGH StV 1998, S. 126, 127.
218) Kuhlen a.a.O. S. 667.
219) Schmidt-Salzer, NJW 1988b, S. 1942.
220) Rotsch, wistra 1999, S. 325.
221) Schmidt-Salzer a.a.O. S. 1942.
222) 松宮（2003）29頁は、シュミット＝ザルツァーの見解の特徴について、「企業内における取締役の職責の分担と企業経営に関する彼らの一般的責任という、一見矛盾する関係の克服にある。」としている。

223) 板倉 (1975b) 209 頁。
224) 岩間 (1994) 214 頁。
225) 日髙 (1983) 56 頁。
226) 日髙・前掲書 44 頁。
227) もっとも、不作為段階の企業の責任者と製品流通 (先行行為) 段階での責任者とが異なり、皮革スプレー事件判決が示したような「仕事の引き継ぎ」という構成により後任者の不作為責任を肯定する場合には、企業内の責任者の中では、「帰責の拡張」という現象が見られる。これについては、Otto, 1999, S. 295 参照。
228) しかし、こと製造物回収の場面では、因果的起源に関わったか否かにより責任を制限することについては、理論的な「メリット」というよりは、「デメリット」として理解される傾向が強い。

参考文献

Beulke, Werner; Bachmann, Gregor (1992) Die „Lederspray-Entscheidung"-BGHSt 37, 106, Jus.
Bloy, René (2010) Die strafrechtliche Produkthaftung auf dem Prüstand der Dogmatik, in: Festschrift für Maiwald.
Brammsen, Joerg (1986) Die Entstehungsvoraussetzungen der Garantenpflichten.
Brammsen, Joerg (1991) Kausalitäts-und Täterschaftsfragen bei Produktfehlern- BGH-Urt. v. 6. 7. 1990-StR 549/89-, Jura.
Brammsen, Joerg (1993) Strafrechtliche Rückrufpflichten bei fehlerhaften Produkten?, GA.
Brammsen, Joerg (2000) Unterlassenstäterschaft in formalen Organisationen, in: Amelung (Hrsg.) , Individuelle Verantwortung und Beteiligungsverhältnisse bei Straftaten in bürokratischen Organisationen des Staates, der Wirtschaft und der Gesellschaft. (= イェルク・ブラムゼン (葛原力三訳) (2002) 「フォーマルな組織における不作為責任」アメルンク編 (山中敬一監訳) 『組織内犯罪と個人の刑事責任』成文堂)
Böse, Martin (2003) Die Garantenstellung des Betriebsbeauftragen, NStZ.
Brendl, Erich (1980) Produkt-und Produzentenhaftung: Handbuch für die betriebliche Praxis. 1.
Busch, Ralf (1997) Unternehmen und Umweltstrafrecht.
Conde, Francisco Muñoz (2001) Willensherrschaft kraft organisatorischer Machtap-

parate im Rahmen „nichtrechtsgelöster" Organisationen?, in: Festschrift für Claus Roxin zum 70. Geburtstag.

Crezelius, Georg; Scholz, Franz (2007) Kommentar zum GmbH-Gesetz: mit Anhang Konzernrecht.

Dannecker, Gerhard (2000) Fahrlässigkeit in formalen Organisationen, in: Amelung (Hrsg.), Individuelle Verantwortung und Beteiligungsverhältnisse bei Straftaten in bürokratischen Organisationen des Staates, der Wirtschaft und der Gesellschaft. (= ゲルハルト・ダネカー（須之内克彦訳）(2002)「フォーマルな組織における過失」アメルンク編（山中敬一監訳）『組織内犯罪と個人の刑事責任』成文堂）

Dencker, Friedrich (1996) Kausalität und Gesamttat.

Eichinger, Harald (1997) Die strafrechtliche Produkthaftung im deutschen im Vergleich zum anglo-amerikanischen Recht.

Engisch, Karl (1931) Die Kausalität als Merkmal der strafrechtlichen Tatbestände.

Hamm, Rainer (1997) Der strafprozessuale Beweis der Kausalität und seine revisionsrechtliche Überprüfung, StV.

Hassemer, Winfried (1996) Produkverantwortung im modernen Strafrecht, 2. Aufl.

Heine, Günter (1995) Die strafrechtliche Verantwortlichkeit von Unternehmen-von individuellem Fehlverhalten zu kollektiven Fehlentwicklungen, insbesondere bei Großrisiken.

Hilgendorf, Eric (1993) Strafrechtliche Produzentenhaftung in der „Risikogesellschaft"

Hoyer, Andreas (1996) Die traditionelle Strafrechtsdogmatik vor neuen Herausforderungen: Probleme der strafrechtlichen Produkthaftung, GA.

Jakobs, Günther (1991) Strafrecht AT 2. Aufl.

Jakobs, Günther (2000) Die Ingerenz in der Rechtsprechung des Bundesgerichtshofs, in: 50 Jahre Bundesgerichtshof, Festgabe aus der Wissenschaft Bd. IV.

Kaufmann, Armin (1971) Tatbestandsmäßigkeit und Verursachung im Contergan-Verfahren, JZ.

Kuhlen, Lothar (1989) Fragen einer strafrechtlichen Produkthaftung.

Kuhlen, Lothar (1990) Strafhaftung bei unterlassenem Rückruf gesundheitsgehährdender Produkte-Zugleich Anmerkung zum Urteil des BGH vom 6. 7. 1990-2 StR 549/89 (NStZ 1990, 588).

Kuhlen, Lothar (1991) WiVerw.

Kuhlen, Lothar (1994) Grundfragen der strafrehtlichen Produkthaftung, JZ.

Kuhlen, Lothar (2000) Strafrechtliche Produkthaftung, in: 50 Jahre Bundesgerichtshof, Festgabe aus der Wissenschaft Bd. IV.

Kühl, Kristian (2008) Strarecht AT 6. Aufl.

Luhmann, Niklas (1995) Funktionen und Folgen formaler Organisation, 4. Aufl.

Meier, Bernd-Dieter (1992) Verbraucherschutz durch Strafrecht ?-Überlegungen zur strafrechtlichen Produkthaftung nach der „Lederspray"-Entscheidung des BGH, NJW.

Otto, Harro (1999) Die strafrechtliche Haftung für die Auslierferung gefärlicher Produkte, in: Festschrift für Hirsch.

Pfleiderer, Klaus (1968) Die Garantenstellung aus vorangegangenem Tun.

Puppe, Ingeborg (1992) Anm. zu BGHSt. 37, 106, JR.

Ransiek, Andreas (1996) Unternehmensstrafrecht.

Rotsch, Thomas (1999) Unternehmen, Unwelt und Strafrecht-Ätiologie einer Misere (Teil 1, 2) , wistra.

Roxin, Claus (2003) Strafrecht AT II.

Samson, Erich (1991) Probleme strafrechtlicher Produkthaftung, StV.

Schmidt-Salzer, Joachim (1982) Entscheidungssammlung Produkthaftung: Strafrecht (ES).

Schmidt-Salzer, Joachim, (1988a) ES Produkthaftung.

Schmidt-Salzer, Joachim (1988b) Strafrechtliche Produktverantwortung, NJW.

Schmidt-Salzer, Joachim (1988c) Produkthaftung Bd. I Strafrecht 2. Aufl.

Schmidt-Salzer, Joachim (1990) Strafrechtliche Produktverantworung-Das Lederspray-Urteil des BGH, NJW.

Schmidt-Salzer, Joachim (1992) Massenproduktion, lean production und Arbeitsteilung-organisationssoziologisch und-rechtlich betrachtet, Haftungs-und Strafrecht als Mittel zur Konkretisierung und Verdeutlichung der Organisation von Unternehmen und Unternehmensgruppen, BB.

Schünemann, Bernd (1974) Zur Kritik der Ingerenz-Garantenstellung, GA.

Schünemann, Bernd (1979) Unternehmenskriminalität und Strafrecht.

Schünemann, Bernd (1982) Strafrechtsdogmatische und Kriminalpolitische Grundfragen der Unternehmenskriminalitaet, wistra.

Schünemann, Bernd (1995) Zum gegenwärtigen Stand der Dogmatik der Unterlassungsdelikte in Deutschland, in: E. Gimbernat, B. Schünemann, J. Wolter (Hrsg.) , Internationale Dogmatik der objektiven Zurechnung und der Unterlassungsdelikte.

Schünemann, Bernd (2000) Unternehmenskriminalität, in: 50 Jahre Bundesgerichtshof, Festgabe aus der Wissenschaft Bd. IV.

Spitz, Philippe（2001）Strafrechtliche Produkthaftung-Übertragbarkeit zivilrechtlicher Betrachtungsweisen?-unter besonderer Berücksichtigung der Organisationshaftung in Straf-und Zivilrecht.

Struensee, Eberhard（1971）Die Konkurrenz bei Unterlassungsdelikten.

Taschner, Hans Claudius; Frietsch, Edwin（1990）Produkthaftungsgesetz und EG-Produthaftungsrichtlinie 2. Aufl.

Tiedemann, Klaus（1999）Körperverletzung und strafrechtliche Produkverantwortung-Bemerkungen zum „Fall Degssa", in: Festschrift für Hans Joahim Hirsch.

Westphalen, Friedrich Graf von（1990）Das neue Produkthaftungsgesetz, NJW.

Westphalen, Friedrich Graf von（1989）Produkthaftungshandbuch Bd. 1.

板倉宏（1975a）『企業犯罪の理論と現実』有斐閣

板倉宏（1975b）「組織体の過失と個人の過失」藤木英雄編『公害犯罪と企業責任』弘文堂

岩間康夫（1992）「刑法上の製造物責任と先行行為に基づく保障人的義務——近時のドイツにおける判例及び学説から」『愛媛法学会雑誌』18巻4号

岩間康夫（1994）「欠陥製造物を回収すべき刑法的義務の発生根拠について——ブラムゼン説の検討」『愛媛法学会雑誌』20巻3/4合併号

岩間康夫（2001）「先行行為に基づく保障人的義務に関するヤコブスの見解」『大阪学院大学法学研究』28巻1号

岩間康夫（2010）『製造物責任と不作為犯論』成文堂

神山敏雄（2011）「過失犯における作為と不作為の区別基準論（下）」『判例時報』2110号

神例康博（2011）「強制排気式ガス湯沸器が不正改造が原因で不完全燃焼を起こし、居住者他1名が一酸化炭素中毒により死傷した事故について、同湯沸器を製造・販売した会社の代表取締役社長および品質管理部長に、点検・回収等の措置を講じなかった過失があるとされて、業務上過失致死傷罪の成立が認められた事例——パロマガス湯沸器事件」『刑事法ジャーナル』28号

北川佳世子（1996）「製造物責任をめぐる刑法上の問題点——ドイツ連邦通常裁判所の皮革用スプレー判決をめぐる議論を手掛かりに」『早稲田法学』71巻2号

クーレン，ローター（神例康博訳）（2002）Lothar Kuhlen「刑法上の製造物責任の必要性と限界」『松山大学論集』14巻5号

ダネカー，ゲルハルト（須之内克彦訳）（2002）Gerhard Dannecker「フォーマルな組織における過失」アメルンク編（山中敬一監訳）『組織内犯罪と個人の刑事責任』成文堂

中森喜彦（1971）「奇形に対するサリドマイドの因果関係」『法律時報』43巻10号
日髙義博（1983）『不真正不作為犯の理論』〔第2版〕慶應通信
日髙義博（1984）「飲食店主の保証者的地位」『専修法学論集』39号
藤木英雄（1971a）「西独のサリドマイド刑事訴訟打切決定（1）」『ジュリスト』493号
藤木英雄（1971b）「西独のサリドマイド刑事訴訟打切決定（2）」『ジュリスト』494号
藤木英雄（1971c）「西独のサリドマイド刑事訴訟打切決定（3・完）」『ジュリスト』495号
ブラムゼン，イェルク（葛原力三訳）（2002）Joerg Brammsen「フォーマルな組織における不作為責任」アメルンク編（山中敬一監訳）『組織内犯罪と個人の刑事責任』成文堂
ベック，ウルリヒ（東廉・伊藤美登里訳）（1998）『危険社会』法政大学出版局（原著：Ulrich Beck, 1986, Risikogesellschaft Auf dem weg in eine andere Moderne）
ペロン，ヴァルター（高橋則夫訳）（1994）Walter Perron「刑法における製造物責任――ドイツ連邦通常裁判所『皮革用スプレー判決』をめぐって」『比較法』31号
堀内捷三（1993）「製造物の欠陥と刑事責任――その序論的考察」『研修』546号
松宮孝明（2003）『過失犯論の現代的課題』成文堂
山中敬一（1994）「フランクフルト・ラント裁判所『木材防腐剤判決』について――判決（抜粋）およびシュルツの判例評釈の邦訳」『関西大学法学論集』44巻1号
山中敬一・前嶋匠（1997）「ヴィンフリート・ハッセマー著・現代刑法における製造物責任」『関西大学法学論集』47巻4号

第2章
欠陥製造物に対する法規制の状況

第1節　考察の視点

　1　第1章で検討したように、流通後に欠陥があることが判明した製品について、製造業者等に回収措置等の安全対策を要求するためには、その前提として、製造業者等と消費者との間の社会的関係に着目する必要があった。また、欠陥製造物について法規制としては、民事の製造物責任法に基づく損害賠償責任や行政による規制が通常の形態ともいえるので、そもそも刑法が欠陥製造物に関する規制に介入すべき法状況にあるのかについてもあわせて検討する必要があろう。そこで、本章では、欠陥製品についてわが国の法秩序がどのような刑事規制をしているのかについて検討する。

　消費者の生命・身体の侵害を前提とした場合は、「事後規制」としての過失犯の成否が問題となる。第3章で詳しく検討するように、近時は、末端の従業員のみならず、企業トップへの責任追及も稀ではなくなってきている。

　これに対し、消費者への実害発生後に法規制するのでは遅きに失するとして、被害の未然防止のために「事前規制」が強化される傾向がある。消費者庁の設置[1]にともない、重大事故の発生あるいは被害の拡大を防止するために行政の各種権限規定が設けられ、さらには製造業者等に対する罰

則が強化・創設されたことはその一環といえる。また、このことと並行して、企業に対しては、安全確保のためのコンプライアンス・プログラムの策定と実施が社会的に求められており、これが企業統治上の重要な課題となっている[2]。近時は、コンプライアンス・プログラムと刑法との関係も議論されているところである[3]。

　このように、企業活動に対する安全確保の要請は、いまや社会的な規範としては確立しつつある。ここにおける共通する課題としては、「企業活動という組織活動に着目しつつ、消費者等への実害発生を如何にして未然に防止するのか」という点にあるといえよう[4]。

　2　このように、消費者の生命・身体を害する現象に対する刑事規制としては、事前規制と事後規制という二つの方向性がある。しかし、刑事規制に関する従前の議論では、事後規制として過失犯の成否が中心的に議論されており、事前規制としての刑事規制の点と対比して議論されることは少なかったように思われる。

　そこで、本章では、特に欠陥製品の事故に関連する、製造業者等に対する刑事規制について、次のような区分に応じて、各段階での刑事規制の特徴とその相互関係を明らかにする。その区分は、①死傷結果発生前の段階、あるいは一定の実害発生後ではあるが将来の拡大被害を防止する段階における「事前規制」と、②死傷結果が発生した段階での「事後規制」である。

　まず、①については、死傷結果発生以前に法規制が介入することになるので、「被害の未然防止的指向」[5]が強い。ここで刑事規制を考える場合には、刑罰介入の時期やその方法について法益論を踏まえて検討する必要がある（第2節）。

　次に、上記②の意味での事後規制では、死傷結果の存在を前提に、事後処罰として「組織内の自然人」に対する過失責任追及が基本になり、組織体内部の構造を踏まえた過失認定の手法が問題になる（第3節）。最後

に、以上の検討を踏まえて、「事前規制」と「事後規制」の相互関係や特徴および課題を示すこととする（第4節）。

第2節　事前規制型刑罰法規による安全確保

1　分析の視点

　薬品・食品、その他の消費生活用製品に使用される原料・素材等を原因として、消費者の生命・健康に害悪が生じ得る領域では、場合により、膨大な消費者の生命が奪われるおそれがある。そこで、警察的規制あるいは社会的規制として、企業活動そのものに法的コントロールを加え、消費者に対する危害の発生を未然に防止する必要がある[6]。このような事前規制は、「被害の未然防止的指向」に基づく規制であり、基本的には行政の役割に属するものである。本節では、刑罰という制裁手段を用いて、公衆の生命・健康に危害を及ぼし得る行為を処罰し、それを通じて事前抑制的効果を期する方法について検討する。

　この場合、事後規制たる過失犯処罰との関連を念頭に置くと、「製造・販売段階」、「製品流通段階」に応じて、規制のあり方および刑罰の内容を検討するのが適切である。製品流通段階においては、近時の安全対策の傾向を踏まえ、「実害発生後拡大被害防止段階」として位置づけることも可能である。

2　製造・販売段階における規制——形式犯による処罰

　被害の未然防止が、本来的には、行政の役割に属するのであれば、刑法の関与形態としては、いわゆる「行政刑法」[7]の形をとるのが通常であ

る。この場合は、行政取締法規により各種規制を設け、その実効性担保のために形式犯として刑罰を科すことが多い。このような規制としては、たとえば、食品衛生法、薬事法、消費生活用製品安全法などを挙げることができる。

　規制の仕方としては、基準違反に対して直ちに刑事罰を科す直接適用型（直罰制）と、基準違反に対してまずは改善命令などにより事業者に是正措置を講じさせ、その命令に違反した場合にはじめて刑事罰を科す間接適用型（命令前置制）がある。製造物の場合について考えると、製品の「製造」・「販売」の各段階で、消費者の生命や健康を侵害する潜在的危険性のある有害物質の使用を禁止し、あるいはそのような物質を含有する製品の販売を禁止するなどの規定を設けることになる。特に、直罰制によれば、立証の容易さ、取り締まりの便宜という面では優れた規制とはいえる[8]。

　しかしながら、この種の規制によって、ありとあらゆる有害物質について事前に規制の網の目を張り巡らすことは不可能である[9]。また、食品衛生法、薬事法において製造・販売が禁止されている食品・医薬品を製造・販売した場合の罰則（食品衛生法71条1号・6条・78条、薬事法84条14号・56条・90条1号）は、故意犯の場合しか適用されず、過失犯の場合には罰則が働かないとして実効性に欠けるとの指摘もある[10]。さらに、1990年代以降の規制緩和の流れ、あるいは事前規制社会から事後規制社会への流れ中では、たとえば製造業に関しては、製品の安全基準が民間認証や企業の自主規制に委ねられるなどの事情もある。このようなことから、上記方式による事前規制には限界がある。

3　製品流通段階における規制

(1) 刑事特別立法による処罰の可能性

　このように、行政規制により「製造・販売段階」で漏れなく欠陥製品の

発生を阻止することは不可能であることから、規制の網の目を漏れて流通した製品によって公衆の安全が害される事態を回避することがなお必要になる。しかし、現行刑法典の殺人罪、傷害罪、過失致死傷罪、業務上過失致死傷罪などの生命・身体犯は、実害が発生してから適用されるに過ぎない。そのため、公衆に対する危険が発生しても、これらの規定では公衆の安全が害される事態に対応することはできない。

そこで、製品「流通後」の一定の危険事態に着目して、刑事特別立法として、危険犯規定を設けて処罰する方法が考えられる。この形式の特別法としては、事業活動に伴って生ずる廃棄物等の排出行為を処罰する「人の健康に係る公害犯罪の処罰に関する法律」(昭和45年12月25日法律第142号)が存在する。同法には、法人処罰規定(同法4条)や因果関係の挙証責任転換規定(同法5条)が設けられている。

たしかに、消費者に対する実害発生以前に「公衆の生命・健康」を危険に曝す公共危険犯という形式をとれば、事前規制の面では優れている。また、公害罪法のように、法人処罰規定や因果関係の挙証責任転換の規定を設けるなどすれば、組織に対する抑止や犯罪立証の面でも優れた効用を発揮しうる。そのため、従前から、欠陥製品事故の中でも特に被害が深刻になりうる食品公害・薬品公害について、刑事立法を提言する見解が認められる[11]。しかしながら、現在のところ、欠陥製品に起因する危険惹起を処罰する特別刑法は、制定されるに至っていない。

(2) 製品流通段階における形式犯規定による処罰——従前から見られるもの

形式犯規定による処罰は、製品の「製造・販売」段階に限られるものではなく、製品「流通後」に公衆に対する危険がある程度顕在化している段階で製造業者等を処罰する場合も考えられる。従前から見られる代表的なものとしては、医薬品等に関する薬事法がある。

薬事法（昭和35年8月10日法律第145号）は、制定当初、厚生大臣に対して、医薬品製造業者の監督のために、立入検査（69条）、廃棄（70条）、検査命令（71条）、改善命令（72条）、管理者等の変更命令（73条）、許可の取り消し（75条）などの監督権限を付与していた。その後、1979年（昭和54年）の薬事法改正により、緊急命令（69条の2。現行69条の3）が規定されるに至り、その他の監督権限も順次改正されている。

医薬品流通後に製造業者への厚生労働大臣の措置を規定したものとしては、まずは、製造販売後の安全管理の方法等の改善命令・業務停止命令等（同法72条）がある。このうち一部の命令違反については、刑罰が科せられる（同法86条13、15号）。

そしてとりわけ重要なものが、医薬品流通後の一定の危険性に着目して、行使される緊急命令（同法69条の3）である。これは、医薬品等による保健衛生上の危害の発生又は拡大を防止するため必要があると認めるときに、その製造・販売業者等に対して、医薬品等の販売・授与又は医療機器の賃貸若しくは修理を一時停止すること、その他保健衛生上の危害の発生又は拡大を防止するための応急の措置を採るべきことを命ずるものである。これに対する違反についても刑罰が科せられる（同法84条18号）。

その他、厚生労働大臣には、医薬品等を業務上取り扱う者に対して、直接、製造販売の承認を取り消された医薬品等の廃棄・回収等を命じる権限も付与され（同法70条）、この命令に対する違反も処罰されている（同法84条19号）。

(3) 製品流通段階における形式犯規定による処罰――最近見られるもの

従来、欠陥製品に関する消費者の死傷事故については、森永ドライミルク事件やカネミ油症事件（これらの事件の詳細は、第3章で検討する）のように、製品の製造・販売段階での過失が中心問題とされていた。それに対応して、被害の未然防止もこの段階での事前規制が中心的であった。

しかし、近時は、製品の製造段階の過失ではなく、製品流通後の安全対策の懈怠について、厳しく過失責任が追及される傾向がある。この段階では、製造段階の過失の場合と同様、製品の欠陥の有無や消費者に生じた被害との間の因果関係の認定など、困難な問題が残されてはいる。もっとも、結果の予見可能性との関係では、現実の人身被害、あるいはそれに類する製品事故の発生により、公衆への危険が顕在化していることから、製造段階と比較して、予見可能性を認定しやすい状況にある。そのため、このような状況下で製造業者が何ら安全対策をとらない場合には、厳しく非難されるのである。近時、製造・販売業者の過失責任が問われたものとしては、薬害エイズ・ミドリ十字ルート事件、パロマガス湯沸器一酸化炭素中毒死事件、三菱自工トラックタイヤ脱輪事件などが挙げられる。また、製造・販売業者以外では、行政官僚の過失責任が問われた薬害エイズ・厚生省ルート事件が挙げられる（これらの事件の詳細は、第3章で検討する）。

　このように、一定の危険事態が生じ、類似の被害の拡大が予想される状況下においては、製造業者には、製品の品質・安全性についての第一次的な責任者として、事故情報の収集、消費者に対する正確な事故情報の提供、適切な安全対策の実施が規範的に要求されている。このような「実害発生後拡大被害防止段階」で法規制する場合には、想定される将来の被害との関係では、なお事前規制の一種といえよう。

　実際、このような規範的要請を前提にして、近時、「実害発生後拡大被害防止段階」における具体的な制度が法改正により導入され、あるいは新しい法律が制定されている。関連する代表的な法律としては、道路運送車両法、消費生活用製品安全法、消費者安全法が挙げられる。

　1）道路運送車両法による規制および処罰

　自動車等の道路運送車両に関する規制法としては、道路運送車両法（昭和26年6月1日法律第185号）がある。同法は、自動車に対する安全対策としてリコール制度を規定している。これは、同一の型式で一定範囲の自

動車等について、道路運送車両の保安基準に適合していない又は適合しなくなるおそれがある状態で、その原因が設計又は制作過程にあると認められる場合に、その旨を国土交通大臣に届け出て（同法63条の3）、自動車等の無償修理をする制度である。リコール制度は、通達によるリコール届出の受付開始（1969年（昭和44年）6月）、運輸省令である自動車型式指定規則の改正によるリコール制度の法制化（同年9月）を経て、1994年（平成6年）7月の道路運送車両法改正により法律で明記されたものである（翌年1月に施行）。

　しかし、当初のリコール制度は、あくまで自動車メーカーの任意の届出によるものであり、届出をなさずに改善措置を行った場合に無届けとして過料が科せられていたに過ぎず、改善措置をなさず届出もなされない場合に至っては、過料の対象にもならなかった。また、運輸大臣（当時）は、設計または製作過程上の原因で保安基準に適合していないと認めるときは、必要な改善措置を講じることを勧告することができたが、自動車メーカーが勧告に従わない場合には、その旨を公表することができるに過ぎず、強制的にリコールを命じることはできなかった。

　このような法律の不備は、2000年（平成12年）に発覚した三菱自動車工業株式会社による長期間にわたるリコール隠しなどを契機として指摘されるようになり、種々の制度改正がなされている。現在のリコール制度は、次のような構造になっている。

　まず、リコールは、自動車メーカー等による自主的な実施を基本にするが、実施する際には、事前の届出を要し（同法63条の3）、この届出義務に違反した場合又は虚偽の届出をした場合には、刑罰が科せられる（自然人の場合は、同法106条の4第2号（懲役刑若しくは罰金刑、又はこの併科）、法人の場合は同法111条1号（法人重課あり））。また、自動車メーカー等は、改善措置の実施状況について国への報告義務があり（同法63条の3第4項）、これに違反した場合には、罰金刑が科せられる（自然人の

場合は同法110条3号、法人の場合は同法111条2号)。

　次に、自動車等に安全上問題があるにも拘らず、自動車メーカーが自主的にリコールを行わない場合に備え、国が、自動車メーカー等に対し、リコールを実施するよう指導・勧告・命令するなどの制度が設けられている。すなわち、一定範囲の自動車等について、事故が著しく生じている等によりその構造、装置又は性能が保安基準に適合していないおそれがあると国土交通大臣が認めるときは、自動車メーカー等に原因検査をさせ、報告を義務づけている（同法63条の4）。そして、国土交通大臣は、上記自動車等について、保安基準不適合の原因が設計又は製作の過程にあると認めるときは、当該自動車メーカー等に対し、当該基準不適合自動車等を保安基準に適合させるために必要な改善措置を講ずべきことを勧告することができる（同法63条の2第1～2項）。自動車メーカー等がこの勧告に従わないときは、国土交通大臣は、その旨を公表することができ（同条4項）、その後、リコール命令をすることができる（同条5項）。上記の報告義務違反やリコール命令違反については刑罰が科せられている（自然人の場合は同法106条の4第3号・1号（懲役刑若しくは罰金刑、又はこの併科)、法人の場合は同法111条1号（法人重課あり))。

　なお、リコール制度に類似する制度として、「改善対策」[12]、「サービスキャンペーン」[13]がある。

　2）消費生活用製品安全法による規制および処罰

　消費生活用製品安全法（昭和48年6月6日法律第31号）は、制定当初、「消費生活用製品による一般消費者の生命又は身体に対する危害の発生の防止を図るため、特定製品の製造および販売を規制するとともに、消費生活用製品の安全性の確保につき民間の自主的な活動を促進するための措置を講じ、もって一般消費者の利益を保護すること」を目的としており、製品事故に関する情報の収集などについては規定していなかった。

　しかし、平成18年以降、ガス湯沸器による一酸化炭素中毒死傷事故や家

庭用シュレッダーによる幼児の手指切断事故など、消費生活用製品に起因する重大事故が相次いで発覚し、これらを契機として、製品事故が起きても製造・輸入・販売事業者らから国に事故報告がなされなかったり、報告まで長期間経過していたりするものが少なからずあったことが問題視された。

これを受けて、製品事故が生じた場合に、事故に関する情報を社会全体で共有し、その再発を防止することを狙いとした「消費生活用製品安全法の一部を改正する法律案」が第165回臨時国会に提出され成立し、同年12月6日に公布、翌平成19年5月14日に施行された。これにより、製品事故に関する情報の収集および提供等の措置を講じることも同法の目的として規定されるに至り[14]、かかる目的実現のための各種規定が設けられた。

まず、製造業者等には、情報の収集および提供の責務が課せられており（同法34条）、他の法令により個別に規制されているものを除いた製品につき（同法2条1項）、製品出荷後の拡大被害防止対策として、重大製品事故の報告が義務付けられている（同法35条1項）。そして、製造業者等がこれに違反した場合には、内閣総理大臣から重大製品事故に関する情報収集・体制整備を命じられ（同法37条1項）、さらにかかる命令に違反した場合に、刑罰が科せられることになった（自然人については同法58条5号（懲役刑若しくは罰金刑、又はこの併科）、法人については60条2号）。

次に、製造・輸入業者は、その製造又は輸入に係る消費生活用製品について製品事故が生じた場合には、当該製品事故の発生原因の調査を行い、危害発生および拡大防止のため必要があると認めるときは、当該消費生活用製品の回収その他の危害発生および拡大防止の措置をとるよう努めなければならないとされている（同法38条1項）。また販売業者にも製造・輸入業者の上記措置に協力する責務があるとされている（同条2項）。

そして、一定の場合に、製造業者等に対して危害防止命令をする権限が主務大臣に付与されている。一つは、規定違反の特定製品[15]の販売等によ

り、一般消費者の生命又は身体について危害が発生するおそれがあると認められる場合において、当該危害の発生および拡大防止のために、製造業者等に対して、販売した当該特定製品の回収を図る等の危害防止命令をする権限である（同法32条）。もう一つは、同法32条により危害防止命令をすることが出来る場合以外のものであり、消費生活用製品の欠陥により重大製品事故が生じた場合、その他一般消費者の生命又は身体について重大な危害が発生し、又は発生する急迫した危険がある場合において、その製品の製造・輸入業者に対し、当該製品の回収を図ること等の危害防止命令をする権限である（同法39条）。そして、製造・輸入業者等がかかる命令に違反した場合には、やはり刑罰が科せられる（自然人については同法58条4号（懲役刑若しくは罰金刑、又はこの併科）、法人については同法60条1号（法人重課あり））。

3）消費者安全法による規制および処罰

消費者安全法（平成21年6月5日法律第50号）は、平成21年の消費者庁の発足に伴い制定された。同法は、縦割行政に起因する規制権限の間隙（すき間）に落ちてしまい、規制ができないいわゆる「すき間事案」に対応するため[16]、内閣総理大臣に次のような一般的規制権限を付与している。第一に、事業者に対する勧告・命令権（同法17条1、2項)[17]、第二に、譲渡等の禁止・制限（同法18条1項)[18]、第三に、回収等の命令（同法19条)[19]である。そして、事業者が、17条2項、18条1項、19条の命令・禁止・制限に違反した場合には、刑罰が科せられることになった（自然人については同法27条・28条（いずれも懲役刑若しくは罰金刑、又はこの併科）、法人については30条）。

以上のように、「実害発生後拡大被害防止段階」においては、製造業者等に対して、製品事故情報の収集、消費者に対する正確な事故情報の提供、さらには適切な安全対策を実施することが、規範的に求められていることは明らかである。

4　安全確保と法益論

　(1)　上記の危険犯規定や形式犯規定による被害の未然防止については、刑法的には、どのように評価すべきであろうか。このような規定は、消費者に対する実害発生以前に遡って刑事的規制をするため、保護法益との関係を考察する必要がある。

　まず、危険犯規定を取り入れて被害を未然に防止しようとする場合には、公共危険犯としての性格上、「公衆の生命・健康」が保護法益といえる。しかし、この法益の保護との関係で、刑法介入の時期をどの程度まで遡らせることができるかが問題になる。具体的には、具体的危険犯、抽象的危険犯のいずれの形式をとるのかという問題である。公害罪法の法務省原案には、犯罪となる時点について、「公衆の生命または身体に危険を及ぼすおそれのある状態」と規定されていた（後に傍点部分が削除されている）が、食品・薬品公害に関して、このような形式を採用すれば、抽象的危険犯として、実害発生の相当前の段階で刑法が介入することになる[20]。

　この点について、船山泰範教授は、食品・薬品公害に関して刑事立法をする場合には、公害罪法と同様、具体的危険犯として規定するのがよいとしつつも、食品・薬品公害がもたらし得る被害の深刻さや人々に与える脅威感等を考慮して、公害罪法の法務省原案のような抽象的危険犯規定を設ける可能性についても言及されている[21]。

　たしかに、公害罪法は、1950年代以降のいわゆる四大公害事件（熊本水俣病、イタイイタイ病、新潟水俣病、四日市ぜんそく各事件）などを契機に制定されたものであり、人体に有害な物質の排出行為を処罰するものである。後で検討する森永ドライミルク事件、カネミ油症事件のような「食品公害事件」や薬害エイズ事件のような「薬品公害事件」と称される事件も、甚大な人的被害をもたらすという意味で、上記公害事件に類似する面はある[22]。

しかし、近時の刑事立法は、抽象的危険犯規定が多用され、「処罰段階の早期化」、「刑事規制の範囲の拡大」という二つの特徴を持っているとされる[23]。

この点につき、特に問題になるのは、テロ・組織犯罪、環境汚染問題、経済犯罪問題などの領域において集合的・観念的な法益を保護する現代型抽象的危険犯の場合ではある[24]。しかし、有害な食品・薬品の流通に対する消費者の脅威感などを前面に出し、その裏返しとして消費者の安心感という極めて抽象的な保護対象を想定して抽象的危険犯規定を設ける場合も、同様の問題が生じうる。処罰段階の早期化は論者の求めるところであろうが[25]、処罰範囲の拡大を伴う抽象的危険犯としての立法には、慎重さが求められる。

(2) それでは、前記の行政刑法の形式犯規定の場合、刑法的保護法益は何であろうか。この点について、行政刑法は、行政の命令に対する不服従を本質として処罰するに過ぎず、狭義の刑法とは異なるとの考えもありうる[26]。しかし、制裁手段として刑罰を用いる以上は、行政刑法も刑法の基本原理による制約は受けるべきである[27]。そうすると、行政刑法における形式犯も単なる行政の禁止・命令違反に尽きるのではなく、刑法的に保護された法益に対し潜在的危険を及ぼすゆえに処罰されると考えるべきである[28]。警察的規制の場合、規制目的として、公衆の生命や健康の保護を目的としているので、保護すべき法益はやはり「公衆の生命や健康」と考えられる。もっとも、危険のレベルとしては、危険犯規定より相当低いものであることが通常であるから、危険犯の場合以上に、刑罰を科すべき実体があるか否かを検討する必要があろう。その際には、刑罰という手段を用いる以上は、刑法が「最後の手段」(ultima ratio) であり、刑事罰より緩やかな措置で法益保護が可能である場合はそれを優先し、それが不十分である場合に初めて刑法の介入が認められるべきとの観点（刑法の補充性）

を考慮すべきである[29]。その意味では、刑法的法益保護と他の領域による法益保護との相違を明らかにする必要がある。

　このような観点に立つと、実害の発生から遠い部分については、むやみに刑事罰を拡大すべきではなく、事業者に対する制裁として何が適切であるのかを検討すべきであろう。企業活動の安全確保については、基本的には、企業による自主的かつ組織的な対応に委ねるべきであり[30]、安全性への配慮に欠ける組織体への制裁としては、まずは業務改善命令や業務停止といった行政処分を活用することで行政にとって望ましい事態の実現を目指し、法益保護上看過できない行為について危険のレベルに応じた刑罰介入の適否を論ずるべきと考える。

　そうすると、製品の危険がある程度顕在化した段階、すなわち、「実害発生後拡大被害防止段階」では、製造業者には、適切な安全対策を実施することが規範的に要求され、行政の積極的な介入も期待されているので、この段階での罰則を強化する余地はあるといえよう。その場合には、両罰規定を設け、法人自体を処罰することが必要になろう。

　このような考察からすれば、前記3でみた「実害発生後拡大被害防止段階」においてすでに設けられている間接適用型による処罰の方向性は、基本的に正当である。

5　事前規制段階における規制の傾向

　以上のように、わが国の法秩序は、欠陥製造物に関して種々の刑事規制をしている。死傷結果発生前の段階で、消費者等に対する人的被害を未然に防止しようとする場合、基本的には、「公衆の生命・健康」という公共的法益を措定し、これに対する危険のレベルに応じて、形式犯や危険犯規定により規制をすることになる。製造物に関しては、「製造・販売段階」での規制、「製品流通段階」、あるいは「実害発生後拡大被害防止段階」で

の規制があり、近時は、後者の段階の規制が強化されている。これらは、運用次第では、企業に対する組織的な改善措置を促進することにつながり、有効な事前規制となり得る。

　最近の制度の共通点は、製造業者等に対して、製品の品質・安全性を確保する第一次的な責任者として、事故情報の収集、消費者に対する正確な事故情報の提供、適切な安全対策の実施を要求していることである。適切な安全対策の一つとして、製造・販売業者に対し製品の回収措置が求められる場面も見られ、場合によっては、各種の命令による行政の積極的介入を予定しているものも多数認められる。そして、この法的要求に対する違反の一部に対しては、行政取締法規違反の形ではあるが、罰則も科せられている。

　私見としては、欠陥製品の危険の顕在化のレベル、あるいは企業に対する安全管理に関する規範的要請を踏まえると、「実害発生後拡大被害防止段階」において間接適用型の行政刑法による刑事規制を強化する方向性は正当と考える。

第3節　事後規制としての過失犯処罰

1　分析の視点

　企業活動に起因して消費者等に死傷の結果が発生した場合は、「事後規制」としての刑事制裁が発動することになる。「事前規制」の場面では、特別法上に両罰規定が設けられていることが多く、その場合は法人処罰も可能であった。しかし、事後規制の段階では、企業活動に起因して消費者の死傷結果が生じた側面はあるものの、現行刑法典上の生命・身体犯の規定によって企業自体の刑事責任を追及することはできないと考えられてい

る[31]。「事後規制」としての刑事規制の場合は、組織体の中の自然人に対する過失責任追及（特に業務上過失致死傷罪）が中心とならざるを得ないのである。

　過失の認定については、特定の結果の発生から遡り、①どの時点の、②誰の、③どのような過失行為（注意義務違反行為）を特定するのかという手法がとられる[32]。

　①については、欠陥製品に関する過失責任を問題とする場合、実害発生以前の段階で、十分な安全対策が講じられなかったという側面があるので、第2節において示した、「製造・販売段階」、「製品流通段階」あるいは「実害発生後拡大被害防止段階」の区別に応じて検討することが有用であろう。交通事故のように過失行為者の存在が明らかな形態においては②はあまり問題にならず、③の認定が重要である。これに対して、欠陥製品事故のように組織内の自然人の過失責任を問題とする場合には、結果発生までに多数の関与者が存在するため、③のみならず②の問題がクローズアップされることになる。そのため、企業活動に伴う事故については、組織体の特殊性を踏まえた過失認定の手法が問題になる。また、「製造・販売段階」、「実害発生後拡大被害防止段階」の区別に応じて過失責任を検討する際には、各段階での理論的問題点に異同があるかも検討する必要があろう。

2　製造・販売段階の過失

　(1)　消費者の死傷の原因が、食品等への有害物質の混入にあり、それ自体を責任追及の理由とする場合には、製品の「製造段階」の過失が問題になる。その具体例としては、後述する森永ドライミルク事件やカネミ油症事件が挙げられる。組織内の誰の責任追及をするかという点（前記②）については、被害の原因が製品の製造工程にあるので、そこにおける組織内

の具体的な分業体制を把握した上で決定することが重要になる。通常の場合、まず欠陥の原因に直接関与した従業員等が特定できるのであれば、直接行為者として責任追及されることになろう。

次に、欠陥が生じた原因に「組織的・構造的」な背景がある場合には、直接行為者の責任追及のみでは不十分であり、管理・監督者の過失を問題にする必要がある。この場合、直接行為者の負う注意義務とは異質の、管理・監督上の注意義務違反を追及することから、いわば過失犯処罰は周辺領域まで拡張することになる[33]。

このような判断手法は、ハッセマーが指摘していた、「被害に最も近い原因を設定した者の第一次的違反を問題にし、もし状況が許すならば、その後はじめて、『第二次的違反』『第三次的違反』として、組織義務、選択義務、監視義務、統制義務の違反を追及する」という手法（78頁：第1章・第4節・3（1）1）ⅰ））そのものである。

(2) このような製品の設計・製造段階での過失論の中心問題は、「未知の危険」への対処であった。わが国において未知の危険に対して過失犯処罰を積極的に提唱されたのは、藤木英雄博士である。その理論の発展の経過は、次のようになる。

藤木博士は、過失犯論に関する初期の論文である「過失犯の基礎理論」[34]において、産業革命以降の複雑な機械化された生活関係から生ずる過失犯を処理するためには、単に結果の認識・予見ということについて意識の緊張がなされたかどうかを論ずるのみでは過失の実体をとらえることはできないとして、過失の客観化を提唱された。ここでの理論的な主眼は、たとえ結果の発生が予見できるときでも、客観的に適切な行動をとって生じた結果であれば、過失犯処罰を限定するという点にあった。すなわち、過失犯においては、「まずある行為が結果発生を回避する見地から適切なものであったかどうか、法的見地から結果回避のために要求される行為がなさ

れたかどうかが、問題とされねばならない。」[35]、あるいは、「まず結果惹起に至る過程そのものに、瑕疵があり落度があって、法秩序の要求に適合するかどうかを論ずることが必要」として[36]、行為そのもののあり方（外面的落ち度の有無）を問題とされる。そして、ドイツで発展した「許された危険」の法理を取り上げる。この法理は、危険ではあるが社会的に有益で欠くことのできない行為の合法性を説明するためのものであり、通常、各種の高速度交通機関、鉱山・大工場の経営、大規模な土木建設事業、科学実験などの領域に適用される[37]。そして、「許された危険」として合法となるためには、注意義務の遵守、すなわち、「行為が客観的に落ち度なく行われたこと」が要件になるとされる[38]。そこで最終的には、「法益侵害が惹起されても注意義務が遵守されたかぎり行為は違法でない、という法理は、『許された危険』の領域に限定されず、過失犯の全般にわたって妥当する」とされるのである[39]。その上で、注意義務の内容をなすものは、「具体的な事情のもとで結果発生を防止するために法の要求する、適切な作為・不作為」とされる[40]。

　このように藤木博士の初期理論においては、過失の客観化およびそれによる過失処罰の限定化が主たる目的であった。いわば、事故を起こした行為であっても、社会の中で適切に管理さえすれば、人間の社会生活に役立つ行為としてプラス面があるとして、その保護を目的としたのである。

　しかし、その後、藤木博士は、科学技術がもたらすマイナス面に着目し、とりわけ企業が惹き起こした各種の災害事故などに対処するために、処罰拡張の理論にシフトすることになる。藤木博士は、科学技術のマイナス面のコントロールは、第一次的には行政の事前規制によるとしつつ、事後規制としての刑罰の役割について、次のように述べている。すなわち、「先に挙げた刑法の過失犯に関する規定が、高度に進歩した科学技術に支えられ、かつたんなる個人行動ではなく、システム化され組織化された活動として行われる企業活動のもつ破壊力から共同生活の安全を守る、一つ

の重要な手段としての役割を担わされることになった」というのである[41]。ここでは、「とりわけ企業活動から脅威を受けることがない、という安心感を確保することができるような過失犯の理論構成」が模索されている[42]。そして、周知のように、予見可能性の程度として、「必ずしも具体的な予見は必要とせず、危険発生について危惧感があれば足りる」といういわゆる危惧感説を提唱された[43]。製造過程における過失が問題となる場面においても、科学技術がもたらした化学成分の未経験の作用が問題になることが多いので、まさに、未知の危険への積極的対処が問題とされているのである。

　このような結果発生に対する危惧感を根拠に刑法上の答責性を認める考え方に対しては、従前から、過失犯の予見可能性を肯定するためには危惧感では足りないとする具体的予見可能説との対立がある。危惧感説をとるか否かについては、過失犯の予見可能性論における重要問題となっている。また近時は、これとは異なり、リスク社会論の見地から危惧感説を批評するものも見られる。つまり、リスク社会の特徴の一つとして「不確実性」を挙げて、「心理的・感覚的な『不確実性』概念を明白に刑法解釈学へ持ち込む見解」と評するものもある[44]。藤木博士が主張された危惧感説は、あくまで要求される結果回避措置との関係で相関関係的に把握されるもので、心理的・感覚的な概念が独立に機能しているわけではない。しかし、科学技術に対する人間の慢心や安易な断定を排すべく、不確実なリスクを前にした行為者に対して、慎重な行動を要求する限りにおいては、リスク判断が刑法解釈学に反映されているといえよう。

　このように危惧感説の当否については学説上争いがあるが、藤木博士の指摘で着目すべきことは、事後規制としての刑法の役割である。第2節で検討したように、わが国の法秩序は、被害の未然防止の見地から、製品の製造・販売段階から流通段階にかけて、様々な法規制を掛けている。しかし、すでに指摘したように、「製造・販売段階」の事前規制には限界が

あった。そうすると、規制の網の目をくぐり抜けて結果に結びついたリスクについて、刑法上の答責性を問題にする必要がある。この点については、現代においても等しく当てはまる要請といえるのではなかろうか。むしろ、事前規制社会から事後規制社会へシフトしている現代社会においては、藤木博士が指摘された時代以上に、そのような要請が強くなっているように思われる。

　問題は、そのような事後規制手段としての刑法に、どの程度の役割を担わせるかである。とりわけ製造物事故は、企業活動から生じるものであるから、企業活動に対して刑法がどこまで介入するのかという問題とも関わる[45]。

　方向性の一つとして、企業活動そのものの問題として把握して、事前規制段階における規制と同様に、法人処罰を模索する方向性もあるが、これは基本的には立法論の問題である。より現実的には、前記1の分析の視点でも指摘したように、事後規制手段としての刑法は、組織の中の自然人に対する過失犯処罰が中心になることを正面から認め、その中で組織の実態を踏まえた刑法解釈論を展開することが重要だというべきである。この観点からは、製造・販売段階の過失については、判例実務において、どのような過失認定の手法が採られているのかを分析することが必要になる。

3　製品流通段階の過失

　(1) 第2節で検討したように、製品流通後の段階でとりわけ重要なのは、すでに製品の危険性が顕在化する製品事故が生じるなど一定の被害が発生しており、今後も類似事故の発生が予想される段階、すなわち、「実害発生後拡大被害防止段階」である。この段階では、被害の未然防止のための各種の制度が設けられ、行政刑法としての刑罰規定も拡充されている。しかも法人重課規定が設けられているので、企業に対する安全対策の

実施を促す効果が期待される。この「実害発生後拡大被害防止段階」の各種法規制は、予想される将来の拡大被害との関係では、なお事前規制の一種といえると指摘したが、すでに一定の危険が顕在化している段階でもあるため、事後規制としての性格もあり、本来であれば、行政刑罰の積極的適用が期待される段階ともいえる。

しかし、一般に行政刑罰は、直罰制にせよ命令前置制にせよ、罰則自体が量的に拡大しても、十分に活用されない実態があるとも指摘されており[46]、行政刑罰に対して過度の期待はすべきではない。そうすると、この段階においても、事後規制手段としての刑法の役割は依然として残されているのである。

(2) 第2節で検討したように、「実害発生後拡大被害防止段階」では、製品事故情報の収集、消費者に対する正確な事故情報の提供、さらには適切な安全対策の実施が、製造業者等に対して積極的に求められている段階である。あくまで一般的な比較の問題であるが、「製造・販売段階」の過失では「未知の危険」に対する予見可能性の問題が生じることが多いのに対し、「実害発生後拡大被害防止段階」では、一定の製品事故の発生があることを前提にすれば、結果の予見可能性は認められやすいといえる。その意味では、「実害発生後拡大被害防止段階」は、「既知の危険」への対処が求められる段階といえよう。

このような状況下における過失の対象は、法益侵害の直接的原因である危険源の設定への関与ではなく、製品の欠陥に起因する危険状態を所与のものとした上で、かかる危険状態を除去する安全管理対策（警告措置、あるいは回収措置）を行わないことである。このような外部に対して行う安全管理対策は、通常、企業の末端の従業員によっては行い得ないから、会社のトップが拡大被害を防止するために適切な措置を講じなかったことが問責の対象となることが多い。その意味で、製造・販売段階の過失のよう

に、直接行為者の存在を前提に、間接的・共働的な注意義務違反を問題とする管理・監督過失の問題とは若干性質を異にしている。これは、ドイツ学説の検討で見たのと同様の傾向といえよう。

しかし、第2節で示したように、製品事故の発生により一定の危険事態が生じ、類似の拡大被害が予想される状況下では、製造業者に対しては、適切な安全対策の実施が規範的に要求されているといえる。このような要請を前提に、会社の責任者の過失責任を追及するという意味では、製造・販売段階において検討した管理監督者の責任追及の構造と基本的に異なるところはないといえよう。ここにおいても、製造・販売段階の場合と同様、事後規制手段としての刑法としては、組織の中の自然人に対する過失犯処罰が中心になることを正面から認め、その中で組織の実態を踏まえた刑法解釈論を展開することが重要だというべきである。この観点からは、やはり製品流通後の過失について、判例実務において、どのような過失認定の手法が採られているのかを分析することが必要になろう。

第4節　結語

製品事故による被害の未然防止のために、わが国の法秩序が設けている「事前規制」としての刑事規制と「事後規制」としての刑事規制の領域との相互関係を分析すると、次のようになる。

第一に、刑法上の義務であるかどうかは別として、製造業者等は、製品の製造・販売段階のみならず、製品流通後においても事故情報を収集するなどして製造物の危険性を監視し、危険性の認識に応じて各種の安全対策を講じるべき社会生活上の安全義務を明らかに負っているということである。

ここでの義務が純粋に民事の領域に留まるものだとするならば、刑法上

の答責性を導き出すにあたり、これを考慮することは基本的には許されないであろう。民法などの法規範と刑法とでは、目的と機能が異なるため、民事上の概念を直ちに刑法上の概念の中に取り入れることはできないからである。たとえば、民事上のリスク分配の合理的観点、具体的には、製造業者による損害賠償債務リスクの保険可能性、あるいは、消費者との比較で製造業者の方が、被害負担に関してより大きな経済的能力を有しているというような事情は、刑法上の答責性の根拠とすべきではない。

　しかし、第2節での考察で明らかなように、欠陥製品に関して法秩序が行っている規制は、民事の領域に留まるものではなく、刑事規制との接点を持つ内容になっている。そのため、欠陥製品に起因して死傷事故が生じ、「事後規制」としての刑事過失が問題になる場面においては、事前規制段階で製造業者に課せられている注意義務を無視し得ないというべきである（後述第4章）。

　第二に、製品事故情報の収集、消費者に対する正確な事故情報の提供、さらには適切な安全対策の実施は、製造業者等だけではなく行政機関も深く関わっており、しかもこれらの主体が組織として共働的に遂行することが予定されていることである。これ自体は、被害の未然防止という観点から望ましいことではある。問題は、法秩序が設けた安全規制の網の目をくぐり抜けて発生してしまった死傷結果について、事後規制手段としての刑法が介入する場合、このような組織的な観点がどのような形で刑法理論の中に反映されるかということである（後述第4章）。

　第三に、事後規制手段としての刑事規制については、製品の製造・販売・流通段階を通じて、組織の中の自然人に対する過失犯処罰が中心になることを正面から認め、その中で組織の実態を踏まえた刑法解釈論を展開することが重要だということである。この観点からは、製品の製造・販売・流通段階の過失について、判例実務において、どのような過失認定の手法が採られているのかを分析することが必要になろう（後述第3章）。

注

1) 平成21年5月29日には、消費者庁関連3法が成立し、内閣府の外局として、消費者庁が設置された（消費者庁及び消費者委員会設置法2条1項）。消費者庁は、「消費者の利益の擁護及び増進に関する基本的な政策の企画及び立案並びに推進に関すること」を所掌事務とし（同法4条1項）、法執行機能のみならず、企画立案機能も担う政策庁として位置づけられ、消費者行政の指令塔として機能することになる（宇賀克也（2009）21頁）。
2) 安全管理体制の確立について直接要求しているわけではないが、2006年に施行された新会社法348条3項は、「取締役の職務の執行が法令及び定款に適合することを確保するための体制その他株式会社の業務の適正を確保するために必要なものとして法務省令で定める体制の整備」を取締役に義務付けている。
3) これについては、田口守一ほか編著（2007）、田口（2010）1頁、甲斐克則（2010）113頁以下など。
4) 小早川光郎ほか「座談会」（2003）6頁以下など。
5) 本章で検討する事前規制は、「予防」的規制と呼ばれることもある。しかし、ここにおいて検討する事前規制は、害悪発生を未然に防止するという視点が強く、責任論との関係で論じられる「予防論」（一般予防・特別予防論）より対象領域が広いといえる。そこで、本論文では予防論とは区別する意味で、「予防」という用語の使用は避け、「被害の未然防止」という表現をとることとする。
6) これには、①事業参入規制や事業活動の許認可制度のように、業者者の事業自体を規制する方法と、②事業活動は認めつつ、消費者に対して及ぼし得る各種の危害の諸条件を事前にチェックして締め出す方法がある。
7) 行政刑法とは、広義においては、行政罰に関する法規の総称を意味するが、行政罰のうち、とくに刑法に刑名のある罰（行政刑罰）に関する法規を行政刑法（狭義の行政刑法）と称するのが通常である（福田平（1978）1頁）。本章で検討する行政刑法も、狭義の行政刑法である。
8) 藤木英雄（1975c）9頁「公害と刑法の役割」。
9) 藤木・前掲書10頁「公害と刑法の役割」。
10) 食品衛生法につき、沼野輝彦（1975）125頁、食品衛生法・薬事法につき、船山泰範（2007）175〜176頁。
11) 食品公害に対する立法につき、沼野・前掲書126頁、食品公害および薬品公害に対する立法について、船山・前掲書177頁。
12) 道路運送車両の保安基準に規定はされていないが、不具合が発生した場合に安全の確保および環境の保全上看過できない状態であって、かつ、その原因が設計又は製作過程にあると認められる場合、自動車メーカー等が、必要な改善措置を行

13) リコールまたは改善対策に該当しない場合であり、商品性や品質の改善のためにメーカーが無料で行う自動車の修理である。国土交通省の通達に基づく制度である。
14) （第1条）「消費生活用製品による一般消費者の生命又は身体に対する危害の防止を図るため、特定製品の製造および販売を規制するとともに、特定保守製品の適切な保守を促進し、併せて製品事故に関する情報の収集および提供等の措置を講じ、もって一般消費者の利益を保護することを目的とする。」
15) 特定製品とは、「消費生活用製品のうち、構造、材質、使用状況等からみて一般消費者の生命又は身体に対して特に危害を及ぼすおそれが多いと認められる製品で政令で定めるもの」をいう（同法2条2項）。
16) 宇賀（2009）31頁、内閣官房消費者行政一元化準備室（2009）17～18頁。
17) これは、商品等・役務が消費安全性を欠くことにより重大事故が発生し、かつ重大消費者被害の発生・拡大の防止を図るため必要があるにもかかわらず、そのために実施し得る他の法律の規定に基づく措置がない場合に、内閣総理大臣が、当該商品等・役務を供給等する事業者に対し、必要な点検・修理・改造・改善その他必要な措置をとるべき旨を勧告することができ（同法17条1項）、事業者が正当な理由なくこの勧告に係る措置を取らなかった場合において、重大消費者事故の発生または拡大の防止を図るため特に必要があると認めるときに、その勧告に係る措置の実施命令をすることができるとするものである（同条2項）。
18) これは、すでに商品等が市場に流通しており、特定の事業者に対して勧告を行っても実効性を欠くと考えられる場合など、商品等が消費安全性を欠くことにより重大事故等が発生し、かつ、重大消費者被害の発生・拡大の急迫した危険があり、当該被害の発生・拡大を防止するために特に必要があるにもかかわらず、そのために実施し得る他の法律の規定に基づく措置がない場合に、内閣総理大臣が、必要な限度において、6月以内の期間を定めて、当該商品等を事業として又は事業のために譲渡し、引き渡し、又は役務に使用することを禁止・制限することができるとするものである。
19) これは、事業者が同法18条1項の譲渡等の禁止・制限に違反した場合に、内閣総理大臣が、当該事業者に対し、商品等の回収を図ることなど、重大消費者被害の発生・拡大を防止するために必要な措置を取るべきことを命じることができるとするものである。
20) 公害罪法を前提としたものではあるが、その例につき、藤木（1975c）24頁「公害と刑法の役割」参照。
21) 船山（2007）178頁。

22) 1968 年（昭和 43 年）に発生したカネミ油症事件についていえば、認定患者のほかに、未だに多数の未認定患者も存在しているとされる。なお、未認定患者を中心に長年に渡り公的救済立法を求める活動がなされていたが、同年 8 月 29 日、被害者救済法として、「カネミ油症患者に関する施策の総合的な推進に関する法律」（平成 24 年法律第 82 号）が成立し、同年 9 月 5 日に公布・施行された。
23) 最近の刑事立法の動向については、金尚均（2000）165 頁以下、井田良（2003）4 頁以下、高橋則夫（2003）15 頁以下、酒井安行（2003 年）1 頁以下、井田（2004）268 頁以下、松宮孝明（2004）282 頁以下、山口厚（2008）2 頁以下、亀井源太郎（2010）7 頁以下など。
24) 金尚均（2001）1 頁以下。
25) 船山（2007）178 頁。
26) 行政犯と刑事犯との区別については、福田（1978）3 頁以下参照。
27) 藤木（1976）8 頁、佐伯仁志（2009）17 頁。
28) そのような危険性すらないものについては、行政制裁が科せられるにすぎないとすべきであろう。
29) 平野龍一（1972）47 頁。
30) この観点からは、企業が自主的にコンプライアンス・プログラムを構築することが重要になる。コンプライアンス・プログラムと刑法の問題については、注 3) 参照。
31) 立法論として、事前規制の場合と同様、法人処罰規定を設けて、組織論的アプローチを一貫させる方向性もあるが、この点については措くこととする。法人処罰の議論の近況については、今井猛嘉（2010）51 頁以下参照。
32) これに対し、井田（2009）5 頁は、新過失論の立場からは、「発生結果とは独立に過失の実行行為そのものを確定できる（そして確定すべき）こととなるから、まずは（故意犯の場合とまったく同様に）実行行為が何かを明らかにした上で、次に、そのようにして確認された実行行為と結果発生との間に、法的因果関係や予見可能性等の要件が認められるかどうかを検討すべきだとするのが当然である。」とされる。
33) 日髙義博（2006）139 頁。
34) 藤木（1969）3 頁以下。
35) 藤木・前掲書 25 頁。
36) 藤木・前掲書 28 頁
37) 藤木・前掲書 30 〜 31 頁。
38) 藤木・前掲書 34 〜 35 頁。
39) 藤木・前掲書 37 頁。

40）藤木・前掲書 38 頁。
41）藤木（1975a）14 頁「第Ⅰ編　総論」。
42）藤木・前掲書 14 頁。
43）藤木・前掲書 34 頁。
44）謝煜偉（2012）18 頁。
45）企業という組織の活動そのものに焦点をあてて企業活動にまつわる様々な犯罪について論じたものとして、田口ほか（2010）1 頁以下参照。
46）北村喜宣（2008 年）140 ～ 141 頁。

参考文献

井田良（2003）「刑事立法の活性化とそのゆくえ」『法律時報』75 巻 2 号
井田良（2004）「最近における刑事立法の活性化とその評価――ドイツとの比較を中心に」『刑法雑誌』43 巻 2 号
井田良（2009）「刑事過失の認定をめぐる諸問題」『法曹時報』61 巻 11 号
今井猛嘉「企業犯罪と法人の刑事責任」田口守一ほか『刑法は企業活動に介入すべきか』成文堂
宇賀克也（2009）「消費者庁関連 3 法の行政法上の意義と課題」『ジュリスト』1382 号
甲斐克則（2010）「企業のコンプライアンス・プログラムと刑事制裁」田口守一ほか『刑法は企業活動に介入すべきか』成文堂
亀井源太郎（2010）『刑事立法と刑事法学』弘文堂
北村喜宣（2008）「行政罰・強制金」磯部力ほか編『行政法の新構想Ⅱ』有斐閣
金尚均（2000）「現代社会における刑法の機能」『刑法雑誌』40 巻 2 号
金尚均（2001）『危険社会と刑法――現代社会における刑法の機能と限界』成文堂
小早川光郎・川出敏裕・城山英明・廣瀬久和・山本隆司（2003）「座談会　現代における安全問題と法システム（上）」『ジュリスト』1245 号
佐伯仁志（2009）『制裁論』有斐閣
酒井安行（2003）「刑事規制の変容と刑事法学の課題――最近の刑事立法を素材として（緒論）」『刑法雑誌』43 巻 1 号
謝煜偉（2012）『抽象的危険犯論の新展開』弘文堂
高橋則夫（2003）「刑法的保護の早期化と刑法の限界」『法律時報』75 巻 2 号
田口守一・甲斐克則・今井猛嘉・白石賢編著（2007）『企業犯罪とコンプライアンス・プログラム』商事法務
田口守一（2010）「企業犯罪と制裁制度のあり方」田口守一ほか『刑法は企業活動に介

入すべきか』成文堂

田口守一・松澤伸・今井猛嘉・細田孝一・池辺吉博・甲斐克則（2010）『刑法は企業活動に介入すべきか』成文堂

内閣官房消費者行政一元化準備室（2009）「消費者関連3法の概要」『ジュリスト』1382号

沼野輝彦（1975）「食品・薬品公害と刑法」藤木英雄編『公害犯罪と企業責任』弘文堂

日髙義博（2006）「管理・監督過失と不作為犯論」斉藤豊治ほか編『神山敏雄先生古稀祝賀論文集・第1巻』成文堂

平野龍一（1972）『刑法総論I』有斐閣

福田平（1978）『行政刑法』〔新版〕有斐閣

藤木英雄（1969）『過失犯の理論』有信堂

藤木英雄編著（1975a）『過失犯——新旧過失論争』学陽書房

藤木英雄編著（1975c）『公害犯罪と企業責任』弘文堂

藤木英雄（1976）『行政刑法』学陽書房

船山泰範（2007）『刑法の役割と過失犯論』北樹出版

松宮孝明（2004）「刑事立法の新動向とその検討」『刑法雑誌』43巻2号

山口厚（2008）「刑法典——過去・現在とその課題」『ジュリスト』1348号

第3章
わが国の判例にみられる欠陥製造物に関する過失責任の特質

第1節　考察の視点

　本章では、製造物に起因して生じた死傷事故に関する代表的な刑事判例を検討する。ドイツにおいては、皮革スプレー事件判決のように、故意犯を認めた事例があった。これに対し、わが国における欠陥製品に関する刑事責任は、故意犯に関する事例は見当たらず、もっぱら刑事過失責任（業務上過失致死傷罪）の成否が問題とされている。

　そもそも製造物は、設計・製造を経て、市場に販売され流通するのが通常であるところ、製品を起因として消費者等に被害が生じた場合、どの時点の過失を問題にするかによって、論じるべき問題点は変化する。近時は、製品流通後の刑事過失が問題となる事案が注目され、その理論的問題について議論されていることから、同じ製品事故に関する問題点の異同を整理する必要があろう。その際、第2章で示した「製造・販売段階」および「製品流通段階（実害発生後拡大被害防止段階）」の区分に応じて、整理するのが有益である。

　そこで、本章においては、まず、製造・販売段階の過失が問題となった事案を検討する（後述第2節）。次に製品が流通した以降の過失が問題となった事案を検討する（後述第3節）。最後に、判例理論の特質および問題点を指摘し、あわせて、これを次章の予備作業としたい（後述第4節）。

第2節　製造・販売段階の刑事過失

1　さつまあげ中毒事件【判例A】

【事実の概要】
　(1)　本件は、有限会社X商店の製造・販売にかかるさつまあげに付着したサルモネラ菌を原因として発生した集団食中毒事件につき、同社の代表取締役である被告人が業務上過失致死傷罪により起訴された事案である。
　(2)　差戻し後第一審判決は、事実関係を以下のように認定している。

　被告人は、昭和28年ころから宮城県塩竈市において、かまぼこ等の魚肉練製品の製造および販売を始め、昭和39年に製品をさつまあげに一本化し、昭和42年には工場を新築し製造設備も新設したうえ有限会社Xを設立、自ら代表取締役に就任し、以後同工場の建物、製造機械・器具等を管理し、約20名の従業員らを指揮・監督しながらさつまあげを製造・販売する業務に従事していた。

　被告人は、同工場側面の側溝と排水口との接続部分に取りつけてあった金網等がそれぞれ破損して鼠が侵入できる程度の間隙があったのにこれらを放置するなどして、昭和43年6月4日午後0時ころから午後1時ころまでの間に、同工場1階製造場内においてサルモネラ菌を体内に保有する鼠を徘徊させ、その鼠の排泄した糞尿内に含まれていたサルモネラ菌を、さつまあげの製造工程中、筋取機から出された主原料である魚肉等をそれぞれ擂潰機（練り臼）まで運んですり身を作る段階で原料に混入させ、サルモネラ菌を含有するさつまあげを包装したうえ、同日および翌5日に運送業者を経由して多数の卸売業者に合計1万3680枚を消費者に販売すべく引渡し、これらの業者からさらに仲買人、小売人等を経て右サルモネラ菌を含有するさつまあげを購入して食用に供した計303名に対し、サルモネ

菌による食中毒に罹患させ、よって被害者3名をそれぞれ死亡させ、300名に対しそれぞれ下痢、発熱、腹痛、頭痛等の傷害を負わせた。

　(3) 第一審（仙台地裁）[1]は、被告人は、製造業者としての職務上、また食品衛生法に基づく食品衛生法施行細則の規定上から、「工場、倉庫等に昆虫や鼠が侵入することのないよう防虫、防鼠設備を施すことが義務づけられている」として業務上の注意義務はあり、またさつまあげと食中毒との間の因果関係も「一応これを認めうる」としたが、さつまあげにサルモネラ菌が付着した原因、経路が不明であり、訴因について証明不十分として被告人に過失があったとは認めがたいとして、無罪を言い渡した。

　これに対し、検察官から事実誤認および審理不尽を理由とした控訴の申立てがなされた。第二審（仙台高裁）[2]は、検察官の主張を概ね容れ、本件はいわゆる疫学的立証が要請される事案であることにかんがみ、訴因としては起訴状記載の公訴事実程度でその特定・明示に欠けることはないなどとして第一審判決を破棄し、第一審に差し戻す旨の判決を下した。これに対して、被告人は上告したが、最高裁が第二審の判断を是認して上告を棄却したため、第一審に差し戻されることになった。

【差戻し後第一審判旨】

　差戻し後の第一審（仙台地裁）[3]は、疫学的立証により、「6月4日のさつまあげの製造工程中、右に述べた成型されるすり身を作る段階で、さつまあげの原料に鼠が糞尿をし、これに含まれていたサルモネラ菌が右原料に付着したと認めるのが相当」とし、被告人は「同工場における鼠の侵入するおそれのある個所に防鼠設備をし、あるいは工場内において鼠の駆除措置をとる」義務に違反したとして、被告人に業務上過失致死傷罪の成立を認め、禁錮2年に処するとともに、刑の執行を3年間猶予する旨の判決を言い渡した。

　本判決は、集団食中毒の原因となったサルモネラ菌の汚染経路に関する

疫学的立証について次のように述べている。

「いわゆる疫学的判断方法と刑事裁判における事実認定とは、その目的、機能および法による制約等からくる差異のあるのは勿論であるが、刑事裁判における事実認定においても疫学的に証明された事実を有力な情況証拠として利用することは、各具体的な場合に応じて許されると解することができるところ、本件は具体的な因果関係を細部にわたって直接証拠のみによって立証することが困難な事案である反面、事案の性質上、事件直後から疫学の専門家らによりその原因の究明が進められ、疫学的な判断の基礎となる資料も数多く収集されており、疫学的判断方法にかなりの有効性を期待し得る事案であるから、本件因果関係の認定にあたっては、その活用に慎重さが要求されるものではあるが、疫学的な証明を情況証拠として他の証拠とともに事実認定の用に供することは許されるというべきである。」

【検討】
　本件[4]は、食品の製造過程における過失が問われた事案である。被告人は、会社の代表取締役ではあったが、会社の規模としては、約20名の従業員らが従就業する程度の小規模の会社であり、また同人が工場の建物、製造機械・器具等を管理していたことは明らかであったので、大規模会社の場合のように、会社内の分業体制や権限の委譲過程などを考慮する必要はない事案であった。また、注意義務の内容は、製造業者としての職務上、また食品衛生法に基づく食品衛生法施行細則の規定上から導かれた「防鼠ないし鼠の駆除の措置」という単純な内容である。集団食中毒の原因であるサルモネラ菌の付着過程さえ特定できれば、注意義務の設定自体は困難な事案ではない。その意味で、本件の中心問題は、サルモネラ菌の付着過程の特定にあった。
　なお、差戻し前および差戻し後の第一審に共通することであるが、上記

中心課題であるサルモネラ菌の付着過程を特定する前に、防鼠設備を施す義務があったなどと認定する箇所がある[5]。しかし、過失犯の成否を論じるにあたっては、当該事件を回避するための結果回避措置を設定することが重要であり、具体的な事故原因を特定する前に抽象的な注意義務を認定することはそれほど意味のあることではない。

2　サウナ風呂事件【判例B】

【事実の概要】

(1) 本件は、株式会社有楽町サウナ（以下、「有楽サウナ」という。）の浴場に設置された組立式サウナ風呂の構造上の欠陥に起因して火災が発生し、入浴客3名が死亡した事件につき、サウナ風呂の製造販売を営むX株式会社の役員である被告人A、BおよびC、サウナ風呂の製造販売等を営むY株式会社の専務取締役である被告人D、同社の社員である被告人E、有楽サウナの代表取締役である被告人Fが業務上失火罪および業務上過失致死罪により起訴された事案である。

(2) 本件の事実関係について、第一審および第二審は次のように認定している。

被告人A、B、C、DおよびEらは、かねてからX株式会社およびY株式会社において、共同して組立式サウナ風呂の研究開発および製作を行ってきたが、昭和41年3月ころから、両社共同の上、従来製作販売していたサウナ風呂より小型で、その内部に木製ベンチ・電熱炉等を設置する構造の組立式サウナ風呂を製作することになった。そのサウナ風呂は、電熱炉より室内温度を摂氏80度ないし100度とし、その湿度を約30％以下として使用するものであり、電熱炉等の熱源を前記木製ベンチ下部に設置すると、長期間にわたる電熱炉の加熱によりその木製ベンチ部分に火災が発生しうる危険があることが予想された。しかし、被告人A、B、C、Dお

よびEらは、漫然、木製ベンチ下部に電熱炉を設置することとし、さらにその構造の耐火性につき適切な試験研究を行わず、ただわずかにその電熱炉の周辺にあたる木製ベンチの内側に厚さ5ミリメートルの石綿板を貼り付けただけでベンチの木部を露出したままとし、電熱炉には従来型サウナ風呂と同じ熱容量の電熱炉を使用することとしながら、ベンチの高さは従来型より低くして、電熱炉とその上部の木製ベンチとの間隔をわずか約7.5センチメートルと極めて狭いものとなるような構造で制作販売することを協議決定した。これに基づき、被告人Dの指示により被告人Eが製造責任者として上記構造を有するサウナ風呂を制作し、被告人Fから注文を受けたX株式会社の被告人Bが同社従業員を指示して、昭和41年7月13日、有楽サウナに同サウナ風呂を設置させた。

　被告人Bは、被告人AおよびC退社後の昭和41年6月以降、X株式会社の事実上の専務取締役として同社の業務一切を掌理し、顧客に対するアフターサービス等の一切の責任を負担していた。被告人Bは、従来型のサウナ風呂が火災により消失したことを知り、さらに別の従来型サウナ風呂の木製ベンチが炭化していることを消防署員に指摘され、修理を命じられたことなどがあった。しかし、被告人Bは、その構造上、従来型サウナ風呂より火災発生の危険がいっそう高かった本件サウナ風呂の耐火構造を再検討し、その使用の中止を求めて所要の補修改善を行うことなどの措置を講じなかった。

　また被告人Fは、昭和41年8月の有楽サウナ開業当初から本件サウナ風呂の電熱炉と木製ベンチの間隔が極めて接近しており火災発生の危険のある構造のものであること、又昭和42年夏頃以降は、本件サウナ風呂において、たえずこげくさい異臭がただよっていたことなどに気付いていたが、すみやかにこれに所要の補修改善の措置を講ずるとか、使用を中止するなどの措置は行わず、その使用を継続した。

　その後、本件サウナ風呂の木製ベンチが電熱炉の長期加熱により漸次炭

化していき、昭和43年3月13日、無焰着火して有楽サウナの店舗が焼燬し、入浴客3人が一酸化炭素中毒により死亡した。

(3) 本件では、次のような過失が問題となった。すなわち、①被告人AないしEの過失として、サウナ風呂の制作にあたり、電熱炉等の熱源を木製ベンチの下部など危険な箇所に設置することを避け、構造の耐久性につき十分な試験研究を行うなどして火災発生を未然に防止すべきところそれを行わず、安全性に欠ける構造を有する組立式サウナ風呂を設置したこと、②被告人B、D、Eの過失として、設置されたサウナ風呂の使用の中止を求めて、所要の補修改善の措置を講じるべきところ、それをせず有楽サウナに使用を継続させたこと、そして、③被告人Fの過失として、設置されたサウナ風呂に所要の補修改善の措置を講じ、その使用を中止するなどせず使用を継続したこと、である。

第一審（東京地裁）[6]は、被告人DおよびEの②の過失につき、「販売据付け及販売先顧客に対するアフターサービス等の一切はX株式会社側でこれを行い、被告人D、同E等Y株式会社側においてはその販売先に対し直接にその補修改善又は使用中止を命ずることも出来ず、販売者であるX株式会社からの連絡により、補修改善等の作業をしていた」としてこれを認めなかったが、それ以外の過失は肯定し、結論として被告人ら全員に業務上失火罪および業務上過失致死罪の成立を認めた（被告人B禁錮1年6月執行猶予3年、被告人D禁錮1年執行猶予2年、被告人AおよびF各禁錮10月執行猶予2年、被告人CおよびE各禁錮6月執行猶予1年）。

これに対し、被告人DおよびEが控訴をした。控訴理由としては、原判決が、「長期間にわたる電熱炉の加熱により右木製ベンチが漸次炭化して無焰着火する危険が予想された」旨判示するが、被告人らのそのような予見可能性はないことなどが主張された。

第二審（東京高裁）[7]は、本件サウナ制作当時、被告人らにおいて、「長

期間にわたる電熱炉の加熱によりその木製ベンチ部分に火災が発生しうる危険があること」については予見可能性があったが、原判示のような危険を予想する可能性があったとは認め難いとして原判決を破棄した。その上で、原判決の罪となるべき事実中上記判示部分を、「長期間にわたる電熱炉の加熱によりその木製ベンチ部分に火災が発生しうる危険があることが予想されるから」と改め、被告人Dを禁錮8月、被告人Eを禁錮4月に処し、Dに対し2年間、Eに対し1年間各刑の執行を猶予する旨の判決を言い渡した。

これに対し、被告人DおよびEが判例違反等を理由に上告した。

【決定要旨】

最高裁第二小法廷[8]は、判例違反につき、引用判例は事案を異にし、本件に適切でないなどとして上告を棄却したが、「なお」として以下のように判示している。

「なお、原判決の確定した事実によると、本件組立式サウナ風呂は、長期間使用するときは、電熱炉の加熱により木製ベンチ部分に火災が発生する危険があるのであり、被告人らは、その開発および製作の担当者として、その構造につき耐火性を検討・確保して火災を未然に防止する措置をとる業務上の注意義務があるというべきであるから、被告人らが原判決の認定する経過で火を失した場合には、業務上失火罪に該当するものと解するのが相当である。」

【検討】

(1) 本件[9]においては、組立式サウナ風呂の製造・設置過程の過失（前記①）、本件サウナ風呂設置後の製造・販売会社責任者および施設管理者による使用中止および補修措置に関する過失（前記②および③）が問われた。

製造販売会社であるＸ株式会社の被告人Ｂについては、製造・設置段階における前記①のような作為的過失を認めるとともに、販売後もアフターサービス等の責任に基づいて前記②のような補修・販売中止を求める義務があったとされ、不作為的な過失があるとされている。被告人Ｂは、組立式サウナ風呂の設計・設置・設置後のアフターケアまで終始関与していたものであり、また、本件においては構造上の欠陥が比較的明らかであるので、被告人Ｂに対して、前記①および②のような注意義務を課すことにそれほど困難はないといえよう。これに対して、Ｙ株式会社の被告人ＤおよびＥについては、組立式サウナ風呂の設置後のアフターサービス等の一切をＸ株式会社側でこれを行っていたことから、前記②の過失の前提となる具体的な関与実態がないとして、②の過失は否定されている。

　以上により、本件サウナ風呂と同様に、比較的大きな製造物であり、しかも販売後も販売会社を通じたアフターサービス等が予定されている製品の場合には、危険物に対する具体的な管理状況を見出し得る。そのため、責任者に不十分な管理が認められ、それに起因して死傷事故が生じた場合には、責任者の過失責任を問うことはそれほど困難ではなかろう。

　(2)　製造販売会社であるＸ株式会社の被告人ＡおよびＣについては、前記①の制作・設置上の過失を認め、「退社後」に生じた事故について過失責任が肯定されているところに特徴がある。

　この点に関連して、被告人Ａ及Ｃは、事故が発生するまでの間に、被告人Ｂのアフターサービス等の不手際など複数の過失が介在しているため、因果関係が中断する旨主張した。しかし、第一審は、被告人ＡおよびＣにつき、「単なる考案者ではなく、その研究開発製造販売等の協議決定に参画し、該決定に基き被告人らのＸ株式会社在職中に作成された約10台の（中略）サウナのうち一台が本件の（中略）サウナである」こと、「被告人らにおいて既に（中略）本件（中略）サウナの火災につき予見可

能性が認められる」ことを挙げ、相当因果関係の中断を認めなかった。

たしかに、本件サウナ風呂制作過程における被告人AおよびCの具体的な関与の程度如何によっては、退社後に発生した事故についても責任を負うべき事態はあると思われる。しかし、製品を設置してからの時間経過、管理状況の変化などを考慮すると、退職者への責任追及には限界が生じることもあろう。

なお、本件事案に類似する最近の事案として、大型自動回転ドアに児童が挟まれて死亡した事故につき、回転ドアの製造・販売会社の責任者、設置された回転ドアの品質管理責任者、および運営責任者の過失責任が問われた、いわゆる六本木ヒルズ自動回転ドア死亡事件がある[10]。とりわけ製造販売会社の責任者については、挟まれ事故防止対策等の安全対策を講ぜずに、漫然、大型回転ドアを「引き渡し」、購入者をして不特定多数の来訪者の出入り用ドアとして「運転させ続けた」ことが過失行為とされている。しかし、設置段階からの過失を認めることが困難な場合、製造・販売会社の責任者に対して、どこまで過失責任を問えるかが問題となろう[11]。

3 森永ドライミルク砒素中毒事件【判例C】

【事実の概要】

(1) 本件は、森永乳業株式会社の徳島工場製造に係る乳児用調製粉乳に多量の砒素が含まれていたため、昭和30年6月から8月に掛けて、これを飲用した人工栄養乳児に多数の死傷者が発生した事件につき、同工場の製造課長Aと工場長Bが業務上過失致死傷罪により起訴された事案である。

(2) 差戻し後第一審判決は、調製粉乳に多量の砒素が混入した経緯等について、以下のように判示している。

本件工場で製造されたMF印乳児用調製粉乳（MFは本件工場の製品であることを示す）に砒素が含有されていることが判明したため、これを

製造した本件工場においては昭和30年8月23日をもって、右粉乳を含む乳製品の製造を全面的に中止し、本社技術部の応援を得て本件事故原因の究明に当たった。その結果、本件事故の根本原因は右安定剤に多量の砒素が混入していたことにあることが明らかとなった。他方で、本件工場の消耗品倉庫を調べたところ、同倉庫に安定剤として使用するため購入してあった松野製剤（その箱には、「第二燐酸ソーダ、松野製薬株式会社」と表示）が未開函のまま保管されていた。その後の鑑定により、松野製剤は、多量の砒素を含有し、かつその化学成分においても到底第二燐酸ソーダとはいい得ない特殊化合物であることが判明した。

　本件工場では、協和産業から13回にわたって製剤を購入していたが、昭和30年4月から5月に掛けて第10、11、13回目に購入した薬剤を使用した乳児用調製粉乳からだけ砒素が検出され、その中間である第12回目の薬剤を使用した乳児用調製粉乳からは砒素が検出されなかった。

　第12回目に納入された薬剤は、工業用薬品の問屋である松野製薬株式会社（以下松野製薬という）が米山化学工業株式会社（以下米山化学という）から仕入れた正常な第二燐酸ソーダ（工業用）を協和産業に納入したものであり、なんら事故の原因となる成分ではない。

　問題の第10、11、13回の右納入薬剤は、いずれも松野製薬が丸安産業株式会社から仕入れた品物を協和産業に納入しているものであった。この薬剤は、ボーキサイトからアルミナを製造する際に生ずる特殊の無機物（成分中には燐酸ソーダその他のほかに約6％の砒酸が含有）を脱色、再結晶させたもの（それによる成分の変更はない）であるが、一見燐酸ソーダと類似した外観を呈していた。そこで松野製薬は、これを燐酸ソーダとして売出そうと考えるに至り、協和産業から第二燐酸ソーダの発注を受けた際、従来の米山化学の製品に代えて右脱色再結晶品を協和産業に納入することとし、木箱胴面に品名「第二燐酸ソーダ」製造者名「松野製薬株式会社」などと刷り込んだうえ、これを協和産業に対して納入した。このよう

な事情を知らない協和産業では、松野製剤を従来松野製薬から仕入れていた第二燐酸ソーダと同一品質のものであると考え、従前と同様なんらの検査をせず、そのままこれを第二燐酸ソーダであるとして本件工場に納入した。

(3) 本件事案では、徳島工場における製品製造過程での過失の有無が問題となった。検察官は、被告人らには、①第二燐酸ソーダの購入にあたっては、あらかじめ局方品・試薬など成分規格の明らかな薬剤を指定して注文すべき等人体に有害な粗悪品の入荷を防止するとともに、②その使用にあたっても、厳格な化学的検査を行い、無害なものであることを確認し、また従業員をして確認させるよう監督すべき注意義務があったと主張した。

第一審判決（徳島地裁）[12]は、食品添加物として薬品を使うときの規格発注義務、および使用前の検査義務がないことを理由に両名を無罪とした。これに対し、検察側が控訴した。第二審（高松高裁）[13]は、規格品発注義務および検査義務があったとして、原判決を破棄して徳島地裁に差し戻した。これに対し、被告人側が上告を提起した。しかし、最高裁[14]も第二審の判断を是認して上告を棄却したため、事件は第一審に差し戻されることになった。

本事案では、過失犯の成立に必要な予見可能性にはどの程度のものが求められるのかという予見可能性の程度の問題、また食品事故事例における信頼の原則の適用の可否の問題など理論的に重要な問題が複数存在する。しかし、以下では、本論文の主題との関係上、差戻し第一審判決において示された、組織の中の個人の刑法上の注意義務の判断基準に焦点を絞って検討する。

【差戻し後第一審判旨】

まず、被告人Aについて、差戻し後の第一審判決（徳島地裁）[15]は、監

督過失として業務上過失致死傷罪の成立を認め、禁錮３年の有罪実刑判決を言い渡した。具体的な注意義務として、「製造課長としては、砒素を有害な程度に多量に含有する粗悪有毒品が乳児用調製粉乳に紛入することを防止するために、まず第一に、規格品を発注するようＣ副主任に命じ、もつて規格品を使用させるべき業務上の客観的注意義務があり、これに違反して工業用第二燐酸ソーダを使用するときには、同じくＣ副主任に命じて、試験係責任者Ｄをして、右薬剤の使用前に容器（木箱）ごとにそれが間違いなく第二燐酸ソーダであるかどうかを確認するための化学的検査を実施させるべき業務上の客観的注意義務」があったとしている。

これに対し、被告人Ｂについて、徳島地裁は、直接的過失のみならず監督過失も否定し無罪を言い渡した。その理由として、本判決は、「本件工場長が被告人Ｂのように事務系出身者である場合には、当該工場長には（一）自ら（若しくは部下従業員を自己の手足として用いて）、第二燐酸ソーダの規格品を発注使用し、そうでなければ納入品につきその化学的検査を行うべき注意義務は存しないし、（二）また部下従業員をしてこれらの行為を行わせるよう監督すべき注意義務も認めることはできない。」と述べている。

さらに、徳島地裁は、上記判断の前提として、過失の構造および過失犯の理論構成について、次のように判示している。

「過失犯が成立するには、第一に構成要件該当性（違法性）として、過失行為（落度ある行為）の存在、すなわち、客観的注意義務（後述）があるのに、その注意義務に違反した行為があること、及び、過失行為と結果との間に因果関係があること、第二に非難可能性＝責任として、右第一の注意義務違反という過失行為によって発生した結果について、その行為者に非難を加えることの可能性（いわゆる主観的予見可能性及び主観的結果回避可能性）が存することが必要である。右にいう客観的注意義務とは、客観的一般的に要求される注意義務であつて個別的具体的な行為者の主観

的能力を考慮しないが、現実の具体的状況の下における現実の平均人に向けて要求されるものであり、行為者の地位又は職業などが考慮されなければならない。そして右注意義務の内容についてみるに、注意とは精神力の集中、意思の緊張であるといわれているが、刑法は保護すべき対象について精神力を集中し、法益侵害の結果を生じないように注意すべしとして注意義務を要求しているのであつて、単に結果を予見すべき義務だけが注意義務なのではなく、むしろ、結果の発生を回避すべき義務が注意義務の中心でなければならない。したがつて注意義務の本質は結果回避義務であるというべきである。(中略)

　結果の発生を回避するために適切な行動をとるためには、結果の発生が予見できなければならないが、この予見可能性を予見義務にまで高めて結果回避義務と併存させる必要はなく、結果回避義務の前提として結果の予見可能性を考えるべきである。

　そして、本件において、当裁判所が以下被告人らの過失の有無に関し弁護人の各所論を判断するに当つては、(イ)まず構成要件該当性ないし違法性の問題として、(i) ひとまず、個々人の具体的状況を捨象して本件工場の企業組織体としての行動について(その全体をあたかも一人の自然人の行動と同様にみて)、その適否を客観的に考察し(本項はこの点に関する判断を示す)、(ii) ついで、本件工場における工場長あるいは製造課長たる者は、当該具体的状況の下において、客観的にいかなる注意義務を負うべきかを検討して客観的注意義務違反の有無を確かめ(別にいわゆる過失と結果との因果関係の存否を検討することはもちろんである)、(ロ) 右の諸点が積極とされた被告人について、更に具体的個別的に、非難可能性(責任)の有無を考察することとする。

　このような検討方法は、講学上過失犯の構造について極めて重要な見解の対立の存することにかんがみ、当裁判所のこの点についての見解を明らかにするためにも必要な方法であり、また、その過程で最初に『本件工場

側』『本件工場従業員ら』（工場長以下現場の作業員に至るすべての者を含む）という概念によつて、本件工場の業務に従事する個々の者を捨象して抽象的にとらえ、本件工場側（のなんぴとか）に客観的注意義務違反があるかどうかを検討するという方法を採つても、弁護人がいうような業務上過失の刑責を負うべきものとして抽象的に『工場従業員』と判断することで許されないものであるとは考えない。けだし『本件工場従業員ら』という観点から考察するのは、客観的注意義務違反の検討の前提としてだけであつて、刑事責任を負うべきものとして抽象的な工場従業員と判断するのでなく、被告人らの刑事責任を個別的具体的に考察する際には、もちろん、被告人らが従業員中の特定の個人として、具体的状況の下において、いわゆる直接行為者としての過失責任を負うべきものかどうか、あるいは、他の部下従業員中の特定人に具体的にいかなる注意義務違反があり、その監督者の地位にある被告人らに具体的にいかなる監督上の責任があるかなど所論の点についても、当然個別的な判断がなされるからである。」

【検討】

（1）本件[16]は、製品の製造段階の過失を問題にしたものである。判決の特徴は、過失の実体につき、客観的注意義務として結果回避義務を中心に把握する立場（いわゆる新過失論）から過失の基本的構造が示されていることである。そして、製品製造段階の企業組織体の中の自然人の刑法上の注意義務を導き出すプロセスが、客観的注意義務との関係で示されている。なお、本判決の理論は、藤木英雄教授の理論を基礎にしているとされている[17]。

それによれば、(i) ひとまず、個々人の具体的状況を捨象して本件工場の企業組織体としての行動について、その適否を客観的に考察し、(ii) ついで、本件工場における工場長あるいは製造課長たる者は、当該具体的状況の下において、客観的にいかなる注意義務を負うべきかを検討して客

観的注意義務違反の有無を確かめる、とされている。このような論理は、客観的過失と結びついた「企業組織体責任論」に繋がりうるものではある。しかし、最終的な目的としては、本判決でも指摘されているように、あくまで（ii）に判断において個人責任を追及することにあるのであるから、（i）のプロセスは、個別的な客観的注意義務を導き出す前提として位置づけることが可能である。

　まず、本判決は、（i）のプロセスにおいて、二つの結果回避措置を挙げている。一つは、成分規格が保証された局方品あるいは試薬、又は特別注文品を発注使用すること、もう一つは、工業用薬品の場合には、その品が間違いなく第二燐酸ソーダであるかどうかを確かめるための化学的検査をすることである。この結果回避措置は、「第二燐酸ソーダの注文に対して非第二燐酸ソーダが紛れ込んでくることを防止するに必要な措置」というように、発生した結果を前提に如何なる措置を執っていれば結果を回避し得たかという観点の下、客観的に設定されている。その上で、「このような結果回避措置を命ずることが合理的であるかどうか」が論じられている。そしていわゆる危惧感説を前提に、「薬品販売業界、食品製造業者間においても、第二燐酸ソーダを食品添加物として使用するに当っては、規格品でないものについては、食品用としての無害性に不安感を抱き、食品用に添加使用することに危惧感を持つ者が多かったといい得る」として、「薬品販売業者、食品製造業者にして、右のような不安感、危惧感を持つというのであれば、それが結果の予見可能性を意味し、したがってこの不安感を払拭するに足りる程度の回避措置を命ずることに合理性が認められる」としている[18]。

　次に、（ii）のプロセスとしては、最終的には、【差戻し後第一審判旨】の箇所で指摘したように、被告人Ａの監督過失として注意義務違反を認めている。

　（2）このように本判決では、まずは企業として執るべき措置が設定さ

第 3 章　判例にみられる欠陥製造物に関する過失責任の特質　155

れ、次いで当該措置との関係で、組織内における具体的権限や関係業務への関与実態を考慮して、特定個人の注意義務違反が検討されている。前提として、予見可能性の程度に関する危惧感説の当否の問題はあるものの、このような判断プロセスは、皮革スプレー事件判決における組織関係的観察方法を想起させるものである。もとより、本判決は皮革スプレー事件以前のものであるから、ここで示された理論は、わが国独自の理論というべきであるが、皮革スプレー事件判決での観察方法とここで示された組織内の個人の注意義務の認定手法の類似性については、注目に値する。

4　カネミ油症事件【判例 D】

【事実の概要】

(1) 本件は、カネミ倉庫株式会社（以下、「カネミ」という。）の米ぬか油（カネミライスオイル）精製の一工程である脱臭工程において、腐食貫通孔から熱媒体カネクロール（PCB）が漏出して米ぬか油に混入し、これを経口摂取した多数の者が有機塩素中毒（いわゆる油症）に罹患した事件について、同社の工場長であり脱臭工程の責任者である被告人Ａおよび同社の代表取締役である被告人Ｂが業務上過失致傷罪により起訴された事案である。

本件で問題となったカネクロールは、脱臭装置内の蛇管の腐食貫通孔を通じて米ぬか油に混入したが、この貫通孔は、カネクロールの過熱分解により生じた塩化水素ガスと蛇管内の水分とにより生成した塩酸の作用により形成されたものであった。第一審（福岡地裁小倉支部）[19]では、米ぬか油の脱臭工程におけるカネクロール混入などについて被告人らに過失があるか否かが争われた。第一審は、被告人Ａの業務上過失致傷罪の成立を認め、禁錮１年６月の実刑判決を言い渡し、被告人Ｂについては、無罪を言い渡した。

これに対し、被告人Aが控訴し、事実誤認、量刑不当を主張したが、第二審（福岡高裁）[20]は控訴を棄却した。その後、被告人Aの上告があったが、取り下げられたため実刑が確定した。
　以下では、控訴審が是認した第一審判決を中心に検討する。
　(2) 第一審が認定した事実は、おおむね次のようである。
　被告人Aは、米ぬか油の製造販売を一業務とするカネミの社員であり、昭和36年4月1日以来、同社製油部工場課長補佐兼精製工場主任、同部精製課長、同部々長代理等を歴任し、同40年11月21日同社の本社工場長に任ぜられ製油部精製課長も兼務し、同43年6月から本件発覚後の同年12月迄の間は同工場長に専務していた。そうして右の全期間を通し同本社工場における米ぬか油の精製製造、同精製装置の保守管理、その増設、改造および修理の実施、資材等の購入並びにその管理などの業務に自ら従事し、或いはその従業員を指揮してこれらの業務を遂行してきたものである。
　これに対し、被告人Bは、カネミの代表取締役兼製油部担当の取締役として被告人Aを指揮監督すべき立場にあったが、右精製技術、装置等に関する知識能力に乏しく、被告人Aに対する指揮監督も極めて一般的抽象的或は精神訓話的内容のものに止まらざるを得ず、具体的技術的或は現場に即応した指揮監督は期待できない状態にあった。
　カネミは、その米ぬか油精製工程において行う脱臭工程については、昭和36年4月、三和樹脂株式会社（以下、「三和」という。）から、同社取締役技術部長C設計にかかる所謂三和式脱臭装置をプラントで導入してカネミ本社工場に設置し、その際カネミの製油部工場課長補佐兼実験室長であつた被告人Aを同部精製工場主任に任じて、カネミにおける右装置の運転および管理の現場最高責任者とし、その担当係員らと共に、三和より派遣された運転技術指導員らからその装置の構造、性能、運転操作その他に関する技術指導を受けさせたうえ、同被告人の指揮のもとにその頃右装

置の運転使用を開始した。この三和式装置の脱臭操作の方法は、真空圧となった脱臭缶内槽内に、脱色工程を経て予熱缶で摂氏150度に予熱された米ぬか油の半加工品である脱色油を張り込み、他方同内槽内に二重のコイル状に巻いて設置されているステンレス製加熱管（蛇管、管壁肉厚約2ミリメートル前後）内に、加熱炉で250度前後に高温加熱された熱媒体カネクロール400（四塩化ジフェニールを主成分とする各種のポリ塩化ジフェニール即ちPCB又はPCDの混合物質）を循環させ、右脱色油と熱交換をしてこれを加熱し、同油を右150度から230度位まで加熱するのであるが、同温度が200度に達すると同時に脱臭缶内槽の底部から1平方センチメートル当たり7キログラム程度のボイラー圧のある水蒸気を吹き込み、内槽に張ってある油を攪拌飛躍させ、もって米ぬか油中の有臭成分を蒸散させて除去するという方法であつた。

　三和式脱臭装置は、本来加熱炉1基に対し脱臭缶2基を1セットとし、これを基本にしてカネクロールが過熱によって分解を起こすことがないよう詳細な設計々算を経て作られた装置であった。その運転操作も右同様の趣旨からカネクロールの分解が増大する300度を超えてカネクロールを過熱させ、その分解を高めることのないようその安全に配慮されたものであった。それにも拘らず、被告人Aは、設計者Cの意見の聴取、検討の依頼をせず、また右カネクロールの加熱条件等の設計々算も行わず、独自の判断で、1炉で3基の脱臭缶を同時運転するという操作方法に変更し、もって熱負荷（同装置に必要な伝熱量）を増大させた。また、C設計にかかる加熱炉についても、設計々算を行うなどしてその安全性の検討確認をしないままカネクロールの過熱分解に対する配慮を欠いた炉の改造変更をし、更に、脱臭担当の係員らに対してカネクロールの加熱限度や局部過熱回避のための加熱炉バーナーの操作方法などにつき適切な指示を欠いたまま、同様の操作方法により約3年9ヶ月の間右脱臭缶を運転操作した。そしてカネクロールの過熱分解により発生した塩化水素ガスと脱臭装置内に

存在した水分とが結合して出来た塩酸が、蛇管々壁に作用して腐食孔を多数生成させ、そのうちの幾つかは同蛇管々壁を貫通する所謂腐食貫通孔を生成させた。昭和42年12月2日頃、6号脱臭缶の外筒腐食に伴う外筒取替えその他の修理があったが、翌43年1月31日にこれを据付けて運転再開するまでの間、右修理やこれに伴う各種作業により生ずる各種の衝撃等によって、同所からカネクロールが漏出しうる所謂開孔状態となった。しかし、被告人Aは、同缶の運転再開に先立ち、同蛇管の点検、検査等を実施せず、開孔した右蛇管の腐食貫通孔の発見をしないまま運転を再開し、同日から、右開孔した貫通孔が前同様に充填物で閉塞されるまでの同年2月14日までの間、同脱臭缶の脱臭作業に際し、右蛇管の開孔個所から内槽内の米ぬか油中に少なくとも100キログラムを優に超えるカネクロールを漏出混入させるに至らしめた。

　更にまた本件発生に至るまで、日常からその指揮下にあった脱臭係員その他の担当者らをしてカネクロールの使用状況の正確な把握もその減量の発見も殆んどなしえない状態のまま右管理を放置し、前記のような多量のカネクロールが漏出混入していることに気付かず、同43年2月25から同月19日までの間カネクロールの混入した米ぬか油を製品詰し、その頃出荷せしめた。

　これによって、これらカネクロール混入の米ぬか油を購入摂取した被害者890名に対し、昭和43年3月頃から同44年10月頃までの間、それぞれポリ塩化ジフェニール（PCB）による有機塩素中毒症に罹患させ、もって同人らに対して各傷害を与えた。

【第一審判旨】

　第一審判決は、被告人Aについて、前記被告人Aの地位を前提にして、「カネクロールがその用途に反し人体に経口摂取されるようなことがあれば、少なくとも人の健康状態に不良な影響を及ぼし或いはその生理機

能に何らかの障害を与えることになるであろうこと」および「右Ｃ設計により製作された三和の脱臭装置につき、これを設計者の意図に無関係に勝手な改造を加え、或いはその設計条件に反するような運転操作を行えば、Ｃがその設計上配慮してその防止をはかった加熱管の局部過熱を生じて、カネクロールを分解させるような装置運転がなされる状況となり、その結果右のようにして生成した塩酸がカネクロール蛇管に作用して腐食を起こし、これが進行すると蛇管々壁を穿つて同所からカネクロールを漏出させる虞れあること」の予見可能性があるとして、これに対応して、次のような複数の注意義務があったと判示した。

　すなわち、①「右腐食孔生成の原因であるカネクロールの過熱をもたらすような脱臭装置の不適切な改造、変更を避け」る義務あるいは「万一改造変更が避けられないならばそのメーカーの三和や設計者Ｃに照会するなどしてその危険性につき慎重な検討を加えるなどして適切な改造変更をなし、或いはカネクロールの過熱をもたらさないような安全適切な運転操作の方法を採用」する義務、②「右脱臭缶の修理後その運転再開に当たつては、同缶内部を点検するのはもとより、同缶内蛇管自体の点検検査をも行って同蛇管からカネクロールが漏出することがないかどうかを確認する」義務、③「カネクロールの日常の使用量等を十分管理掌握し、その異常減量の有無を絶えず点検する」義務があったと判示している。

　これに対し、被告人Ｂについては、その職歴、経歴、職務内容、精製装置や工程に対する関与の実態等に照らし、自ら本件脱臭装置の適正な配置および運転操作をする義務はなく、また被告人Ａに対する監督責任もなかったとして無罪とされた。これに関連して、監督責任者としての注意義務について、次のような判断が示されている。

　「企業や組織全体の統轄的責任者として、その従業員らに一般的に指示監督をすべき職責があることから直ちにその従業員らの過失行為によつて生じた結果についても監督者としての過失責任があると解しえないことは

勿論である。企業組織体における直接の過失行為を監督すべき立場にある者の過失責任を問いうるためには、当然のことながら一般の直接的過失責任の場合と同様、その監督者に結果発生やその因果経過についての予見ないし予見可能性があり、従つてその予見義務を尽したか否か、それによつてとられるべき結果回避のための具体的で有効適切な措置をとりうる立場にあつたか、即ち単なる企業や組織全体の統轄責任者としてその責任に随伴する以上の具体的個別的な注意義務が存したか否かが問われなければならない。従つて監督者の過失もその者の現実の個別的監督行為を対象とし、当該行為につきその過失の有無を判断せざるを得ないことは個人責任を原則とする刑事責任原理の建前上已むを得ないことである。その結果、事故と直接的個別的具体的な関連を通常有する現場に近い従業員ほど刑事責任を問われるという一見不都合とみえる結果を招来することとなるけれども、過失犯の成立に心理的要素より築構される予見義務ないし予見可能性をもその要件とする以上、全く機械的な単純作業に従事する者は格別として、より現場に近く従って危険に近接する者ほど具体的直接的にその危険を予見しうる立場にあるといえるから、その予見義務を尽す度合も当然強くなるという状況下におかれている以上已むを得ないものと考えられるし、その結果回避義務に関する状況も右と同様である。若干不合理ともみえる右の結果も刑事責任法理の限界に制約されるものとして忍従せざるをえない。一般的抽象的な監督者の責任或いは統轄責任を、個々の事故における監督上の過失としてとらえ、これを処罰の根拠とするときには、却つて刑事責任の中に結果責任を持ち込み、企業その他の有機的組織体においてその統轄者的地位にある者は、事故の度毎に監督上の過失責任を問われ、或いはまた過失犯罪の成立要件をかなり抽象化する結果ともなり罪刑法定主義の原理にももとるものといわなければならない。」

【検討】

　本事案[21]の特徴は、組織の中の自然人の過失責任を問う前提として、米ぬか油製造業務等への被告人の関与の実態が具体的に論じられていることである。この判断は、とりわけ無罪となった被告人Ｂとの関係で具体的に行われている。すなわち、被告人Ｂは、カネミの代表取締役と製油部担当の取締役を終始兼務し、更に一時は本社工場長までも兼務していたため、同被告人が慣行上或いは事実上執っていた本社製油工場における具体的業務が、そのいずれの地位に則って行われていたか不明確なところがあった。そこで、第一審は、被告人Ｂの「具体的職務権限や職務内容については、同被告人が具体的に関与してきた形態から推認することが最も実態に合致した結論を生む」として、被告人Ｂの米ぬか油製造業務への関与の実態として、①製油装置の新設、増設、改造等への関与、②製油装置の保守管理、修理等への関与、③副資材（カネクロール）の管理への関与、④その他の製油業務への関与などを検討し、結論として、これらに対する関与実態がなかったとして、直接行為者および監督責任者としての注意義務を否定しているのである。

　このような実質的関与実態を判断する手法について、日山恵美講師は、「製造物事故の事案において企業の取締役が実行行為者として認められるのはいかなる場合であるか」という観点の下、分析をしている[22]。それによれば、「製造物事故の事案では、判例は、事案における企業内の管轄・権限を考慮して監督過失を直接行為者に対する具体的な指示監督権限を有する者のみに肯定し、業務全般にわたる、一般的・抽象的監督権限を有するにすぎない者については否定しており、限定的な態度だといえる」と指摘されている[23]。この指摘自体は基本的には正当と思われるが、過失犯における実行行為性、すなわち結果回避義務違反の判断とは独立して、「実行行為者としての地位」を問題とするのであれば、疑問である。

　実際、本判決においても、被告人Ｂの米ぬか油製造業務に対する実質

的な関与の有無は、本件脱臭装置の適正な配置・適正な運転操作、および被告人Aに対する具体的な指揮監督という結果回避措置との関係で検討されているのである。さらに本判決を理論的に検討するならば、発生した結果との関係で事故原因を特定し、その事故原因との関係で結果回避措置（脱臭装置の適正な配置、適正な運転操作など）を想定した上で、かかる措置を執りうる関与権限を考慮しながら、具体的な直接的過失、監督過失を検討していると見るべきである。この点については、過失犯の理論構造との関係をより具体的に検討する必要があるが（後述第4章）、結果回避措置と無関係に実行行為者としての地位を見ても無意味と考える。

第3節　製品流通段階の刑事過失

1 薬害エイズ事件

(1) 薬害エイズ事件一般について

　薬害エイズ禍に関する刑事事件には、帝京大ルート事件、ミドリ十字ルート事件、厚生省ルート事件の三つの事件がある。これらの刑事事件に関わる被害者は、XおよびYの2名である。

　1）被害者Xについて

　血友病は、人体の血液凝固因子のうち第8因子又は第9因子の先天的欠乏又は活性の低下のため、出血が止まりにくい症状を呈する遺伝性疾患であり、第8因子の先天的欠乏等によるものを「血友病A」、第9因子の先天的欠乏等によるものを「血友病B」という。血友病には根治療法が存在せず、患者に対しその欠乏する血液凝固因子を補充するいわゆる補充療法が行われていた。その治療用血液製剤として、血液中の血液凝固第8因子又は同第9因子を抽出精製した濃縮血液凝固因子製剤が開発され、「血友

病 A 患者」については濃縮血液凝固第 8 因子製剤（以下「第 8 因子製剤」という。）が、「血友病 B 患者」については濃縮血液凝固第 9 因子製剤（以下「第 9 因子製剤」という。）がそれぞれ使用されるようになった。わが国の医療施設でも、外国由来の「非加熱第 8 因子製剤」および「非加熱第 9 因子製剤」が、血友病患者に投与されていた。被害者 X は、上記「血友病 A 患者」であった。

　被害者 X は、昭和60年 5 月12日、同年 6 月 6 日および同月 7 日の 3 回にわたり、帝京大学病院第一内科において、手首関節内出血の止血治療のため、非加熱第 8 因子製剤であるクリオブリン（合計2000単位）を投与され、それを原因としてヒト免疫不全ウイルス（以下、「HIV」という。）に感染し、その結果、平成 3 年10月ころまでに後天性免疫不全症候群（以下、「エイズ」という。）の症状である悪性リンパ腫を発症して、同年12月、同病院にて死亡した（以下、「帝京大事案」という。）。

　2 ）被害者 Y について

　上記「非加熱第 9 因子製剤」は、その承認事項である「効能又は効果」が「血液凝固第 9 因子欠乏症」などとされ、先天性のみならず、後天性の欠乏症にも適応があるとされており、特に、肝機能障害患者については、肝臓で産出される血液凝固因子が減少して出血しやすいことから、手術等に際して同製剤を投与することが広く行われていた。被害者 Y は、肝機能障害患者であった。

　被害者 Y は、昭和61年 4 月、大阪医科大学付属病院にて、肝疾患に伴う食道静脈瘤の硬化手術を受けた際、止血ないし出血防止用薬剤として、非加熱第 9 因子製剤であるクリスマシン（以下、「非加熱クリスマシン」という。） 3 本（合計1200単位）を投与され、まもなくその非加熱クリスマシンに含まれていた HIV に感染し、平成 5 年 9 月ころまでにエイズを発症し、平成 7 年12月 4 日、同病院において死亡した（以下「大阪医科大事案」という。）。

3）検討対象

これらの事案で問題とされた非加熱製剤は、エイズウイルスに汚染された一種の欠陥品である。この欠陥品に起因する患者の死亡について、帝京大ルート事件では、医師の被害者Xに対する過失責任が問われている[24]。本論文との関係では、被害者Yに対する製薬会社責任者の過失責任が問われたミドリ十字ルート事件と被害者XおよびYに対する行政官僚の過失責任が問われた厚生省ルート事件について論じる。

(2) 薬害エイズ・ミドリ十字ルート事件【判例E】

【事実の概要】

1）本件は、大阪医科大事案の被害者Yの死亡について、Yに投与された本件非加熱クリスマシンを販売した株式会社ミドリ十字（以下、「ミドリ十字」という。）の代表取締役社長であった被告人A、同社代表取締役副社長兼研究本部長であった被告人Bおよび同社代表取締役専務兼製造本部長であった被告人Cが業務上過失致死により起訴された事案である。

本事案では、被告人らは、業務上過失致死罪の成立は争わず、執行猶予付きの判決を求めて情状酌量を求めたが、第一審（大阪地裁）[25]は、被告人らの主張を退け、被告人Aに禁錮2年、被告人Bに禁錮1年6月、被告人Cに禁錮1年4月の実刑判決を言い渡した。これに対して、被告人らは、いずれも量刑不当を理由に控訴し執行猶予を付することを求めた。第二審（大阪高裁）[26]は、第一審判決後の被告人らの有利な量刑事情として被害者Yの遺族に弔慰金を支払ったこと等を取り上げて原判決を破棄し、被告人Aを禁錮1年6月、被告人Bを禁錮1年2月に処したものの、実刑は維持した（被告人Cは、控訴審係属中に死亡したため、公訴棄却）。その後、被告人AおよびBが上告したが棄却されている[27]。

第 3 章　判例にみられる欠陥製造物に関する過失責任の特質　　165

　本事案では、上記のように被告人らの過失責任の成否自体については争われていないが、欠陥製品に起因する死亡事故の過失責任が問われているので、主として、第二審が是認した第一審判決における被告人らの注意義務の判示について検討する。

　2 ）第一審および第二審は、上記事件に至る経緯等について、次のように認定している。

　ミドリ十字が製造し販売していた非加熱クリスマシンは、血友病と肝疾患等の患者の止血治療のため使用されていた。その原料である血漿の多くは米国の子会社から輸入されたものであったが、米国において、エイズ発症者やエイズウイルス（後に HIV として同定された）の感染者が増え、エイズウイルスに汚染された血漿を原料とした非加熱血液製剤の使用により血友病患者のエイズ発症例も増加していた。また、わが国内においても、ミドリ十字が製造するものを含め、米国で採取された血漿を原料とする非加熱血液製剤を使用した血友病患者の中にエイズウイルス感染者（抗体陽性者）が相当数確認され、エイズ発症により死亡する例も発生していた。その対策として、厚生省は、製造過程で加熱処理をしてエイズウイルスを不活化しそれによる感染の危険性を除去した加熱血液製剤の導入を図り、昭和60年 7 月に第 8 因子製剤についてのミドリ十字外 4 社の加熱血液製剤の承認に引き続き、同年12月には、第 9 因子製剤についても、同業の他 1 社がその輸入承認を受けて販売を開始し、ミドリ十字においては、同月17日に加熱第 9 因子製剤であるクリスマシン HT（以下、「加熱クリスマシン HT」という。）の輸入承認を受け、昭和61 年 1 月10日からその販売を開始した。

　しかしながら、ミドリ十字においては、その後も、加熱クリスマシン HT を販売すると共に非加熱クリスマシンをも併行販売し、販売済みの非加熱クリスマシンを回収する措置を取らないでいた。その結果、昭和61年 1 月13日以降にミドリ十字から出荷され（合計160本）、日本商事を介して

大阪医科大学付属病院に販売された非加熱クリスマシン7本のうちの3本が、同病院医師らを介して、同年4月1日から同月3日までの間、本件被害者Yに投与され、まもなく、同人をその非加熱クリスマシンに含まれていたエイズウイルスに感染させて、平成5年9月ころまでにエイズを発症させ、平成7年12月4日、同病院において死亡させた。

【第一審判旨】

　第二審においては、量刑判断以外は基本的に第一審判決の判断が是認されている。第一審判決は、被告人ら（控訴審で死亡した被告人Cに関する判旨も含む）が所属していたミドリ十字におけるそれぞれの地位、役割について次のように述べている。

　「被告人Aは、（中略）、血液製剤等の医薬品の製造販売を業とする株式会社ミドリ十字（中略）の代表取締役社長として、同社の業務全般にわたる重要な案件について協議し決定する機関である常務会と経営会議を主宰し、営業方針、副作用の発生とその対応等の業務全般について報告を受けるなど同社の業務全般を統括していたもの、被告人Bは、同社代表取締役副社長兼研究本部長として、常務会等を構成して同社の意思決定に参画し、被告人Aを補佐して同社の業務全般を統括するとともに、エイズと血液製剤との関わりについての情報収集等の調査を含む医薬品の研究に関する業務全般を統括していたもの、被告人Cは、同社代表取締役専務兼製造本部長として、常務会等を構成して同社の意思決定に参画するとともに、医薬品の製造業務全般を統括していたものであり、いずれも同社の医薬品の製造販売に伴う危険の発生を未然に防止すべき地位にあった。」

　また、第一審判決は、加熱クリスマシンHTの販売開始時点（昭和61年1月10日）における被告人3名の予見可能性および刑法上の注意義務の内容については、次のように判示している。

　「被告人三人は、この加熱クリスマシンHTの販売開始時点において、

エイズと非加熱血液製剤との関わりが明らかになっていたことから、非加熱クリスマシンの販売を継続し、また、医療機関等に販売済みの非加熱クリスマシンを放置すれば、その投与により患者らをHIVに感染させ、エイズ発症により死亡させる危険性があることを予見することができ、かつ、血友病等の治療のため非加熱クリスマシンを販売することも販売済みの非加熱クリスマシンを留め置くこともその必要がなかったのであるから、直ちに非加熱クリスマシンの販売を中止するとともに、販売済みの非加熱クリスマシンを回収する措置を採るべき業務上の注意義務があった。すなわち、被告人Aは、代表取締役社長として、常務会等に諮るなどして、販売中止回収の措置を実行すべき義務があり、被告人Bは、代表取締役副社長兼研究本部長として、常務会等において、販売中止等の措置を採ることを提言するとともに、被告人Aにその旨を進言すべき義務があり、被告人Cは、代表取締役専務兼製造本部長として、常務会等において、販売中止等の措置を採ることを提言すべき業務上の注意義務があった。ところが、被告人三名は、いずれもこの義務を怠り、非加熱クリスマシンによるHIV感染とそれによるエイズ発症の危険性を深刻に受け止めることがないまま、代表取締役専務兼営業本部長D（平成8年12月5日死亡）の提案に従って、加熱クリスマシンHT発売以後も引き続き非加熱クリスマシンを販売するとの営業方針を常務会等において了承し、非加熱クリスマシンの販売を継続するとともに、販売済みの非加熱クリスマシンを回収する措置を採らないという過失を犯した。」

【検討】

1）本件事案の第一審判決および第二審判決[28]の特徴は、被告人らに課せられた注意義務の内容が、非加熱クリスマシンの販売中止と販売済の非加熱クリスマシンの回収という混合形態であることである。ここには二つの問題がある。一つは、販売中止と回収措置という注意義務を併存して認

めることの当否である。もう一つは、両方の過失の併存を認めるとして、販売を継続した場合と回収措置をしなかった場合について、過失犯の理論構成を区別するか否かである。

　まず、前者の点については、北川佳世子教授は、被告人らが常務会の中心メンバーであり、同社の加熱クリスマシン販売後も非加熱クリスマシンを継続販売するという営業本部の方針を常務会等において了承し、しかも被告人らが決済する社の基本方針であるところの社令特号にて非加熱クリスマシンの販売継続を指示したことを両審判決が認定しているとして、この販売継続を被告人らの作為と評価できるとする。その上で、昭和61年１月10日以降に非加熱クリスマシンの販売を中止していれば、本件被害者Ｙの死を回避できたとして、本件では、回避措置としては販売中止だけで足り、回収義務は問題ではなかったとしている[29]。たしかに、大阪医科大事案の被害者Ｙとの関係で、結果惹起の因果的な原因に遡っていった場合、Ｙ死亡の原因である非加熱クリスマシンは、非加熱製剤とエイズの関連性が明らかになっていた時点（加熱クリスマシＨＴの販売開始時である昭和61年１月10日）以降に販売されており、この販売継続を決定したことを被告人らの作為と評価することはできるであろう。その意味で、販売継続を作為的過失犯として構成することはできる。

　しかし、本件非加熱クリスマシンが販売されたのは、非加熱製剤とエイズとの関連が明らかになったとする１月10日のわずか３日後の同月13日であるから、13日以降に日本商事を介して販売された非加熱クリスマシンについても、結果を回避する措置としてその回収措置を併存的に要求することは必ずしも不当ではない。

　２）本事案における重要な問題は、過失犯の理論構成に関わる後者の問題である。この点について、学説には、販売継続は作為であるが、回収措置をしなかったのは不作為であるとして、両者を区別して理論構成すべきとする見解が有力である[30]。つまり、作為犯の場合は、単に不作為義務が

要求され、特別の理論構成を要しないが、回収措置を問題とする場合は不作為者に作為を求めるものであるから、不作為犯の保証者的地位による論証が必要だというのである。また、ドイツの皮革スプレー事件判決において、1981年5月12日の取締役の特別会議の後に製造もしくは販売されたスプレーの使用により発生した被害に関して作為犯構成がとられ、それ以外の被害事件について不作為犯構成が取られていたことを指摘した上で、同様の理論構成をすべきとも指摘されている[31]。これは、故意結果犯において、不真正不作為犯を特別に扱うのと同様、不作為態様の過失犯についても不作為犯論を適用し、作為的過失と一線を画することを前提とする。

しかし、皮革スプレー事件の状況とミドリ十字ルート事件との間には、次のような相違があることから、上記見解のような理論構成をすることには疑問がある。まず、第1章第3節で示した一覧表（32頁）に従えば、作為犯構成で問題とされた被害事件（同一覧表③）と不作為犯構成で問題とされた被害事件（同一覧表①および②）とは完全に分かれている。作為犯構成で流通下に置かれた製品に関わる事件と不作為犯構成で問題とされた製品に関わる事件とでは、重なり合いがないのである。

これに対し、ミドリ十字ルート事件で非加熱クリスマシンの販売中止や回収措置によって回避が求められていた被害事件は、若干不明確な点もあるものの、本件公訴事実との関係では、被害者Yに関する大阪医科大事案だけと見るべきである。たしかに、前記【判旨】の注意義務の一つとしてあげられている回収措置は、一見すると、本件非加熱クリスマシンが販売される「以前」に流通していた別の非加熱クリスマシンに対する措置のようにも捉えられなくはない。しかし、そのように捉えてしまうと、本件公訴事実の被害者Yの死亡結果を回避する措置としては何ら有効性のない無意味な措置となってしまう。そのため、この回収措置は、本件公訴事実との関係では、1月10日以降に販売された本件非加熱クリスマシンをも対象としていたと見るべきであろう[32]。

そして、本件の事実認定によると、非加熱クリスマシンの危険性が明確になった以降、ミドリ十字の代表取締役である被告人らには、非加熱クリスマシンを原因とする法益侵害結果を回避すべき注意義務が生じていた。結果回避措置の内容は、状況に応じて作為が適切な場合もあれば不作為で足りることもある。その内容は変動するものの、一旦結果回避義務が生じた以上は、結果を回避すべき適切な措置を完了するまで回避義務は継続していたと解すべきである。本件事件との関係では、「加熱クリスマシンHTの販売開始時点において、エイズと非加熱血液製剤との関わりが明らかになっていた」というのであるから、被告人らとしては、手元にある非加熱クリスマシンを販売すべきではなかった。にもかかわらず、被告人らは販売を継続したというのであるから、結果回避義務に違反する形で非加熱クリスマシンを販売したのであり、販売された以降も結果回避義務はなお継続していたとみるべきである。この場合、被告人らには、結果回避措置として、販売してしまった非加熱クリスマシンを回収することも義務づけられるのである。

　このように、加熱クリスマシンの販売開始時を起点にして、被告人らの注意義務の内容を問題とする場合、同一の結果の回避に向けられた有効な措置（不作為のみならず作為も含む）として、販売中止と回収措置が求められるのであり、結果回避義務違反の枠組みの中で考慮することができるのである。この場合に、回収措置の場合についてだけ、特別の理論構成（不作為犯構成）をとる必要性はないように思われる。この点については、過失犯の構造との関係で、より詳細な検討をする（後述第4章第4節）。

(3) 薬害エイズ・厚生省ルート事件【判例F】

【事実の概要】
　1）本件は、前記帝京大事案および大阪医科大事案について、厚生省の薬務局生物製剤課課長であった被告人が業務上過失致死により起訴された事案である。
　2）最高裁は、第一審（東京地裁）および第二審（東京高裁）の認定した事実関係を次のように要約している。

　被告人は、昭和59年7月16日から昭和61年6月29日までの間、公衆衛生の向上および増進を図ることなどを任務とする厚生省の薬務局生物製剤課課長として、同課所管に係る生物学的製剤の製造業・輸入販売業の許可、製造・輸入の承認、検定および検査等に関する事務全般を統括していた者であり、血液製剤等の生物学的製剤の安全性を確保し、その使用に伴う公衆に対する危害の発生を未然に防止すべき立場にあった。

　米国において認知されたエイズにつき、その後の研究等の進展により、エイズが血液等を媒介とするHIVの感染による疾病であり、血友病患者のエイズり患の原因が従来の血液製剤の投与にあると考えられることが医学会に広く受け入れられるようになった。わが国においても、血友病患者中のHIV感染者の割合が相当の高率に及んでいることが知られるようになり、厚生省が運営するAIDS調査検討委員会においても、昭和60年5月30日には血友病患者3名が、同年7月10日には血友病患者2名が、それぞれエイズ患者と認定され、うち4名は既に死亡しているなどの事態が生じていた。

　エイズに関する国際研究会議が、昭和60年4月15日から同月17日まで米国で開催され、日本からも代表者が出席した。そして、同年19日、WHOは、加盟各国に対し、血友病患者に使用する血液凝固因子製剤に関しては、加熱その他、ウイルスを殺す処置の施された製剤を使用するよう勧告

し、同勧告を紹介した報告記事が、日本の専門誌上でも掲載された。また、同年11月、当時の厚生省薬務局長は、国会答弁で繰り返し「加熱第9因子製剤についても大急ぎで優先審査していること、年内には承認に至ること、そうなれば血友病患者に使用する血液凝固因子製剤はまず安全であること」等の認識があることを表明していた。

　さらに、同年12月19日の中央薬事審議会血液製剤特別部会血液製剤調査会（第8回）において、委員の間から、「加熱製剤が承認されたときには、非加熱製剤は使用させないよう厚生省は指導すべきである」旨の意見が出され調査会議事録にその旨の記載がされ、同月26日の血液製剤特別部会（第4回）においても、委員から同旨の意見が出され、議事録には「血液凝固因子については、加熱処理製剤を優先的に審査し、承認していることから、非加熱製剤は承認整理等を速やかに行うべきであり、また非加熱製剤のみの承認しかない業者には早急に加熱処理製剤を開発するよう指導するべきである」旨の意見としてまとめられ、被告人にも各議事録は供覧されていた。

　被告人は、昭和60年3月下旬ないし同年4月初めころ、生物製剤課長としてHIV不活化効果の報告を受けて、当時臨床試験が行われていた加熱第8因子製剤の早期承認を図る方針を示した。その結果、同年7月には製薬会社5社の加熱第8因子製剤が承認された。さらに、被告人は、同月、生物製剤課長として、加熱第9因子製剤についてもその承認を急ぐ方針を示した結果、同年12月、カッター・ジャパン株式会社（以下「カッター」という。）およびミドリ十字の加熱第9因子製剤が輸入承認され、昭和61年1月までにはこの2社による同製剤の販売が開始された。加えて、その当時、非加熱第9因子製剤中には、HIVが混入していないとされていたわが国の国内で採取された血漿のみを原料とするものおよびHIV不活化効果が報告されていたエタノール処理がなされたものが存在していた。

　したがって、加熱第9因子製剤の供給が開始されるようになってから

は、血液凝固第9因子の補充のためには本件加熱製剤等の投与で対処することが、わが国全体の供給量の面からも可能になっており、また、上記2社においても、それぞれ従前の非加熱第9因子製剤の販売量を上回る量の加熱第9因子製剤の供給が可能であった。しかも、肝機能障害患者等に対する止血のためには、第9因子製剤の投与以外の手段による治療で対処することも可能であった。

　3）検察官は、被害者Xの死亡に関する公訴事実（以下、「公訴事実1」とする。）について、次のような被告人の注意義務違反を主張した。すなわち、外国由来の非加熱第8因子製剤がHIV感染、エイズ発症の原因であり、その投与を継続させれば、HIV未感染の血友病A患者をして高い確率でHIVに感染させた上、その多くにエイズを発症させてこれを死亡させることを「昭和59年11月22日ころまで」には予見でき、かつ生命に対する切迫した危険がないものについてはHIV感染の危険がないクリオ製剤のよる治療等で対処することが可能であったから、「自ら立案して同省内の関係部局等と適時適切に協議を遂げその権限行使を促すなどして、血友病A患者の治療に当たる医師をしてその出血が生命に対する切迫した危険がないものであるときは外国由来の非加熱第8因子製剤の投与を控えさせる措置を講じることにより、HIV感染及びこれに起因するエイズ発症・死亡を極力防止すべき業務上の注意義務があるのに、これを怠り、何らの措置を講ずることなくその投与を漫然放置した過失があった」というものである。

　また被害者Yの死亡の点に関する公訴事実（以下、「公訴事実2」という。）については、次のような注意義務違反が主張された。すなわち、外国由来の非加熱第9因子製剤が少なからずHIVにより汚染されているため、今後もなおその投与を継続させれば、HIV未感染の血友病B患者等をして高い確率でHIVに感染させた上、その多くにエイズを発症させてこれを死亡させることを予見し得、かつ、「昭和60年12月以降」は、HIV

感染の危険がない加熱第9因子製剤等の投与による治療が可能であったから、「自ら立案して同省内の関係部局等と適時適切に協議を遂げその権限行使を促すなどして、外国由来の非加熱第9因子製剤の販売を行う医薬品製造会社等をしてその販売中止及び回収をさせるとともに、血友病B患者等の治療に当たる医師をしてその投与を控えさせる措置を講じることにより、HIV感染及びこれに起因するエイズ発症・死亡を極力防止すべき業務上の注意義務があるのに、これを怠り、何らの措置を講ずることなくその投与を漫然放置した過失があった」というものである。

　第一審（東京地裁）[33]は、公訴事実1については、検察官が主張するような注意義務が被告人にあったと認めることはできないとして無罪とした。これに対し、公訴事実2については業務上過失致死罪の成立を認め、被告人を禁錮1年に処し、その刑の執行を2年間猶予する旨の判決を言い渡した。公訴事実2に関する被告人の注意義務は、次のように認定されている。すなわち、「被告人には、上記2社の加熱第9因子製剤の供給が可能になった時点において、自ら立案し必要があれば同省内の関係部局等と協議を遂げその権限行使を促すなどして、上記2社をして、非加熱第9因子製剤の販売を直ちに中止させるとともに、自社の加熱第9因子製剤と置き換える形で出庫済みの未使用非加熱第9因子製剤を可及的速やかに回収させ、さらに第9因子製剤を使用しようとする医師をして、本件非加熱製剤の不要不急の投与を控えさせる措置を講ずることにより、本件非加熱製剤の投与によるHIV感染及びこれに起因するエイズ発症・死亡を極力防止すべき業務上の注意義務があった」というものである。

　4）これに対して、検察官、被告人の双方が控訴した。検察官は、被害者Xの点につき、結果予見可能性を認定しながら、エイズ発症の確率は検察官が主張するほど高率ではないとした上で、結果回避可能性・結果回避義務違反を否定した第一審の判断には判決に影響を及ぼすことが明らかな事実誤認があることなどを主張した。他方、被告人は、第一審判決は被

害者Xに関する公訴事実1では基本的に事故当時の知見に基づき本件を評価するという原則を貫いているのに、被害者Yに関する公訴事実2については判決時点の知見に基づいて本件を評価するという誤った手法を用いるなどして、被告人に結果予見可能性・結果回避可能性がある旨認定していること、本件クリスマシン投与によって被害者YがHIV感染したことに合理的疑いがあるのにこれを認定したことなどを挙げて、事実誤認を主張した。

　これに対し、第二審（東京高裁）[34]は、いずれの控訴も棄却し、原審を維持した。

　5）これに対し、被告人側から被害者Yに対する有罪部分について上告がなされた。上告趣意では、行政指導はその性質上任意の措置を促す事実上の措置であって、公務員がこれを義務付けられるものではないこと、薬害発生の防止は、第一次的には製薬会社や医師の責任であり、厚生省は、第二次的、後見的な立場にあるものであって、その権限の発動は、法律に定める要件に従って行われなければならず、また、公務員個人の刑事責任を問うためには、法律上の監督権限の発動が許容される場合であるなど、強度の作為義務が認められることが必要であるところ、本件では、そのような要件が充足されていないこと、本件において発動すべき薬事法上の監督権限の行使は生物製剤課の所管に属するものではないことなどを挙げて、被告人には刑事法上の過失を認めるべき作為義務が存在しないこと等が主張された。

【決定要旨】

　最高裁第二小法廷[35]は、被告人・弁護人の上告趣意の主張は適法な上告理由に当たらないとして上告を棄却したが、被告人の注意義務違反の点について、次のような職権判断を示した。なお、下記（1）ないし（3）の番号は筆者が付したものである。

「確かに、行政指導自体は任意の措置を促す事実上の措置であって、これを行うことが法的に義務付けられるとはいえず、また、薬害発生の防止は、第一次的には製薬会社や医師の責任であり、国の監督権限は、第二次的、後見的なものであって、その発動については、公権力による介入であることから種々の要素を考慮して行う必要があることなどからすれば、これらの措置に関する不作為が公務員の服務上の責任や国の賠償責任を生じさせる場合があるとしても、これを超えて公務員個人としての刑事法上の責任を直ちに生じさせるものではないというべきである。

しかしながら、前記事実関係によれば、(1) 本件非加熱製剤は、当時広範に使用されていたところ、同製剤中には HIV に汚染されたものが相当量含まれており、医学的には未解明の部分があったとしても、これを使用した場合、HIV に感染してエイズを発症する者が現に出現し、かつ、いったんエイズに発症すると、有効な治療の方法がなく、多数の者が高度のがい然性をもって死に至ること自体はほぼ必然的なものとして予測されたこと、(2) 当時は同製剤の危険性についての認識が関係者に必ずしも共有されていたとはいえず、かつ、医師および患者が同製剤を使用する場合、これが HIV に汚染されたものかどうか見分けることも不可能であって、医師や患者において HIV 感染の結果を回避することは期待できなかったこと、(3) 同製剤は、国によって承認が与えられていたものであるところ、その危険性にかんがみれば、本来その販売、使用が中止され、又は、少なくとも、医療上やむを得ない場合以外は、使用が控えられるべきものであるにもかかわらず、国が明確な方針を示さなければ、引き続き、安易な、あるいはこれに乗じた販売や使用が行われるおそれがあり、それまでの経緯に照らしても、その取扱いを製薬会社等にゆだねれば、そのおそれが現実化する具体的な危険が存在していたことなどが認められる。

このような状況の下では、薬品による危害発生を防止するため、薬事法69条の2の緊急命令など、厚生大臣が薬事法上付与された各種の強制的な

監督権限を行使することが許容される前提となるべき重大な危険の存在が認められ、薬事行政上、その防止のために必要かつ十分な措置を採るべき具体的義務が生じたといえるのみならず、刑事法上も、本件非加熱製剤の製造、使用や安全確保に係る薬務行政を担当する者には、社会生活上、薬品による危害発生の防止の業務に従事する者としての注意義務が生じていたものというべきである。

　そして、防止措置の中には、必ずしも法律上の強制監督措置だけではなく、任意の措置を促すことで防止の目的を達成することが合理的に期待できるときは、これを行政指導というかはともかく、そのような措置も含まれるというべきであり、本件においては、厚生大臣が監督権限を有する製薬会社等に対する措置であることからすれば、そのような措置も防止措置として合理性を有するものと認められる。

　被告人は、エイズとの関連が問題となった本件非加熱製剤が、被告人が課長である生物製剤課の所管に係る血液製剤であることから、厚生省における同製剤に係るエイズ対策に関して中心的な立場にあったものであり、厚生大臣を補佐して、薬品による危害の防止という薬務行政を一体的に遂行すべき立場にあったのであるから、被告人には、必要に応じて他の部局等と協議して所要の措置を採ることを促すことを含め、薬務行政上必要かつ十分な対応を図るべき義務があったことも明らかであり、かつ、原判断指摘のような措置を採ることを不可能又は困難とするような重大な法律上又は事実上の支障も認められないのであって、本件被害者の死亡について専ら被告人の責任に帰すべきものでないことはもとよりとしても、被告人においてその責任を免れるものではない。」

【検討】
　1）本件事件[36]は、刑事学的に見ると行政官僚の刑事過失責任が認められた稀有な事例といいうる。

危険物に起因する国民の生命・身体への侵害について、公務員の刑事責任（通常は、業務上過失致死傷罪）が問われたものとしては、たとえば、①公の営造物の設置又は管理に瑕疵があり、その瑕疵を起因として死傷事故が生じた場合が挙げられる。公物の設置・管理上の責任、すなわち管理責任を問うものであり、判例の若干の蓄積がある[37]。これ以外に「理論上」問題になり得るものとしては、②行政が生産者の立場で市場に欠陥製品を流通させ、それを起因として消費者に死傷事故が生じた場合、あるいは③民間企業が販売・流通させた商品に欠陥が存在していたところ、その監督官庁が、民間活動の規制者として適切な規制をすることを怠った結果、欠陥商品による消費者の被害が拡大した場合が考えられる。本件では、エイズウイルスに汚染されている可能性の高い非加熱製剤を流通させている製薬会社や、実際にそのような医薬品を使用している医師に対して、薬務行政の責任者である被告人が適切な監督措置を講じなかったことが問題とされているので、上記③に当たる。この③の類型は、従前、刑事事件ではなく薬害の国家賠償請求訴訟において、行政機関の規制権限不行使が問題とされることはあったが[38]、公務員個人の刑事過失が問われることはなかった。本決定でも、「薬害発生の防止は、第一次的には製薬会社や医師の責任であり、国の監督権限は、第二次的、後見的なものであって、その発動については、公権力による介入であることから種々の要素を考慮して行う必要があることなどからすれば、これらの措置に関する不作為が公務員の服務上の責任や国の賠償責任を生じさせる場合があるとしても、これを超えて公務員個人としての刑事法上の責任を直ちに生じさせるものではない」としているところである。しかし、本件決定は、本件非加熱製剤が被害者Yに投与された時期の具体的状況から、被告人には薬害の発生を防止すべき刑法上の注意義務があったと判断し、③の類型において初めて行政官僚の刑事過失を認めたものである。

　2）本件事件において理論的に留意すべき点は、すでに法益侵害に向か

第 3 章　判例にみられる欠陥製造物に関する過失責任の特質　　179

う因果の流れがある危険状況において、因果的な原因を設定した者のみならず、因果的な原因を設定していない者に対しても、競合的に法益侵害を阻止すべき刑法上の結果回避義務を認めていることである。本件非加熱製剤は、エイズウイルスに汚染された一種の欠陥品である。通常は、このような欠陥品に起因する死傷事故については、医師や製造販売社の刑事責任が問題になろう。しかし、本件では、これらの者のみならず、監督官庁の責任者である被告人の刑事過失までも問われた。被害者Xに関する帝京大事案では、医師は非加熱クリオブリンを患者に投与し（帝京大ルート事件）、また被害者Yに関する大阪医科大事案では、製造販売会社は非加熱クリスマシンを流通に置いている（ミドリ十字ルート事件）。これら医師や製薬会社幹部に刑事上の過失犯が成立するか否かは別にして、医師や製造販売会社の幹部は、「事象的」に見れば、被害に近い原因を設定している。しかし、本件事件の被告人は、このような意味での法益侵害の因果的な原因は設定していない。被告人に要求された結果回避措置は、自ら因果の流れに介入して被害を阻止するというものではなく、医師や製薬会社に対して、各種の監督権限を行使して間接的に被害発生を防止するというものなのである。その意味で本件は、一種の監督責任を認めたものとも言いうる[39]。そこで、本件の責任が一種の監督責任であるとすれば、いわゆる管理・監督過失として議論されている領域との関係を考察する必要があろう。

　管理・監督過失とは、主として、ホテルやデパート等の大規模火災による死傷事故の場合に、管理者等による物的施設、人的体制などの不備自体を根拠に過失責任を追及し（管理責任）、あるいは、従業員等の直接的な法益侵害行為を契機として、直接行為者のみならず、それに先行する危険を放置した監督者の過失責任を追及するもの（監督責任）をいう。犯罪現象的には（特に監督責任の場合に）いわば過失による間接的・共働的結果惹起の性質をもち、結果から離れた周辺領域まで処罰を拡張する特徴があ

る。この理論構成については、作為犯構成をとるのか、それとも不作為犯構成をとるのかについて争いがあるが、判例実務においては、大規模火災事故に関する多数の判例により、管理・監督過失を処罰する方向性は示されているといえる[40]。

しかし、本件の場合、企業内あるいは関連企業間の分業体制の中で生じる監督関係という枠組み、および現実の支配下にある物的施設・人的体制の管理という枠組みを超えて、国による製薬会社、流通関係者、臨床医等への監督権限の行使が問題になっている。しかも、本決定が指摘するように、製薬会社等を監督する行政機関の薬害防止の責任は、第二次的・後見的なものである[41]。そうだとすると、前記③の場面における行政責任者の刑法上の過失責任は、通常の管理・監督過失の場面以上に制限されるべきであろう。

3）火災事件等における通常の管理・監督過失の場合、作為犯構成、不作為犯構成のいずれを採るべきかが議論されている。これについて前者の見解としては、客観的帰属論の立場から、システム過失として作為犯構成を取る見解や[42]、危険のある状況における宿泊客等の誘引、招致する行為が作為となるとする見解[43]がある。しかし、本件事件における被告人には、作為として見いだせるものはない。その行為態様は、ミドリ十字ルート事件のように作為と不作為の混合形態でもなく、純然たる不作為であった。このように不作為態様の過失犯の成否が問題となる場合、殺人罪、放火罪等の故意犯における不真正不作為犯の場合と同様に、「過失不真正不作為犯」の問題として論じるべきかが問題になる[44]。

この点について、本決定においては明示されていないが、第二審および本決定が是認する第一審は、本件のような不作為態様の過失の場合の理論を示している。若干長くなるが、詳しく検討する。

まず、第一審は、不作為態様の過失について、次のように述べている。すなわち、「本件においては、被告人が『外国由来の非加熱製剤の販売・

投与等』に対し『何らかの措置を講じなかった』ことが刑法上の業務上過失に当たるとされているのであり、したがって、被告人に、各公訴事実の（中略）措置を講ずる刑法上の作為義務があったと認められることが当然の前提となる。（原文改行）こうした『医師をして（中略）（非加熱製剤の）投与を控えさせる措置を講じる』べき義務や『医薬品製造会社等をして（非加熱製剤の）販売中止及び回収させる措置を講じる』べき義務が被告人に存在したかどうかは、もとより刑法上の評価として判断されるべきものであるが、その検討に当たっては、厚生省、薬務局、さらには生物製剤課の職責ないし権限に関する法令上の規定が重要な手掛かりになると考えられる。また、本件においては、問題とされる被告人の不作為と本件クリオブリン・本件クリスマシンの各投与行為との間に、製薬会社（医薬品の製造・輸入業者）、流通関係者、臨床医等の多くの者の行為（不作為を含む。）が複雑に関与していることが明らかであるところ、このような事実関係において、薬務行政担当者である被告人の不作為に過失犯の実行行為性を認めることが相当であるかという問題が存在することにも留意する必要がある。そこでは、被告人あるいは生物製剤課が、本件で問題とされている非加熱製剤の販売・投与等に、現実にどのように関わっていたのかという職務遂行の実態もまた、考慮されるべきものと解される。」としている。

　そして第一審は、関係法令上の規定と所掌事務の実態に照らすと、本件で問題となっている血液製剤の原料血漿への HIV 混入によるエイズ発症・死亡を防止する措置を、厚生省内において率先して検討すべき部署があったとすれば、それは「生物製剤課」という組織であるとした[45]。

　その上で、第一審は、当時の最新のウイルス科学の知見等を重視した、客観的な資料による詳細な認定に基づいて結果の予見可能性を検討し、公訴事実１当時（昭和59年11月から昭和60年５、６月までの間）も公訴事実２当時（昭和60年12月から昭和61年４月までの間）も検察官が主張するよ

うな「高い確率」でHIVを感染させ、患者の「多く」にエイズを発症・死亡させることの予見可能性は認められないとしている。もっとも、こうした「高い」、「多く」といったことを別にすれば、本件当時においても、外国由来の非加熱製剤の投与によって、血友病患者等を「HIVに感染させた上、エイズを発症させてこれを死亡させ得る」ことは予見し得たと認められるとして[46]、それを前提とした結果回避義務違反が認められるかを検討している[47]。

　そして、製薬会社等には、自社の販売する製剤の安全性を確保すべき一次的な義務があり、医師においては、自らが処方する薬剤の安全性に関する情報を十分に収集しておくことが望まれるとしつつも、次のように①ないし③の事情を指摘して、生物製剤課長であった被告人の刑法上の注意義務について判断を示している。すなわち、「①本件において問題となったのは、血液製剤へのエイズ原因ウイルスの混入のおそれという深刻な事態であり、製薬会社や医師の対応いかんによっては、本件非加熱製剤の販売・投与から、同ウイルスの感染、ひいてはエイズの発症・死亡という重大な結果へとつながるおそれが、全国的なレベルで生じていたこと、②しかも、本件では、原料の由来や製造方法の相違のために、第9因子製剤の中でも製剤毎にその危険性が格段に異なっていたものであるところ、一般の医師がその危険性や製剤毎の相違を的確には認識することには困難が伴っていたこと、③本件非加熱製剤は、国によって承認を与えられていた製剤であり、このため、本来販売・投与を差し控えるべきであるにもかかわらず、国による承認を信頼し、あるいはこれを奇貨として、その販売・投与が行われてしまうおそれが存在したこと等の事情が認められる。このような状況に照らすと、生物製剤課長が一般的・抽象的に負っていた職責、すなわち『生物学的製剤の安全性を確保するとともに、同製剤の使用に伴う公衆に対する危害の発生を未然に防止する』という職責は、その専門性・裁量性等が尊重されるべきものであることを尊重しても、本件の事

実関係の下においては、本件非加熱製剤の不要不急の投与を控えさせるよう（換言すると、その使用は本件加熱製剤等が入手できない等のやむを得ない場合に限定させるよう）適切な配慮を尽くすべき注意義務として、具体化・顕在化していたとみるべきであって、刑法上もそのような注意義務が被告人に存したということができる。」というのである[48]。

このような第一審の判断構造についてまとめると次のようになろう。すなわち、

- i) 検察官が主張するような業務上の過失があると認めるためには、公訴事実記載の措置を講ずる刑法上の作為義務が前提となる、
- ii) その存否の確定のためには、厚生省、薬務局、生物製剤課の職務・権限に関する「法令上の規定」、被告人あるいは生物製剤課の「現実の職務遂行の実態」を考慮する、
- iii) 結果の予見可能性は、当時の最新のウイルス科学の知見等を重視した客観的な資料による詳細な認定に基づく、これによると、
- iv) 公訴事実1当時も公訴事実2当時も、検察官が主張するような「高い確率」でHIVを感染させ、患者の「多く」にエイズを発症・死亡させることの予見可能性は認められない、しかし、
- v) 一定程度の予見可能性はあり、それを前提とした結果回避義務違反が認められるかを検討する、
- vi) 前記①ないし③の状況に照らすと、「生物学的製剤の安全性を確保するとともに、同製剤の使用に伴う公衆に対する危害の発生を未然に防止する」という生物製剤課長が一般的・抽象的に負っていた職責は、本件非加熱製剤の不要不急の投与を控えさせるよう適切な配慮を尽くすべき注意義務として具体化・顕在化していた、

というものである。

最高裁決定においては、上記 vi) の刑法上の注意義務を生じさせる①ないし③の事情が、決定要旨の（1）ないし（3）の事情に言い換えられている。

4）この理論構成に対する評価としては、まず、iii) ないし v) の部分は、結果予見可能性を前提として、最終的には、結果回避義務違反を中心に過失犯の成否を決していることから、結果回避義務違反を過失の実体としてとらえる「新過失論」に立脚しているとの評価が可能である[49]。

この立場では、結果回避義務違反として、一定の基準行為からの逸脱を問題とすることになるが、前記 i) ないし ii) で指摘されている作為義務（より正確には医師や製薬会社に対する指導・監督義務）を指摘している箇所が、如何なる機能を有しているかが問題となる。

学説では、不作為犯における保証者的地位が問題になるとして、欠陥製品の回収義務の発生根拠と同様の議論がなされている。近時の有力説は、危険物に対する排他的支配の観点から論じるものが多いが[50]、少なくとも、本判決においては、そのような「支配」の観点からの検討の過程は見いだせない。判文を検討する限りでは、旧厚生省という「行政機関」が負担している職責を前提にして、被告人が属していた生物製剤課が、非加熱製剤の販売・投与等に関して、実際に指示・監督権限を有していたか否かというレベルの検討に留まっているというべきである。これはむしろ、森永ドライミルク事件の判断手法、あるいは皮革スプレー事件判決で見られた「組織関係的観察方法」に類似するものといえるのではなかろうか。ここでは、かかる判断手法における第一段階の「組織体」としての義務を特定する段階であり、未だ組織の中の自然人の「刑法上」の義務の確定に至ってないレベルである。

より具体的に検討すれば、第一審は、まず、旧厚生省設置法4条1項および旧厚生省組織令9条などの薬務行政に関する法令上の規定を根拠に、厚生省薬務局の職責・権限を明らかにしている。次いで、旧厚生省組織令

59条などの規定から、同局生物製剤課が、生物学的製剤等を「一元的に所掌」し、「血液製剤の需給調整を図る職責」を負っていたとしている。しかし、生物製剤課が、生物学的製剤等を「一元的に所掌」し、「血液製剤の需給調整を図る職責」を負っていたとしても、その職責は、直ちに刑法上の義務になるものではない。この点について、第一審判決でも、「生物製剤課が血液製剤の需給調整に関与していたのはあくまでも国の立場としてであり、上記のような意味においてある種の二次的・後見的な立場にあったことは否定し難い。したがって、上記のような関与をしていたことをもって、生物製剤課（ひいては国）が血液製剤を十分に供給すべき義務を負っていたであるとか、本件で問題となっている『外国由来の非加熱製剤』の代替医薬品を確保すべき義務を負っていたなどと単純にいうことはできないのであって、上記の『血液製剤の需給調整を図る職責』に照らして、被告人に刑法上の注意義務違反が認められるかどうかは、本件の具体的事実関係に照らして検討されるべきものであると解される。」と判示されているところである[51]。

このような判示からすると、前記 i）ないし ii）の考察は、あくまで前記 v）ないし vi）の結果回避義務違反の判断の前提として、生物製剤課や被告人の抽象的な職責・権限を明らかにしたものに過ぎないと見るべきであろう。

5）刑法上の注意義務を認める上で重要なのは、前記 vi）で示された事情である。ここでは、最高裁が示した前記（1）ないし（3）の事情に即して検討する。

本決定は、(1) 本件非加熱製剤により、多数の者が高度のがい然性をもって死に至ること自体はほぼ必然的なものとして予測されたこと、(2) 当時は同製剤の危険性についての認識が関係者に必ずしも共有されていたとはいえず、医師や患者においてHIV感染の結果を回避することは期待できなかったこと、(3) 同製剤は、国によって承認が与えられていたもの

であるところ、国が明確な方針を示さなければ、引き続き、安易な、あるいはこれに乗じた販売や使用が行われるおそれがあり、その取扱いを製薬会社等にゆだねれば、そのおそれが現実化する具体的な危険が存在していた、としている。

　まず(1)の事情は、非加熱製剤により惹き起こされていた「危険状況」の評価に関わるものである。これは、国家機関としての監督権限行使の前提となるものであるから、重大な法益侵害の危険性が現実化し、かつ広範囲に生じる可能性があることが必要となろう。第一審判決は、このような事情を「全国的なレベル」の危険性と端的に表現している。もっとも、このような状況は、国家機関による監督権限の行使の前提となる事情であるが、それだけでは公務員個人の介入義務の根拠としては不十分であろう。そこで、(2)および(3)の事情が重要になる。

　(2)については、医薬品の危険性に関する情報の共有状況に関わるものである。医薬品の副作用や被害にまつわる情報が、実際に非加熱製剤の使用に関わる医師や患者に十分に浸透していたのか、それとも一部の者に集中していたのかにより、リスクに対するコントロール可能性は変化する。かかる情報が使用者に共有されていないとするならば、当該医薬品を使用する者はいわば「無保護」状態に置かれる[52]。しかし、かかる情報が一部の者に集中していたとしても、当然にその者に無保護状態の者を保護すべき法的義務が生じるとはいえないであろう。監督権限と結びつかない情報は無意味だからである。それに反し、医薬品の危険性に関する情報が、医師や製薬会社に対する監督権限と結びついた場合には、監督権限の不行使は、無保護状態を助長することにもなる。その意味で(2)の事情は、監督権限と結びつけて考慮する必要があろう。

　さらに(3)は、第一次的に被害防止をすべき製薬会社にそれを期待し得ない状況、つまり被監督者を監督すべき状況があることを示すものである。

第 3 章　判例にみられる欠陥製造物に関する過失責任の特質　　187

　以上を整理すれば、(1) 相当程度の危険状態の存在を前提に、(2) 監督権限と結びついた重要情報を掌握し、(3) 現に被監督者を監督すべき状況にある場合に、刑法上の結果回避義務を認めたということなろう。とりわけ監督権限の所在は、前述のように、組織関係的考察なくして把握し得ないであろう。

2　パロマガス湯沸器一酸化炭素中毒死傷事件【判例 G】

【事実の概要】
　(1) 本件は、平成17年11月27日、東京都内のマンション一室に設置された強制排気装置式ガス湯沸器が使用された際、不正改造に起因する不完全燃焼が起こり、排出された多量の一酸化炭素を原因とする一酸化炭素中毒により、同室の居住者 X が死亡し、ほか1名（Y）が重傷を負ったという事案に関し、湯沸器の製造・販売会社の代表取締役社長・会長であった被告人 A と製造会社の取締役品質管理部長等であった被告人 B が業務上過失致死傷により起訴された事件である。
　(2) 上記被害が発生するに至る経緯について、東京地裁は、おおむね次のように認定している。
　被害者 X 宅には、パロマ工業株式会社（以下「パロマ工業」という）が製造し、株式会社パロマ（以下「パロマ」という。パロマ工業とパロマを合わせて「パロマ両社」という）が販売した強制排気式ガス湯沸器 PH-81F（以下「本件湯沸器」という）が設置されていた。本件湯沸器は、内蔵するコントロールボックスの機能により、電気を使用して、排気ファンが回転し、強制排気装置が作動する場合にのみ点火・燃焼する構造になっていた。
　ところが、パロマとの間でパロマ工業製品の修理等の代行店契約を締結し、「パロマ C サービスショップ」の名称を用いて同修理等を行っていた

株式会社Cの社員であるDは、平成7年12月30日、当時の使用者の依頼により本件湯沸器の修理を行うに際し、コントロールボックス内の回路を介さずに、熱電対とガス電磁弁を結ぶ直列回路を構成する、いわゆる「短絡」と呼ばれる改造を行った。その結果、本件湯沸器は、電源が入っていないために強制排気装置が作動しないときでも点火・燃焼する状態となり、そのようにして使用された場合には不完全燃焼となり、多量の一酸化炭素が排出されて室内に滞留し、使用者らがこれを吸引して一酸化炭素中毒により死傷するという危険が生じていた。
　パロマ工業は、本件湯沸器と同じ構造である湯沸器を7機種製造しており、それらは昭和55年以降、多数販売され、使用されていた。これら7機種は、「短絡」を行うことが可能であった。また、短絡の方法を知ってしまえば、その作業自体は簡単なものであった。そして、7機種においては、内部の回路基板のハンダ割れなどによるコントロールボックスの故障のために点火不良がしばしば発生することから、作業の容易さも相まって、パロマと上記代行店契約を締結していた修理業者（以下「パロマサービスショップ」という。）を含む修理業者が、その修理に際して短絡を行っていた。
　こうして短絡がなされた7機種が電源を入れないまま使用されるなどした結果、昭和60年1月6日ころから平成13年1月4日ころまでの間、全国各地で、LPガスおよび都市ガス双方を含む13件（うち12件は端子台における短絡）の一酸化炭素中毒による死傷事故が発生し、15名が死亡し14名が負傷していた。そして、平成13年1月5日ころには、これら13個の事故機以外にも、短絡された7機種が相当数存在し、又は7機種について新たな短絡が行われる可能性があり、かつ、使用者がそのような湯沸器を電源を入れないまま使用するなどして、強制排気装置を作動させずに点火・燃焼させた場合には、一酸化炭素中毒による死傷事故が発生する危険性が高い状況が存在していた。

(3) 検察官は、①上記経過等に照らし、平成13年1月5日ころには、短絡された7機種の使用により一酸化炭素中毒事故が発生する危険性が高く、注意喚起の徹底と物理的に把握可能なすべての7機種の点検・回収の措置を講じる必要があった、②パロマ両社は7機種の製造者および販売者として利益を上げており、7機種の使用により使用者らの生命・身体に危害が加わらないようにすべき立場にあり（企業の社会的責任）、パロマ両社における被告人両名の地位、権限等に照らし、両名には上記注意喚起の徹底、点検・回収の措置を講ずべき刑法上の注意義務が生じていた、③被告人両名には、本件事故による死傷結果の発生の予見可能性があった、④被告人両名には、上記注意義務の履行可能性があり、本件死傷結果発生の回避可能性もあった、と主張した。

これに対し、弁護人は、①平成13年1月5日ころには、すべての7機種について一斉点検・回収を要する切迫した危険はなかった、②7機種には欠陥はなく、第三者が不正改造をして危険性が創出されたなどの事情から、被告人両名には検察官主張の注意喚起の徹底、点検・回収をする作為義務はなかった、③パロマ両社は適切な事故防止対策を講じているなどの事情から、被告人両名には予見可能性がなかった、④検察官主張の注意喚起は危険性が高く、これを行うことはできないし、すべての7機種の点検・回収もパロマ両社とパロマサービスショップだけで行うことは不可能であり、また検察官主張の対策を講じたとしても本件死傷結果の発生を回避できなかった蓋然性が高い、などと主張した。

【判旨】

東京地裁[53]は、前記事実認定を基に業務上過失致死傷罪の成立を認め、被告人Aを禁錮1年6月に、被告人Bを禁錮1年に処するとともに、それぞれについて3年間その刑の執行を猶予した（確定）。

被告人両名の注意義務に係る部分（前記②）については、罪となるべき

事実の箇所において、次のように判示している。

「こうした状況において、(1) 7機種は前記のように端子台において容易に短絡できる構造になっており、そのような性状が短絡を促し、短絡による危険の発生に一定の寄与をしていた。(2) パロマ両社は、製造者及び販売者であったことから、上記13件の事故のうち12件について、事故の発生と原因に関する情報を入手し、集約していた。(3) パロマは、一定の指揮監督関係を有する全国多数のパロマサービスショップについて、新聞等を通じ、パロマのアフターサービス専門店として、パロマが販売した製品の修理業務を行うことを、長年にわたり告知、宣伝してきたという経緯があり、現に、自ら販売したパロマ工業製品の修理業務を相当程度パロマサービスショップに行わせていた。(4) パロマ両社においては、パロマが販売した7機種に関する限り、そのすべてを対象として、マスメディア等を通じた注意喚起の徹底を行い、また、自ら又はパロマサービスショップが保管している修理記録やガス事業者からの情報等に基づいて、その設置場所を把握し、自ら又はパロマサービスショップをして点検・回収を行うことは可能であった。(5) 他方、使用者等および修理業者はもとより、前記マンションに都市ガスを供給していた東京瓦斯株式会社を含む各ガス事業者や経済産業省についても、事故情報の収集、集約が不十分であったこともあり、これらに広範な事故防止対策を委ねることができる状況ではなかった。

以上によれば、パロマ両社としては、パロマが販売したすべての7機種を対象として、短絡の危険性についての注意喚起を徹底し、把握可能な上記7機種を点検して、短絡されている機器を回収する措置を行うべきであり、パロマ両社において前記地位にあった被告人A、及びパロマ工業において前記地位にあった被告人Bは、この措置をとるべき刑法上の注意義務を負う立場にあった。」

そして、被告人両名の予見可能性を肯定した上で、次のように、被告人

両名の具体的な注意義務について判示している。

「平成13年1月5日ころには、被告人Aにおいては、自らないしは被告人B等のパロマ両社の関係部署の担当者らに指示するなどして、被告人Bにおいては、被告人Aに進言して指示を仰ぎつつ、自らないしはパロマ両社の関係部署の担当者らに指示するなどして、〔1〕マスメディアを利用した広報等により、パロマ工業が製造し、パロマが販売した7機種の使用者等に対し、上記7機種において短絡がなされている可能性があり、その場合、電源が入っていないときは強制排気装置が作動しないので、一酸化炭素中毒事故を起こす危険性があることなどについて注意喚起を徹底し、かつ、〔2〕パロマ両社において自ら、又はパロマサービスショップをして、物理的に把握することが可能であったすべての上記7機種を点検して短絡の有無を確認し、短絡がなされた機器を回収するという安全対策を講ずべき業務上の注意義務があった。」

また、短絡事故を防止すべき主体の特定にあたって、事実認定の補足説明の箇所において、次のように判示している。

「短絡事故の防止対策を検討するに当たっては、まず、これを一般の使用者等や個々の修理業者に委ねることはできない状況であったことを確認すべきである。一般の使用者等は、短絡されている事実を知らないか、知っていても、その危険性を知らず、あるいは十分に意識しないことが多い。対策をとる技術もない。短絡事故を防止すべき第一次的な責任は、危険な短絡を行ってはならない義務、あるいは行った短絡を是正すべき義務を負う修理業者（所属組織を含む）に帰属すべきであるとしても、現実には、これらの業者は（業者によっては短絡禁止教育を無視して）短絡を行い、あるいは短絡を是正せず、だからこそ7機種について上記の危険が生じていたのである。

ところで、7機種は全国で26万台以上販売され、一連の短絡事故は全国各地で起きていた。平成18年以降の点検で発見された短絡機器231台は全

国各地に存在していた。一連の事故において短絡を行った人物やその所属組織も不明であった。つまり、短絡された7機種は全国どこにあってもおかしくないし、新たな短絡がどこで発生してもおかしくない状況であった。

　そうすると、平成13年1月5日ころ以降において、短絡事故の再発を防止するためには、7機種の使用者等や関係した個別の修理業者に対応を委ねるのではなく、ガス機器又はガス供給に関係する、いわば、より上位の者（組織）によって事故防止対策が行われる必要があり、かつそれは、全国に存在するすべての7機種を対象として行われる必要があったといえる。」

【検討】
　(1) 本判決[54]の特徴としては、第一に、惹き起こされている危険状態に応じて、安全対策をとるべき主体を区別していることである。本件事故は、本件湯沸器自体の欠陥ではなく、修理業者によって行われた不正改造に起因して生じている。そのため、製品流通段階において客観的に存在していた欠陥により死傷結果が生じた場合の製造業者・販売業者の責任追及の場面とは状況を異にしている。本来、法益侵害の直接的な原因が特定できれば、まずはその原因設定者の刑法上の責任が問われるべきであるので、本件事故を含む多数の短絡事故の第一次的な責任は、直接的な原因設定（不正改造）をした修理業者にあるというべきである[55]。しかし本判決は、短絡された7機種が全国どこにあってもおかしくないことなど、惹き起こされている危険状態が重大であることを理由に、個別の修理業者ではなく、より上位の者（組織）によって事故防止対策が行われる必要があったとした。結果惹起に向かう因果の流れがある中で、直接的な原因の設定者以外の者が刑法上答責的となりうる条件を解明する必要がある。

　まず、惹き起こされている危険状態の評価が重要になる。本判決では、

7機種に関して多数の短絡が行われていたことから、短絡が相当数放置され、その使用に伴う死傷事故の危険が高かったことが指摘されている。具体的には、「7機種が短絡されていた場合、使用者のほとんどは知識のない一般消費者であるから、電源プラグが抜けていることに気が付かない、あるいは電源プラグを入れておくことの重要性に気付かないなどの事情から、電源が入っていない状態で使用される事態が稀にではあっても一定の割合で生じる可能性があったと認められる。そして、そのようにして排気ファンが作動しない状態で燃焼が継続すれば、不完全燃焼による一酸化炭素中毒により、使用者等が死亡又は重傷に至る危険性が極めて高かった」としている。そして、一連の短絡事故に対する事故防止対策としては、「短絡された（されるかもしれない）7機種はどこにあってもおかしくない状況であって、事故の起きそうな所を予測することはできないのであるから、すべての7機種を対象としなければ有効な安全対策にはならない。」として、全国に存在するすべての7機種を対象とした対策が必要であったと認定されている[56]。つまり、不正改造が横行し、全国規模で死傷事故が発生する可能性があるような危険状況の場合には、より上位の者（組織）によって事故防止対策が行われる必要があり、その内容は、組織力を用いた有効な結果回避措置が求められるということである。その意味では、注意義務を負うべき主体やその内容は、固定的なものではなく、状況に応じて変動することが如実に現れている。

　しかし、このような危険状況は、パロマ両社が製造販売した湯沸器固有の欠陥ではなく[57]、第三者の不正改造に起因して生じていた。このような危険状態が生じている場合に、常に製造販売会社の介入が刑法上義務づけられるとするならば、正当とはいえない。第三者の不正改造を阻止すべき特別の事情が必要である。この点については、本件の場合、判旨の(2)で指摘されているパロマサービスショップに対するパロマの指揮監督権の存在が重要である。その意味で本件は、監督下の者に対する適切な監督を

怠ったことあるいは人的・物的施設に対する適切な管理を怠ったことを問題とする管理・監督過失の領域に属する[58]。これによれば、本件のようにパロマサービスショップに対するパロマの指揮監督権がある場合は格別、そのような指揮監督権の及ばない第三者が不正改造をしている場合には、原則として、製造販売会社には管理・監督責任は生じないと見るべきであろう。

(2) 本判決の第二の特徴としては、まず、「組織体」として負うべき義務を想定し、次いで、被告人両名の組織内の地位・権限に基づいて刑法上の注意義務を導き出していることである[59]。

具体的には、判決は、まず、前記の危険状況においては、「事故防止のためには、ガス機器又はガス供給に関係する、いわば、より上位の者（組織）によって対策が講じられる必要があった」とする[60]。次に、判旨で挙げられている (1) ないし (5) の事情に基づいて法人としての「パロマ両社」に対して安全対策を要求できるかを検討し[61]、「パロマ両社としては、OEM製品を除くすべての7機種を対象として、短絡の危険性についての注意喚起の徹底、設置場所の把握可能な上記7機種の点検と短絡されている器具の回収を行うべきであった」と組織体の義務を特定している[62]。さらに、パロマ両社の関係や組織[63]、組織内の被告人両名の地位や権限[64]を基にして、被告人両名の刑法上の具体的注意義務を導き出しているのである[65]。これは、森永ドライミルク事件差戻し第一審判決や皮革スプレー事件判決の組織関係的観察方法に通じる判断方法といえる。

また、組織体としての義務を検討する際に、事故拡大防止についての社会的コンセンサスを指摘している点が注目される。すなわち、「平成14年9月、財団法人製品安全協会は、経産省消費経済部製品安全課の委託により、『消費生活用製品のリコールハンドブック』（以下「リコールハンドブック」という。……）を発行した（パロマ工業も購入している。）。リコールハンドブックは、リコール対応における基本的な考え方や手順を示

すことを目的としており、『リコールを実施するか否かの判断』の項では、『重要なのは、欠陥か否かではなく、事故の拡大防止である。』『事故の発生が、一見使用者の誤使用や不注意による（中略）と思える場合であっても、同様の事故が発生するときには、結果的に誤使用や不注意ではなく、製品の欠陥と判断されることがあるということに留意する必要がある。このような観点から、リコールを実施するか否かの判断をする時点においては、事故等が製品の欠陥によるものか否かを明確にすることよりも、まず消費者の安全確保を優先し、事故の拡大防止を図るための最適な対応を検討すべきである。』と記載されている。これらの記載は、リコールハンドブックの発行当時までに、事故の拡大防止のためには欠陥の有無にかかわらずリコールを検討すべきであるとの社会的なコンセンサスが醸成されてきていたことを示しており、上記の判断を支持するものである。」としている。拡大事故の発生が予想される段階において、企業レベルで事故の拡大を防止すべき法的要請があることが如実に示されている。

　たしかに、「被害の未然防止」の見地からは、欠陥の有無はともかくとして、更なる製品事故の拡大が予想される状況にあれば、製造・販売業者はリコール等の措置を積極的に行うことが求められよう。

　もっとも、このような官民共同で作成されたハンドブック上の方針が、直ちに刑法上の注意義務の根拠になるか否かについては慎重に検討する必要がある。拡大被害防止段階で被害の未然防止の観点から要求される措置であっても、発生した結果との関係では必ずしも義務付けが正当化されるわけではないのである。とりわけ、製品事故の直接的な原因が、指揮監督権の及ばない第三者による不正改造にある場合には、より当てはまる。たしかに、本事案は、パロマ両社の指揮監督権が認められうる事案であるので、指揮監督権の及ばない第三者が不正改造をした場面とは状況を異にする。しかし、本判決は、指揮監督権が及ばない場面であっても、上記リコールハンドブックの方針を理由にして、欠陥のない製品を製造販売した

企業に対して、刑法上の注意義務を要求するかのような判断を示しており、問題があるというべきである。

3 三菱自工製トラックタイヤ脱落事件【判例H】

【事実の概要】
　(1) 本件は、平成14年1月10日、横浜市内の道路を走行中の三菱自動車工業株式会社（以下「三菱自工」という。）製大型トラクタの左前輪に装備されていたハブ（後記Dハブ）が輪切り破損し、脱落した左前輪により歩道上にいた女性Xを死亡させ、一緒にいた児童2名（YおよびZ）に傷害を負わせたという事故について、三菱自工の品質保証部門の部長の地位にあった被告人A、および三菱自工の品質保証部門のグループ長の地位にあった被告人Bが業務上過失致死傷により起訴された事案である。
　(2) 本件事故が発生する経緯等について、最高裁は、おおむね以下のように要約している。

　　1) 被告人両名の地位、職責
　　三菱自工の品質保証部門は、同社内で、市場品質の対応処置に関する事項等を担当する部署であり、その具体的職務内容は、販売会社等から寄せられる所定の様式の連絡文書に記載された自社製の乗用車やトラック、バスに関する品質情報を解析した上、その不具合部位および不具合内容等により「重要度区分」や「処理区分」等を定めて担当部門に伝達し、対策又は改善を指示するほか、不具合情報の重要度に応じて、リコール等の改善に係る措置を行うべき場合に該当するか否かの判断を行うクレーム対策会議やリコール検討会（以下、併せて「関係会議」という。）を開催し、そのとりまとめ結果をリコール等の実施の要否の最終決定権者に報告するというものであった。
　　被告人Aは、後記4）の丙事故当時、品質保証部門の部長の地位にあ

り、三菱自工が製造した自動車の品質保証業務を統括する業務に従事し、同社製自動車の構造、装置又は性能が道路運送車両法上要求される技術基準である「道路運送車両の保安基準」に適合しないおそれがあるなど安全性に関わる重要な不具合が生じた場合には関係会議を主宰するなど、品質保証部門の責任者であった。被告人Bは、丙事故当時、三菱自工の品質保証部門のバスのボデー・シャシーを担当するグループ長の地位にあり、被告人Aを補佐し、品質保証業務に従事していた。

 2）三菱自工におけるハブの開発経緯

　フロントホイールハブ（以下「ハブ」という。）は、トラック・バス等の大型車両の共用部品であり、前輪のタイヤホイール等と車軸とを結合するための部品であって、道路運送車両法41条2号にいう走行装置に該当し、同条に規定する運輸省令が定める技術基準である道路運送車両の保安基準9条1項により、「堅ろうで、安全な運行を確保できるものでなければならない。」とされていた。ハブは、自動車会社関係者や運輸事業関係者等の間では、車両使用者が当該車両を廃車にするまで破損しないという意味で、「一生もの」と呼び習わされてきており、破損することが基本的に想定されていない重要保安部品であって、車検等の点検対象項目にはされていなかった。三菱自工では、ハブは、トラック・バスの共用部品として設計、開発、製造されていて、本件事故当時においては、開発された年代順にA、B、C、D、D′、E、Fの通称を付された7種類のものがあり、いずれのハブについても、フランジ部（鍔部）に亀裂が入り、これが進展して輪切り状に破損した場合（以下「輪切り破損」という。）には、前輪タイヤがタイヤホイールおよびブレーキドラムごと脱落する構造になっていた。三菱自工の平成2年6月施行の社内規定には、ハブ一般につき強度耐久性の評価試験方法として実走行実働応力試験が定められていたが、同規定の施行前に開発されたAハブからCハブだけでなく、同規定の施行後に開発されたDハブについても、開発当時にこの実走行実働応

力試験が実施されておらず、その強度は、客観的データに基づいて確かめられてはいなかった。

3）ハブの輪切り破損事故の発生とその処理状況

平成4年6月21日、甲有限会社が使用していた三菱自工製のトラックの左前輪のハブ（Bハブ）が走行中に輪切り破損し、左前輪タイヤがタイヤホイール、ブレーキドラムごと脱落するという事故（以下「甲事故」という。）が発生した。当時、品質保証部門においてトラックのシャシーを担当するグループ長であった被告人Bが同事故を担当し、その処理についての重要度区分を最重要のS1（安全特別情報）と分類した。三菱自工では、かねてから、リコール等の正式な改善措置を回避するなどの目的で、品質保証部門の判断により、品質情報を運輸省による検査等の際に開示する「オープン情報」と秘匿する「秘匿情報」とに分け、二重管理する取扱いをしていたが、被告人Bは、甲事故に関する事故情報を秘匿情報の扱いとした。この事故の事後処理の過程では、ハブの輪切り破損の原因はハブの摩耗にあり、摩耗の原因は使用者側の整備不良等にあるとする設計開発部門が唱えた一つの仮説（以下「摩耗原因説」という。）に従って社内処理がされ、リコール等の改善措置は実施されなかった。その後も、後記4）の丙事故に至るまでの間に、三菱自工製のトラックのハブの輪切り破損事故が14件発生した。そのうちの7件は、平成5年3月頃から三菱自工製のトラック等に装備され始めたDハブに関するものであった。これら後続事故の中には、事故後に当該ハブが廃却されているためにその摩耗量が確認できないものや、平成6年6月21日に発生した2件目のハブの輪切り破損事故事案（乙有限会社が使用していた三菱自工製のトラックの右前輪のハブ（Aハブ）が走行中に輪切り破損したもの。以下「乙事故」という。）のように、報告されているハブの摩耗量が「0.05〜0.10㎜」にすぎない事例もあったにもかかわらず、いずれの事故についても関係会議の開催やハブの強度に関する調査が行われないまま従前どおり摩耗原因説に

従った社内処理がされ、リコール等の改善措置は実施されず、事故関連の情報も秘匿情報として取り扱われた。

4）丙事故の発生（16件目のハブの輪切り破損事故）とその処理状況

平成11年6月27日、広島県内の高速道路上を乗客を乗せて走行していた丙株式会社の三菱自工製バスに装備された右前輪のハブ（Ｄハブ）が走行中に輪切り破損して、右前輪タイヤがタイヤホイールおよびブレーキドラムごと脱落し、車体が大きく右に傾き、車体の一部が路面と接触したまま、何とか運転手が制御してバスを停止させたという事故（以下「丙事故」という。）が発生した。三菱自工は、同月28日頃、同事故につき、リコール等の改善措置の勧告等に関する権限を有する当時の運輸省の担当官から事故原因の調査・報告を求められた。

被告人Ｂは、丙事故を担当し、事故情報を秘匿情報とした上、重要度区分を最重要のＳ１と分類し、グループ長らによる会議を開催して対応を検討するなどした。被告人Ｂは、過去に甲事故および乙事故を自ら担当し、その詳細を承知していたほか、三菱自工製トラックにつき、その後もハブの輪切り破損事故が続発していたことについても、同会議の際に報告を受け、認識していた。しかし、同被告人は、丙事故も発生原因につき突き詰めた調査を行わずに摩耗原因説に従った処理をすることとし、関係会議の開催などの進言を被告人Ａに対して行うなどはせず、さらに、同年9月中旬頃、他に同種不具合の発生はなく多発性はないので処置は不要と判断するなどという内容を盛り込んだ運輸省担当官宛ての報告書を作成し、被告人Ａに対する説明を行った上で同被告人の了解を得て同担当官に提出し、以後も、Ｄハブを装備した車両についてリコール等の改善措置を実施するための措置を何ら講じなかった。被告人Ａは、丙事故が発生した直後、被告人Ｂから同事故の概要の報告を受けるとともに、過去にも三菱自工製トラックのハブの輪切り破損事故が発生していたことなどを告げられた。しかし、被告人Ａは、被告人Ｂらから更に具体的な報告

を徴したり、具体的な指示を出したりすることはせず、被告人Bからの説明を受けた上で上記運輸省担当官宛ての報告書についてもそのまま提出することを了承するなどし、Dハブを装備した車両についてリコール等の改善措置を実施するための措置を何ら講ずることはなかった。

その後、平成14年1月10日、本件事故が発生した。なお、丙事故後、本件事故に至るまでの間にも、三菱自工製のトラック又はバスのハブの輪切り破損事故が続発しており、本件事故は、甲事故から数えて40件目、Dハブに関するものとしては19件目の輪切り破損事故であった。

(3) 第一審（横浜地裁）[66]では、被告人両名は、①そもそも客観的にDハブに強度不足の欠陥はない、②被告人両名には、本件事故の予見可能性がない、③被告人らが所属していた三菱自工の品質保証部門にはリコール等の改善措置に向けて検討する社内合議体を開催する実質的権限がないなどの事情から、Dハブについてリコール等の改善措置を取り得なかったので結果回避義務も結果回避可能性もない、④本件事故車両のDハブには強度不足の欠陥はなく、事故の原因は、事故車両使用者による恒常的で異常な整備不良等にあるので因果関係がない、などと争った。しかし、第一審判決は、被告人両名について業務上過失致死傷の成立を認め、被告人両名をそれぞれ禁錮1年6月に処するとともに、それぞれについて3年間その刑の執行を猶予する判決を下した。

これに対して、被告人両名が控訴をした。控訴趣意では、原審がDハブの強度不足を認め、被告人両名に予見可能性、結果回避可能性、結果回避義務、因果関係を認めた点に事実誤認があるというものである。第二審（東京高裁）[67]は、「本件では、Dハブの輪切り破損原因論を科学的に確定することが重要なのではなく、丙事故事案の処理の時点でリコールをすべき程度に強度不足の疑いが客観的にあったか否かに焦点を絞って検討すべき」であり、本件証拠を総合してみれば、第一審判決が結論づけたように強度不足の疑いはその時点で客観的にあったと認定できるとした。そし

て、そのことを前提に被告人らの予見可能性および結果回避可能性などを肯定した第一審判決は正当だとして、被告人両名の控訴を棄却し、第一審判決を是認した。

　これに対し、被告人らが判例違反などを理由に上告し、その中で、①丙事故事案の処理当時、被告人両名がＤハブの強度不足を疑うことは不可能であり、予見可能性は認められない、②被告人両名の実際の権限等に照らすと、被告人両名には、Ｄハブをリコールすべきであるという業務上過失致死傷罪上の義務が課されていたとはいえない、③本件事故車両の使用状況等に照らすと、ＤハブをリコールしてＦハブを装備したところで本件事故を回避できたとはいえないし、三菱自工製のハブに強度不足があることまでの立証がされておらず、本件事故を発生させた事故車両のハブの輪切り破損原因も解明されていない以上、被告人両名の不作為と本件事故結果との間の因果関係も存在しない旨主張した。

【決定要旨】

　最高裁第三小法廷[68]は、被告人らの上告趣意は判例違反をいう点を含め、実質は単なる法令違反、事実誤認の主張であって、刑訴法405条の上告理由に当たらないとして被告人らの上告を棄却したが、上記①ないし③の点について職権判断を下している。②に関する判示は、以下のようである。なお、［１］および［２］の番号は筆者が付したものである。

　「所論②の結果回避義務の点についてみると、［１］丙事故事案の処理の時点における三菱自工製ハブの強度不足のおそれの強さや、予測される事故の重大性、多発性に加え、［２］その当時、三菱自工が、同社製のハブの輪切り破損事故の情報を秘匿情報として取り扱い、事故関係の情報を一手に把握していたことをも踏まえると、三菱自工でリコール等の改善措置に関する業務を担当する者においては、リコール制度に関する道路運送車両法の関係規定に照らし、Ｄハブを装備した車両につきリコール等の改

善措置の実施のために必要な措置を採ることが要請されていたにとどまらず、刑事法上も、そのような措置を採り、強度不足に起因するＤハブの輪切り破損事故の更なる発生を防止すべき注意義務があったと解される。そして、被告人Ｂについては、その地位や職責、権限等に照らし、関係部門に徹底した原因調査を行わせ、三菱自工製ハブに強度不足のおそれが残る以上は、被告人Ａにその旨報告して、関係会議を開催するなどしてリコール等の改善措置を執り行う手続を進めるよう進言し、また、運輸省担当官の求めに対しては、調査の結果を正確に報告するよう取り計らうなどして、リコール等の改善措置の実施のために必要な措置を採り、強度不足に起因するＤハブの輪切り破損事故が更に発生することを防止すべき業務上の注意義務があったといえる。また、被告人Ａについても、その地位や職責、権限等に照らし、被告人Ｂから更に具体的な報告を徴するなどして、三菱自工製ハブに強度不足のおそれがあることを把握して、同被告人らに対し、徹底した原因調査を行わせるべく指示し、同社製ハブに強度不足のおそれが残る以上は、関係会議を開催するなどしてリコール等の改善措置を実施するための社内手続を進める一方、運輸省担当官の求めに対しては、調査の結果を正確に報告するなどして、リコール等の改善措置の実施のために必要な措置を採り、強度不足に起因するＤハブの輪切り破損事故が更に発生することを防止すべき業務上の注意義務があったというべきである。」としている。

　そして、本判決は、結論として、「Ｄハブの強度不足に起因して」本件事故が生じたものと認めることができるとしたが、原判決が「Ｄハブに強度不足のおそれ」があると認めただけで、Ｄハブの強度不足に起因して生じたものであるか否かを明らかにしないまま、被告人両名の過失と本件事故との間の因果関係をも肯定した点については正当でないとして、因果関係（前記③）の点について、次のように述べている。

　「被告人両名に課される注意義務は、前記のとおり、あくまで強度不足

に起因するDハブの輪切り破損事故が更に発生することを防止すべき業務上の注意義務である。Dハブに強度不足があったとはいえず、本件事故がDハブの強度不足に起因するとは認められないというのであれば、本件事故は、被告人両名の上記義務違反に基づく危険が現実化したものとはいえないから、被告人両名の上記義務違反と本件事故との間の因果関係を認めることはできない。」

【検討】
 (1) 本決定[69]の特徴は、第一に、注意義務を導き出すに当たり、義務違反の危険な先行行態の有無や危険物に対する支配の有無については取り立てて論じることなく[70]、ハブの強度不足に起因すると疑われる事故が複数重なった段階で、更なるハブの輪切り破損事故を防止するための刑事法上の注意義務があったとしていることである。判決は、その具体的事情として、前記［１］および［２］を挙げている。［１］は、三菱自工製のDハブに由来する危険状態の判断に関わるものである。［２］の先行事故に関する情報の掌握については、三菱自工製車両に対する危険性の認識および安全対策の立案・遂行の前提となるものであり、結果回避義務を措定する上で重要である。
 判決における被告人らの注意義務の認定の仕方は、【事実の概要】での「被告人両名の地位、職責」の箇所と合わせて分析するならば、企業の組織、構造を前提に、その中の安全対策部門を特定し、その部門の構成員の権限、地位などから、具体的な注意義務を割り出すという手法がとられていると思われる。具体的には、まず、事故情報の解析、担当部署への伝達・指示、関係会議を開催の上、リコール等の実施の要否を最終決定権者に報告するなど、市場品質対応処理を担当していた三菱自工の「品質保証部門」を特定し、次いで、その中の責任者として、被告人両名の注意義務が導き出されているのである。上記［２］の事故情報の掌握については、

これ自体を保証義務発生の独自の根拠とする見解もあるところである[71]。事故情報は、具体的な安全対策を立案・指示するなど実質的な権限と結びついて初めて意味を持つ。その限度では、組織内における事故情報の扱いと結果回避義務とは不可分の関係に立つといえよう。

　(2)　本判決の第二の特徴は、被告人両名の注意義務の対象を「Ｄハブの強度不足に起因する事故」の防止に限定している点である。第一審判決は、本件事故の原因はＤハブの強度不足にあると推認できるとした。これに対し、原判決は、「Ｄハブの輪切り破損原因論を科学的に確定することが重要なのではなく、丙事故事案の処理の時点でリコールをすべき程度に強度不足の疑いが客観的にあったか否かに焦点を絞って検討すべき」であるとして、次のような注意義務を設定した。すなわち、「Ｄハブの強度不足の疑いによりリコールをしておけば、Ｄハブの輪切り破損による本件事故は確実に発生していなかったのであり、本件事故の原因が摩耗による輪切り破損であると仮定しても、事故発生を防止できたのであるから、リコールしなかったことの過失を認めることができるのである。すなわち、強度不足の疑いがある状況でリコールという適切な措置を取っておけば、摩耗による輪切り破損もあわせて防止できるのであるから、その注意義務を課することは、何ら過度の要求ではないのである。」というのである。

　しかし、このような判断は、「事後的客観的に見て、事故発生の本来的な原因が、製造物の欠陥以外の事情（たとえば使用者側の使用方法）にあったとしても、製品事故が疑われる時点でリコールをしていれば結果を回避できたのであるから、リコールをすべきであった」というに等しく、結果回避措置の義務付けの仕方としては問題がある。そのようなこともあってか、本判決は、本件事故がＤハブの強度不足に起因するとは認められないというのであれば、「被告人両名の上記義務違反に基づく危険が現実化したものとはいえないから、被告人両名の上記義務違反と本件事故

との間の因果関係を認めることはできない。」として、注意義務の内容を限定化すると共に注意義務違反と事故発生との間の連関を厳密に要求した[72]。

　この問題は、ドイツ刑法における議論で言えば、「本件製品の使用と結果発生との間の因果関係」の問題、すなわち、いわゆる「一般的因果関係」の問題ともいえる。製造業者に対する注意義務を課す前提として、製品の「欠陥」に起因して当該結果が発生したことを先行して認定すれば、製造業者の注意義務は限定化される。製品の欠陥以外の事情が原因であれば、製造業者の介入を根拠付けるためには、より強い根拠が必要であろう。本判決では必ずしも一般的因果関係の枠組みで論じているわけではないが、「本件事故がＤハブの強度不足に起因する」と認定することで、実質的に被告人らの注意義務の内容を限定しており、正当である。パロマガス湯沸器事件でも検討したように、拡大事故防止段階で被害の未然防止の観点から要求される措置であっても、発生した結果との関係では必ずしも刑法上の義務付けが正当化されるわけではないのである。もっとも、このような注意義務の限定化は、過失犯の理論との関係で、理論的に整理する必要があろう。ここでは、被害を未然に防止するという予防的観点が支配する場面と、結果の発生を前提に義務違反行為に帰属する場面の違いに留意する必要があるように思われる。

第4節　結語――判例理論の特質および問題点

1　判例理論の特質

(1)　製造・販売段階の刑事過失の特質
　製造物の製造・販売過程の過失責任が問われた事案の第一の特質として

は、行為者が、製造・販売過程に対する具体的な関与実態を持っているか否かが問題とされていることである。ここでは、「欠陥形成への実質的関与」が過失の実体となっている。

すなわち、小規模企業の場合は、代表取締役等の役員の過失が問題とはなっても、欠陥形成についての直接的過失と評してもよい過失が問題とされている（【判例A】および【判例B】）。また、従業員をして製造物の製造にあたらせている製造業者の過失が問題とされる場合は、従業員を介した間接的な過失とはいえ、現実的具体的な監督権限を前提とした監督過失が問われている（【判例C】および【判例D】）。いずれの場合も、刑法上の注意義務違反を認めるためには、一般的・抽象的な職責が認められるだけでは足りず、製造物の設計・製造過程に対する具体的な関与実態が前提とされているのである。そのような関与実態に基づいて製品の欠陥形成に寄与したことが過失責任の実体である。具体的には、【判例A】では、サルモネラ菌等の細菌を食品に付着させないよう衛生環境を保持すべきところ、それをせずに不衛生な環境のまま食品を加工したこと、【判例B】では、耐火性を考慮したサウナ風呂を作成すべきところ、それをせずに製造・販売し、危険性発覚後も改善措置を講じなかったこと、【判例C】および【判例D】でいえば、食品製造中に異物混入を防止すべきところ、それを見抜けずに有害物質が混入した食品を販売したことである。ここでの行為態様は、作為的なものもあれば不作為的なものも含まれた複合的な関与態様となっている。また、通常、現下の物的支配下にある「物」への現実的具体的な関与を見出すことが出来る。

逆に、現実的具体的な関与実態・監督権限が認められない場合には、過失責任が否定され（【判例C】の工場長である被告人B）、あるいは公訴事実中の一部の過失が否定されている（【判例B】における製造販売会社（Y株式会社）の被告人DおよびE）。

第二の特質としては、製品を製造販売した原因企業の規模が大きく、被

害原因となった製造物の製造過程に対する従業員等の関与形態が複雑になる事案においては、組織関係的観察に基づく過失判断の手法が採られていることである。それは、まずは特定された事故原因[73]との関係で、組織体として採るべき結果回避措置を設定し、次いで、組織内における具体的権限や関係業務への関与実態を踏まえて組織内の自然人に具体的な注意義務を配分し、その違反の有無を問うという手法である（【判例C】）。この手法は、単なる事実認定の手法というに留まらず、【判例C】で示されているように、「過失の構造をどのように捉えるのか」という過失の本質論と密接に関連している。

このように、製造・販売段階の刑事過失においては、①製品事故を惹起した原因業者への過失責任追及が問題とされ、②企業の規模や製造過程に対する従業員等の関与形態の複雑さに応じて、組織関係的な観察方法が採り入れられ、③製造・販売過程への現実的・具体的な関与実態、あるいは管理・監督権限を結節点として、製造物の安全面についての注意義務違反が問題にされているといってよい。

(2) 製品流通後の刑事過失の特質

製品流通後の刑事過失の第1の特質は、責任主体の人的拡大が見られることである。

製品流通後の刑事過失が問題とされる類型では、危険源たる製造物は、製造業者の物的支配から離れ、すでに消費者等の手に渡っていることを前提にする（【判例E】[74]、【判例F】、【判例G】[75]、【判例H】）。そしてここで問題とされる製造物は、基本的に、規定に沿って使用された場合であっても消費者に健康侵害をもたらす性質の危険を内包したものである。その危険は、消費者が任意に引き受けたものではない。つまり客観的状況として、消費者が任意に引き受けたわけではない危険物が、製造業者の物的支配外に放置されているのである。かかる客観的状況下において安全対策を

講じることができる者は、製造・販売業者に限定されるわけではないので、責任が追及される主体には、製造業者以外の者も含まれうる。実際、規制権限の不行使を理由に公務員の過失責任が問われる事案もあり（【判例 F】）、責任主体の人的拡大が見られる。【判例 G】においては、審理の中で、不正改造を経た湯沸器について、パロマ両社の責任者以外の主体（ガス供給会社やパロマ両社の監督官庁である経済産業省）による安全対策の可能性についても問題とされている。このような責任主体の人的拡大は、危険源となる製造物が、製造・販売業者の管理・支配下にないがゆえに生じる現象というべきである。また、この類型では、欠陥の原因を作り出した現場の従業員およびその監督者のような比較的下位の責任者ではなく、業務執行権限を有する取締役など、企業の上層部の過失責任が追及されるものも現れている（【判例 E】および【判例 G】）。

　この類型の第二の特質は、製造・販売業者の物的な支配下から離れている欠陥製造物を回収するなどの措置が求められ、実施すべき結果回避措置の内容が物理的に見て広範囲にわたるものとなっていることである。しかも、【判例 G】におけるように、官民共同で作成されたリコールハンドブックにおける予防措置的観点を大幅に取り入れた結果回避措置を設定するものが見受けられる。のみならず、【判例 H】の第二審判決のように、事故原因を厳密に特定することなく、製造物の欠陥以外の原因に基づく事故の回避措置までも義務づけようとする試みまで認められる。

　設定される措置が広範なものとなる一つの理由は、行為者の物的支配外にある危険源に対する監視を通じて、「危険源保有者」に対して働きかけをすることが問題とされているからである。製品流通段階では、すでに製品に危険が化体されていることを前提とした対策（【判例 E】、【判例 F】、【判例 H】）、あるいは製品流通後の第三者の不正改造等により危険が創出されていることを前提とする対策が問題とされている（【判例 G】）。つまり、製造物に危険性が化体され流通に置かれていることから、具体的な関

第 3 章　判例にみられる欠陥製造物に関する過失責任の特質　　209

与形態としては、品質保証部門などを通じた事故情報の把握を前提に（【判例E】ないし【判例H】）、製造物の危険性に対する注意喚起、補修・改修、交換回収・無償回収等の措置を消費者を代表とする「現実の製品保有者」に対して講じ（【判例E】および【判例H】）、あるいは第一次的責任者をして上記措置を行わせることである（【判例F】および【判例G】）。このように、ここでは行為者の物的支配外にある危険源に対する監視を通じて、「危険源保有者」に対して一定の働きかけをすることが求められているのである。

　このようなことから、製品流通後の過失は、不作為態様の過失が中心になっている。理論的には不作為犯論との接合が問題となるが、通常は、個別の行為態様が問題とされることはなく、過失犯の注意義務、とりわけ結果回避義務の問題として処理されている（【判例E】ないし【判例H】）。少なくとも最高裁レベルでは、業務上の注意義務の指摘があるのみで、正面から保証者的地位について言及されていない（【判例F】および【判例H】）。地裁レベルでは作為義務の指摘をするものもあるが（【判例F】の第一審判決）、前記のように、その理論構造を分析すると、過失犯の結果回避義務違反の判断の枠組みを超えているとはいえず、必ずしも不作為犯構成を採ったとは言い切れないものであった。判例全体の傾向としては、むしろ純然たる過失犯の問題として検討されているというべきである。

　そこでは、①製造物に内在する欠陥等を原因とした相当広範囲にわたる危険状況があることを前提として（【判例E】ないし【判例H】）、組織関係的な観察をベースに組織内の自然人に対して注意義務の振り分けを行い（【判例F】ないし【判例H】）、③安全対策に対する抽象的義務が刑法上の具体的注意義務に具現化する場面において過失責任を認めるという手法が採られているように思われる（【判例F】ないし【判例H】）。

(3) 製造・販売段階および流通段階における特質の異同

　過失を問題とすべき時点は異にするものの、製造・販売・流通段階を通じて問題とされる犯罪は、いずれも業務上過失致死傷罪である。そこには共通点と差異があるが、差異となる点がまさしく製品流通後の過失事例の固有の特質である。同時にこの特質に刑事過失として処罰できる実体が見出せるかが重要となる。

　第一の共通点は、大企業等の組織体の中の自然人の過失責任が追及される場面では、組織関係的な観察方法により具体的な注意義務が導かれていることである。

　第二に、製造・販売および流通のいずれの段階においても、過失責任の前提として、一定の実質的な関与が問題とされていることである。

　もっとも、製造・販売段階と製品流通段階とでは、その関与形態は同一ではない。これが製造・販売段階と製品流通段階との差異になる。製造・販売段階においては、製品事故の原因となった製品の「欠陥形成への実質的関与」が問題とされた。前記 (1) で指摘したように、ここでの関与は、作為的なものもあれば不作為的なものも含む複合的な関与態様となっているが、通常、現下の物的支配下にある「物」への現実的具体的な関与を見出し得るものであった。

　これに対し、製品流通後の過失事例の場合は、物的支配外の危険源に対する監視を通じて、「危険源保有者」に対して働きかけをしなかったことが問題である。ここでは、監視自体を基礎付ける根拠も問題となるが、従前の製品事故の処理などに対して、行為者が具体的な関わりを持っていたことや（【判例 G】および【判例 H】）、事故を惹き起こした一連の生物学的製剤の安全確保について一般的職責があること（【判例 F】）などが重視されている。

2　判例理論の問題点

　ドイツ判例の皮革スプレー事件判決、木材防腐剤事件判決などにおいては、製品流通後の製品回収に関連して製造業者の保証者的地位の有無が問題とされ、不作為犯論が展開されていた。しかし、これまでの考察で明らかなように、わが国の不作為態様の過失が問題とされた製造物事件では、少なくとも正面から不作為犯論が展開されたものはなく、純然たる過失犯の問題として扱われている。そして、とりわけ企業等の組織体の中の自然人の過失責任が問われ、組織関係的な観察方法が随所に取り入れられている。

　しかし、判例理論にも究明すべき問題がある。それは以下の三点である。

　第一に、不作為態様の過失犯について、純然たる過失犯の理論により説明することができるか否かである。後述するように、学説においては、不作為態様の過失を過失的不真正不作為犯の問題として扱う見解が有力である。そこで、判例の上記傾向を純粋な理論面から検討する必要がある。

　第二に、企業体の中の自然人の過失責任が問題となる場面おいて随所に取り入れられている組織関係的な観察と過失犯論との関係である。

　従前、学説における製造物過失の議論では、もっぱら回収義務の発生根拠論が中心的に論じられ、企業が負担する義務と組織内の自然人が負担する注意義務との関係について十分に議論されていなかった[76]。しかし、むしろ、わが国の判例実務においては、企業体の中の個人過失責任が問題となる場合、不作為犯論の側面ではなく、企業が負担する注意義務を自然人に分配するという法理が形成されていた。これについては、【判例C】において過失構造論と関連させて意識的に説明されているが、その後の製造物過失事例では、特に理論的説明はされず、いわば暗黙裏に用いられているのである（【判例F】ないし【判例H】）[77]。このようなことから、過失

の実体を踏まえて、過失犯論と組織関係的アプローチとの関係を理論的に説明する必要があろう。

　第三に、製造業者等に対する処罰限定法理をどこに見出すかである。

　これまでの考察から明らかなように、判例における製造物過失事例の問題は、実施すべき結果回避措置の内容が広範になる傾向があることである。市場に拡散した製造物を回収するという結果回避措置の性質自体が、その原因の一つではある。しかし、より大きな原因は、刑法上の結果回避措置の設定に際して、リコールハンドブックをはじめとした事前規制段階の被害の未然防止の視点が大幅に取り入れられ、場合によっては、具体的結果との関連が疑わしい措置まで求められることにあるように思われる。

　後述するように（第4章第3節）、わが国の学説においては、不作為態様の過失犯の処罰限定法理を保証者説に求めている。しかし、多数の学説の傾向は、ドイツ刑法における学説の議論と類似して、支配概念を拡張するなどして、むしろ処罰範囲を拡張する傾向の方が強いように思われる。また保証理論においては、行為主体の制限という機能を重視するあまり、具体的な結果回避措置の合理的な設定という点が看過される傾向にあるように思われる。

　むしろ、ここにおいて必要なことは、過失の実体を踏まえた上で、事前規制段階の予防措置そのものと区別された刑法上の注意義務設定の具体的プロセスを明らかにして、結果回避措置の合理的な限定を図ることである。また、前記1（3）で示した、判例上重視されている一定の実質的な関与実態の点についても、過失犯の理論の中でどのように組み入れるかについて検討すべきである。

　以上から、過失の実体を前提に、過失認定の理論的枠組みを確保するとともに、その枠組みの中で如何なる考慮要素をどのように位置づけるかを議論すべきである（第4章第4・5節）。

注

1) 仙台地判昭和49年10月11日刑月6巻10号1035頁、判時763号24頁。
2) 仙台高判昭和52年2月10日判時846号43頁。
3) 仙台地判昭和56年7月2日刑月13巻10・11号764頁、判タ469号161頁。
4) 本件に関する評釈等として、内田文昭（1975）112頁（第一審判決）、小山雅亀（1978）85頁（第二審判決）、山中敬一（2011）14頁以下。
5) たとえば、刑月6巻10号1037頁（差戻し前第一審）、刑月13巻10・11号771頁（差戻し後第一審）。
6) 東京地判昭和49年6月25日刑集33巻7号734頁。
7) 東京高判昭和53年3月28日刑集33巻7号748頁。
8) 最決昭和54年11月19日刑集33巻7号728頁。
9) 本決定の評釈等として、稲田輝明（1980a）85頁、（1980b）348頁、秋山哲治（1980）195頁、野村稔（1980）198頁、山中・前掲書16頁以下。
10) 東京地判平成17年9月30日判時1921号155頁。詳細は、稲垣悠一（2010）127頁参照。
11) 稲垣・前掲書144頁。
12) 徳島地判昭和38年10月25日下刑集5巻9/10号977頁、判時356号7頁。
13) 高松高判昭和41年3月31日高刑集19巻2号136頁、判時447号3頁。
14) 最判昭和44年2月27日裁判集刑事170号383頁、判時547号92頁、判タ232号168頁。
15) 徳島地判昭和48年11月28日刑月5巻11号1473頁。
16) 本判決の評釈等として、福田平（1974）156頁、内田（1974）102頁、中義勝（1974）136頁、板倉宏（1974）83頁、大谷實（1974）34頁、樋口亮介（2009）58頁、山中・前掲書6頁以下。
17) 樋口・前掲書53頁。
18) 刑月5巻11号1524～1525頁。
19) 福岡地小倉支判昭和53年3月24日刑月10巻3号313頁、判時885号17頁。
20) 福岡高判昭和57年1月25日刑月14巻1・2号26頁、判例タイムズ469号134号。
21) 本件の評釈等として、板倉（1978）85頁（第一審）、松尾邦弘（1978）39頁（第一審）、山中・前掲書9頁以下。
22) 日山恵美（2003）163頁。甲斐克則（2006）161頁もこれに賛同している。
23) 日山・前掲書166頁。
24) 東京地裁（東京地判平成13年3月28日判時1763号17頁）は、元帝京大第一内科長の医師について、結果の予見可能性がないなどとして無罪判決を言い渡した。その後、検察官が控訴したが、被告人が死亡したため、公訴棄却となった。

25) 大阪地判平成 12 年 2 月 24 日判時 1728 号 163 頁。
26) 大阪高判平成 14 年 8 月 21 日判時 1804 号 146 頁。
27) 最決平成 17 年 6 月 27 日判例集未搭載。
28) 控訴審判決を含めた評釈等としては、甲斐 (2003b) 239 頁、北川佳世子 (2006) 181 頁、岩間康夫 (2010) 127 頁以下、山中・前掲書 21 頁以下など。
29) 北川・前掲書 186 頁。
30) 日山・前掲書 167 頁、北川・前掲書 186 頁、甲斐 (2006) 163 頁、山中・前掲書 25 頁。
31) 北川・前掲書 186 頁。
32) この点、控訴審判決は、「加熱クリスマシン HT の販売後も引き続き非加熱クリスマシンを販売するとの営業方針を常務会等で了承し、その後も、非加熱クリスマシンの販売を継続するとともに、販売済みの非加熱クリスマシンを回収する措置を採らないという過失を犯したものである。」(傍点筆者) としている。
33) 東京地判平成 13 年 9 月 28 日刑集 62 巻 4 号 791 頁、判時 1799 号 21 頁。
34) 東京高判平成 17 年 3 月 2 日刑集 62 巻 4 号 1187 頁。
35) 最決平成 20 年 3 月 3 日刑集 62 巻 4 号 567 頁、判例時報 2004 号 158 頁、判例タイムズ 1268 号 127 頁。
36) 本決定についての評釈等については、次のようなものがある。家令和典 (2008) 166 頁、玄守道 (2008) 1 頁、林幹人 (2008b) 57 頁、北川 (2009) 73 頁、稲垣 (2009) 147 頁、岡部雅人 (2009) 316 頁、松宮孝明 (2009) 187 頁、齊藤彰子 (2009) 172 頁、鎮目征樹 (2009) 3 頁、甲斐 (2009) 1 頁、山中・前掲書 25 頁以下など。

　なお、第一審判決の評釈等については、次のようなものがある。大塚裕史 (2002) 69 頁、前田雅英 (2002) 3 頁、山口厚 (2002) 10 頁、常岡孝好 (2002) 19 頁、北川 (2002) 44 頁、船山泰範 (2002) 19 頁、林 (2002) 20 頁、鎮目 (2003) 29 頁、大塚裕史 (2003) 67 頁、塩見淳 (2003) 81 頁、甲斐 (2003a) 112 頁、北川 (2006) 181 頁、島田聡一郎 (2006) 26 頁、齊藤 (2006) 45 頁；(2008) 50 頁など。
37) 鳥取地判昭和 50 年 4 月 15 日判タ 329 号 344 頁 (工事発注担当者の県監督員の責任が問題となったが無罪)、東京高判昭和 58 年 5 月 23 日判時 1083 号 51 頁 (新四ツ木橋事件。建設省関東地方建設局首都国道工事事務所新四ツ木出張所長の責任が問題となったが無罪の 1 審判決 (東京地判昭和 54 年 6 月 25 日判時 941 号 6 頁) が維持された)、大阪地判昭和 60 年 4 月 17 日判時 1165 号 28 頁 (天六ガス爆発事件。工事発注者である大阪市交通局職員の責任が問われ、有罪となっている)、宮崎地判昭和 62 年 3 月 26 日判タ 663 号 213 頁 (橋の設計・工事指揮監督の担当者であった市建設課長の責任が問われたが、無罪)、横浜地判昭和 62 年 3 月 26 日判

時 1232 号 56 頁（川崎崖崩れ実験事故事件。崖崩れ実験の責任者である科学技術庁国立防災科学技術センター第 2 研究部長、同地表変動防災室長の責任が問題となったが、いずれも無罪）、仙台高判昭和 63 年 1 月 28 日高刑集 41 巻 1 号 1 頁（防水工事の発注者である防水維持管理担当の市職員の責任が問われたが、無罪）、最決平成 13 年 2 月 7 日刑集 55 巻 1 号 1 頁（工事発注者である千葉県の溢水を防ぐための設備の管理担当者の責任が問われ、有罪）、さいたま地判平成 20 年 5 月 27 日 LEX/DB【文献番号】28145367（ふじみ野プール事件。ふじみ野市教育委員会が所管する社会体育施設（プール）を管理する同市教育委員会体育課長、同課管理係長の責任が問われ、いずれも有罪）、神戸地判平成 23 年 3 月 10 日 LEX/DB【文献番号】25443592（大蔵海岸人工砂浜陥没事件。国土交通省近畿地方整備局姫路工事事務所工務第一課長、同事務所東播海岸出張所長、明石市土木部海岸・治水担当参事、同市土木部海岸・治水課長の 4 名が、大蔵海岸の人工砂浜および突堤の管理・維持等の責任が問われ、第一審（神戸地判平成 18 年 7 月 7 日刑集 63 巻 11 号 2719 頁）は予見可能性を否定し全員無罪としたが、第二審（大阪高判平成 20 年 7 月 10 日刑集 63 巻 11 号 2794 頁）は第一審判決を破棄し、原審に差戻した。最高裁（最決平成 21 年 12 月 7 日刑集 63 巻 11 号 2641 頁）も第二審判決を追認。差戻し審で、1 名の審理が分離されたが、結局 4 人全員の過失責任が認められている。）。

　この問題についての詳細は、島田（2004）1 頁参照。

38) 東京地判昭和 53 年 8 月 3 日判時 899 号 48 頁（スモン訴訟第一審判決）、最判平成 7 年 6 月 23 日民集 49 巻 6 号 1600 頁（クロロキン薬害訴訟上告審判決）などが挙げられる。

39) これに対し、丹羽正夫（1998）50 頁は、厚生省による非加熱製剤承認を理由に、厚生省職員を単なる監督者として位置づけることについて、一定の留保をしている。また排他的支配説の立場から、本件では監督責任ではなく危険源の管理責任が問題となっているとするものとして、北川（2009）78 頁がある。

40) たとえば、川治プリンスホテル火災事件（最決平成 2 年 11 月 16 日刑集 44 巻 8 号 744 頁）、千日デパートビル火災事件（最判平成 2 年 11 月 29 日刑集 44 巻 8 号 871 頁）、ホテルニュージャパン火災事件（最決平成 5 年 11 月 25 日刑集 47 巻 9 号 242 頁）が挙げられる。

41) これに対し、そもそも国の薬事行政（特に血液事業政策についてのもの）による薬害の防止義務は、製薬会社のそれに優先するとの考えもある（町野朔ほか「座談会」（2002）42〜43 頁〔鈴木利廣発言部分〕）。

42) 山中（2008）395 頁。

43) 酒井安行（1995 年）122 頁。

44) 過失犯論と不作為犯論とが錯綜する場合の理論モデルについては、日髙義博（2006）139頁以下参照。
45) 刑集62巻4号1156頁。
46) もっとも、公訴事実2との関係では、公訴事実1当時以降のエイズに関する研究の進展により、「HIV感染」に関する認識については、公訴事実1当時よりも明らかに濃密な認識が可能になったとしている（刑集62巻4号1056頁）。
47) 刑集62巻4号1056頁。
48) 刑集62巻4号1084頁。
49) 帝京大ルート第一審判決も本件第一審判決と同様の理論構成をとっており、帝京大ルートに関する井田良（2001）32頁も、同判決が新過失論に立脚していると評価されている。
50) 林（2002）57頁以下、北川（2009）73頁以下、甲斐（2003a）112頁以下など。
51) 刑集62巻4号830〜831頁。
52) 齊藤（2008）94頁。
53) 東京地判平成22年5月11日判タ1328号241頁。
54) 本判決の評釈等として、久保利英明（2010）74頁、神例康博（2011）102頁以下、川崎友巳（2010）18頁以下がある。
55) もっとも、本件湯沸器に短絡を行ったとされるDは、本件事件の起訴前である平成19年8月24日に死亡している。
56) 本件事故との関係では、本件事故の直接の原因が特定され、パロマCサービスショップによる本件湯沸器の修理履歴も存在していた。そのため、事故防止対策としては、あえて全国の7機種にまで対象を広げなくとも、パロマサービスショップによる修理対象となった7機種、さらにいえばパロマCサービスショップに修理履歴のある7機種の範囲内で注意喚起や点検・回収を行っていれば、本件事故の発生は回避することができたともいえる。しかし、本判決は、それは「結果論である」として、結果発生前のとるべき安全対策としては、全国に存在するすべての7機種を対象とした対策が必要であるとしている。
57) 本件湯沸器を含む7機種が端子台において容易に短絡できる構造になっていたこと、そのような性状が短絡を促し、短絡による危険の発生に一定の寄与をしていたことは指摘されているが、それをもって湯沸器自体に欠陥があったとまではいえないであろう。
58) 川崎・前掲書20頁。
59) 神例（2011）106〜107頁も同旨。
60) 判タ1328号267頁。
61) (1)の点（7機種が端子台において容易に短絡できる構造になっていたこと）につ

き、「パロマ両社に対して、短絡事故の防止対策をとるべき義務を課す一つの根拠となりうる」とする箇所（判タ 1328 号 267 頁）、(2) の点（パロマ両社が一連の事故情報を把握していたこと）につき、「パロマ両社が事故に関する重要な情報を相当程度入手し、集約していたこと自体が、（中略）パロマ両社において事故防止対策をとるべき義務を負う一つの根拠となりうる」とする箇所（同 269 頁）、(3) の点（パロマがパロマサービスショップを告知、宣伝し、修理業務を行わせていたこと）につき、「パロマ両社において、他の修理業者によるものも含めて、7 機種の修理に起因する危害を防止する対策をとるべき義務を負っていたことの、一つの根拠になる」とする箇所（同 271 頁）など（いずれの傍点も筆者が付したものである）。

62) 判タ 1328 号 275 頁。
63) パロマ工業はパロマの 100% 子会社であり、パロマ両社の本店は同一敷地内にあり、役員、社員の中には両社を兼務する者もいるなど、両社は実質的に一体の会社であった。また、パロマ工業の製品については、パロマ工業の品質管理部が、品質管理、品質保証活動の推進および顧客クレームの調査に関する事項、並びに同社製品による死亡および負傷事故の調査・対策等の業務を取り扱っていた（判タ 1328 号 248 頁）。
64) 被告人 A は、パロマ両社の業務を統括し、最高責任者として執務しており、年 1 回開催される取締役会以外に開催されていた「昼食会」（パロマ両社の取締役等が参加し、休日を除き毎日開催）において、パロマ工業品質管理部の所管事項を含め、パロマ両社の業務の重要事項につき報告を受けて最終的な判断を下していた。被告人 B は、パロマ工業の正式な品質管理部長として、その業務を統括し、パロマ工業製品による死傷事故の調査・対策等の職務に従事し、パロマ工業の事故対応に関する責任者として活動していた。パロマ工業の職務分掌規定上、製品のリコール（点検・改修等）を検討、実施すべき部署について明確な定めはないが、過去に実施されたリコールにおける対応状況などから、本件においても、リコールを行うとすれば、被告人両名は同様の役割を果たすことになっていたとしている（判タ 1328 号 248〜249 頁）。
65) 被告人 A については、「パロマ両社において、昭和 56 年 3 月以降本件事故までの間、代表取締役社長ないし同会長として、製造販売品の安全確保、事故対応、リコールを含む業務全般を統括し、これらについて事実上の最終決定権限を有していたのであるから、検察官主張の平成 13 年 1 月 5 日ころから本件事故までの間において、自らないし被告人 B 等のパロマ両社の関係部署の担当者らに指示するなどして、上記注意喚起の徹底、点検・回収の措置をとるべき刑法上の注意義務を負う立場にあった」としている。被告人 B については、「パロマ工業において、

平成2年4月以降、品質管理部に所属し、平成9年4月から平成14年8月31日までと平成17年4月1日から本件事故当時まで品質管理部長の地位にあり、その間、同社製品の事故情報の収集、原因の調査、事故対策の策定等の職務に従事し、被告人Aらに報告して指示を受けるなどして、同社製品の安全対策の実務上の責任者として活動していたものであるから、検察官主張の平成13年1月5日ころから本件事故までの間の品質管理部長の職にあった時期において、被告人Aに進言して指示を仰ぎつつ、自らないしはパロマ両社の関係部署の担当者らに指示するなどして、上記措置をとるべき刑法上の注意義務を負う立場にあった」としている（判タ1328号275〜276頁）。

66) 横浜地判平成19年12月13日判タ1285号300頁。
67) 東京高判平成21年2月2日LEX/DB【文献番号】25450861。
68) 最決平成24年2月8日裁判所時報1549号14頁。
69) 第二審判決までの評釈等としては、岩間（2010）129頁以下、山中（2011）30頁以下。
70) Dハブについて、開発当時にこの実走行実働応力試験が実施されておらず、その強度が、客観的データに基づいて確かめられてはいなかったことは指摘されているが、それが先行行為に当たるというような検討はされていない。
71) 鎮目（1999）366頁以下、大塚裕史（2002）73頁以下。
72) 「危険の現実化」という概念が如何なる意味を有するかについて検討したものとしては、林（2011）7頁以下。
73) ここにおいては、【判例A】におけるように、疫学的証明による因果関係認定の余地はある。
74) 加熱クリスマシンHT承認後に非加熱クリスマシンを販売する段階では、当該非加熱クリスマシンはミドリ十字の物的支配内にあるが、販売中止義務に違反して販売した後の非加熱クリスマシンについてはその物的支配外に置かれている。
75) 【判例G】では、パロマにより欠陥のある製品が販売されたわけではないが、不正改造を経た危険源が拡散している状況であった。
76) 近時この問題について検討するものとして、樋口（2009）58頁以下参照。これに対して、日山（2003）177頁は、組織関係的観察方法について否定的に述べている。
77) 製造物過失以外の事例において、組織関係的観察方法を取り入れたものとしては、千日デパートビル火災事件（最判平成2年11月29日刑集44巻8号871頁）が挙げられる。

参考文献

秋山哲治（1980）「サウナ風呂の開発・製作の担当者がその構造設置につき耐火性を十分検討・確保しなかった場合、サウナ風呂の失火について、業務上失火罪が成立するか」『判例時報』969 号

板倉宏（1974）「企業犯罪と刑事法の課題——森永砒素ミルク中毒事件差戻審判決（徳島地判昭 48・11・28）を機縁に」『法律時報』46 巻 2 号

板倉宏（1978）「結果予見可能性と過失責任——カネミ油症刑事事件判決」『Law School』1 巻 1 号

井田良（2001）「薬害エイズ帝京大学病院事件第一審無罪判決をめぐって」『ジュリスト』1204 号

稲垣悠一（2009）「行政官僚の監督責任と『不作為的過失』——薬害エイズ厚生省ルート事件決定について」『専修法研論集』44 号

稲垣悠一（2010）「大型自動回転ドアの設置・管理・運行責任と不作為的過失」『専修法研論集』46 号

稲田輝明（1980a）「サウナ風呂の開発・製作の担当者がその構造につき耐火性を検討・確保しなかった場合と業務上失火罪の成否」『ジュリスト』713 号

稲田輝明（1980b）「サウナ風呂の開発・製作の担当者がその構造につき耐火性を検討・確保しなかった場合と業務上失火罪の成否」『法曹時報』32 巻 5 号（最判解刑事篇昭和 54 年度）

岩間康夫（2010）『製造物責任と不作為犯論』成文堂

内田文昭（1974）「過失犯における結果の予見可能性と回避可能性——森永ドライミルク中毒事件差戻後第一審判決」『判例タイムズ』309 号

内田文昭（1975）「さつまあげに付着したサルモネラ菌を原因として発生した集団食中毒事件につき、右付着の原因・経路が不明であり、訴因とされた過失が認められないとして、右さつまあげ製造販売業者に無罪が言渡された事例」『判例タイムズ』320 号

大谷實（1974）「企業の刑事責任——森永ドライミルク事件差戻審判決をめぐって」『法学セミナー』220 号

大塚裕史（2002）「薬害エイズ厚生省ルート第一審判決について」『現代刑事法』4 巻 3 号

大塚裕史（2003）「薬害エイズ三判決と予見可能性論」『刑法雑誌』42 巻 3 号

岡部雅人（2009）「公務員の過失不作為犯について——薬害エイズ事件厚生省ルート最高裁決定をめぐって」『姫路法学』49 号

甲斐克則（2003a）「薬害と刑法・その 3——薬害と官僚の刑事責任」『現代刑事法』5 巻

8 号

甲斐克則（2003b）「薬害と製薬会社幹部の刑事責任——薬害エイズ事件ミドリ・ルート判決に寄せて」『広島法学』27 巻 2 号

甲斐克則（2006）「欠陥製品の製造・販売と刑事過失」斉藤豊治ほか編『神山敏雄先生古稀祝賀論文集・第 1 巻』成文堂

甲斐克則（2009）「企業犯罪と公務員の刑事責任——薬害エイズ事件厚生省ルート最高裁決定を契機として」『早稲田法学』85 巻 1 号

亀井源太郎（2010）『刑事立法と刑事法学』弘文堂

家令和典（2008）「時の判例 HIV（ヒト免疫不全ウイルス）に汚染された非加熱血液製剤を投与された患者がエイズ（後天性免疫不全症候群）を発症して死亡した薬害事件について，厚生省薬務局生物製剤課長であった者に業務上過失致死罪の成立が認められた事例」『ジュリスト』1361 号

川崎友巳（2010）「企業不祥事の経営者の刑事責任——『パロマガス湯沸器事件』判決の射程と経営者の注意義務」『月刊監査役』576 号

神例康博（2011）「強制排気式ガス湯沸器が不正改造が原因で不完全燃焼を起こし，居住者他 1 名が一酸化炭素中毒により死傷した事故について，同湯沸器を製造・販売した会社の代表取締役社長および品質管理部長に，点検・回収等の措置を講じなかった過失があるとされて，業務上過失致死傷罪の成立が認められた事例——パロマガス湯沸器事件」『刑事法ジャーナル』28 号

北川佳世子（2002）「薬害エイズ 3 判決における刑事過失論」『法学教室』258 号

北川佳世子（2006）「欠陥製品回収義務と刑事責任——市販の製品回収義務の根拠をめぐるわが国の議論」斉藤豊治ほか編『神山敏雄先生古稀祝賀論文集・第 1 巻』成文堂

北川佳世子（2009）「行政官の不作為と刑事責任」『刑事法ジャーナル』14 号

久保利英明（2010）「解説パロマ地裁判決——生命を脅かす製品事故における取締役の刑事責任」『ビジネス法務』10 巻 9 号

小山雅亀（1978）「過失犯と訴因の特定——さつまあげ中毒事件控訴審判決」『同志社法学』150 号

齊藤彰子（2006）「公務員の職務違反の不作為と刑事責任」『金沢法学』49 巻 1 号

齊藤彰子（2008）「公務員の職務違反の不作為と刑事責任」『刑法雑誌』47 巻 2 号

齊藤彰子（2009）「薬害エイズ厚生省事件最高裁決定」『ジュリスト臨時増刊』1376 号（平成 20 年度重要判例解説）

酒井安行（1995）「管理・監督過失における実行行為」西原春夫・渥美東洋編『刑事法学の新動向（上巻）：下村康正先生古稀祝賀』成文堂

塩見淳（2003）「瑕疵ある製造物を回収する義務について」『刑法雑誌』42 巻 3 号

鎮目征樹（1999）「刑事製造物責任における不作為犯論の意義と展開」『本郷法政紀要』8号

鎮目征樹（2003）「行政官の作為義務――薬害エイズ厚生省事件第1審判決」『判例セレクト2002』〔法学教室270号別冊付録〕

鎮目征樹（2009）「公務員の刑法上の作為義務」『研修』730号

島田聡一郎（2004）「国家賠償と過失犯――道路等管理担当公務員の罪責を中心として」『上智法学論集』48巻1号

島田聡一郎（2006）「薬害エイズ事件判決が過失犯論に投げかけたもの」『刑事法ジャーナル』3号

常岡孝好（2002）「行政の不作為による刑事責任――行政法学からの一考察」『ジュリスト』1216号

中義勝（1974）「業務上過失致死傷――森永ドライミルク事件」『ジュリスト臨時増刊』565号（昭和48年度重要判例解説）

丹羽正夫（1998）「日本における薬害エイズ――厚生省職員の刑事責任をめぐる問題を中心に」『法政理論』30巻3号

野村稔（1980）「サウナ風呂の開発・製作の担当者と業務上失火罪」『ジュリスト臨時増刊』718号（昭和54年度重要判例解説）

林幹人（2002）「国家公務員の作為義務」『現代刑事法』4巻9号

林幹人（2008b）「国家公務員の刑法上の作為義務」『法曹時報』60巻7号

林幹人（2011）「過失不作為犯の現状――最高裁平成21年12月7日決定、最高裁平成22年5月31日決定、最高裁平成22年10月26日決定を契機として」『法曹時報』63巻12号

樋口亮介（2009）「資料　刑事判例にみる注意義務の負担主体としての法人」『北大法学論集』60巻4号

日髙義博（2006）「管理・監督過失と不作為犯論」斉藤豊治ほか編『神山敏雄先生古稀祝賀論文集・第1巻』成文堂

日山恵美（2003）「刑事製造物責任と取締役の行為主体性」『広島法学』26巻4号

玄守道（2008）「HIVに汚染された非加熱製剤を投与された患者がエイズを発症し死亡した事件で、当時の厚生省薬務局生物製剤課課長であった者に業務上過失致死罪が認められた事例」『速報判例解説刑法』No. 26（Z18817009-00-070260209）

福田平（1974）「過失犯における予見可能性と監督義務違反――森永ドライミルク中毒事件」『判例時報』743号

船山泰範（2002）「薬害エイズと過失犯」『現代刑事法』4巻6号

前田雅英（2002）「エイズ禍と刑事過失」『判例タイムズ』1076号

町野朔・伊東研祐・小幡純子・鈴木利廣・松本孝夫（2002）「座談会　薬害エイズ事件

をめぐって」『法学教室』258 号
松尾邦弘（1978）「食品公害と業務上の過失責任」『法律のひろば』31 巻 7 号
松宮孝明（2009）「薬害エイズ事件厚生省ルート最高裁決定」『判例時報』2030 号
山口厚（2002）「薬害エイズ事件三判決と刑事過失論」『ジュリスト』1216 号
山中敬一（2008）『刑法総論』〔第 2 版〕成文堂
山中敬一（2011）「刑事製造物責任論における作為義務の根拠」『関西大学法学論集』60 巻 5 号

第4章
不作為態様の過失犯に関する議論状況
——とりわけ製品流通後の刑事過失について

第1節　考察の視点

　1　前章で検討したように、欠陥製品に起因する消費者の死傷事故に関する製造業者等の刑事過失責任については、実務上、大きく分けると、二つの段階の過失が問題とされてきた[1]。一つは、製品の設計・製造段階の過失であり、もう一つは、製品流通段階の過失である。これらの製造物過失の事例では、現実の行為態様としては、作為態様の場合もあれば、作為と不作為の混合形態の場合、さらには不作為態様の場合もあった。これらの場合について、判例上は、いずれも純然たる過失犯論の問題として処理されている。

　これに対し、学説では、製品不回収のように不作為態様の過失が全面に出る場面においては、過失的不真正不作為犯[2]の成否が問題となるとして、第1章のドイツでの議論と同じように、故意の不真正不作為犯と同様、製造業者等の作為義務ないし保証者的地位の発生根拠が議論されている。不作為態様の過失が問題になるのは、製造業者等による製品不回収の場面だけではなく、大規模火災の領域における防火管理責任者等の管理・監督過失責任、危険物ないし公物管理の場面における公務員の管理責任の場合でも問題になる。

　2　しかし、そもそも不作為態様の過失犯は、不真正不作為犯なのであ

ろうか。近時の製造物過失に関する議論においては、過失的不真正不作為犯の問題であることが当然の前提となっている。しかし、その前提として、不作為犯論と過失犯論との理論的連結点について十分に論じられないまま、保証者説が援用されているように思われる。

そこで、本章では、前章までの分析の結果を前提に、流通した製品の欠陥が明らかになった後の製品不回収等を理由とした過失責任追及の場面の中心に、不作為態様の過失犯の理論的問題点を検討する。検討すべき課題としては、次のようなものがある。

第一に、保証者説の機能についてである。

不真正不作為犯論における作為義務（保証義務）ないし保証者的地位の発生根拠論については、主として、殺人罪、放火罪などの「故意犯」を中心に議論されてきた。そして、ドイツおよびわが国のいずれにおいても、いわゆる保証者説が通説となっている。学説史的には、保証者説は、ナーグラーの提唱にかかる。もっとも、それ以後の保証者説は、分離理論の導入、等価値性の強調など、当初とはその様相を異にしている。また、近時わが国においては、保証者説の機能として、「主体の選別」を強調する見解が現れている。このように、一口に保証者説といっても極めて多様な内容を持つ概念となっているのである。学説では、このような多義的な内容をもつ保証者説が「不作為態様の過失犯」においても適用されている。しかし、不作為犯論において、犯罪論体系上、保証者説が具体的にどのように機能しているのか不明確である。そこでまず、大本である故意不作為犯論において、保証者説がどのような内容と犯罪論体系上の機能を有しているのかを明らかにする必要がある[3]（後述第2節）。

第二に、第一の点の考察を前提にして、保証者説と過失犯の成立要件、特に注意義務の内容との理論的関係を明らかにする必要がある。わが国においては、いわゆる新旧過失論争において、過失犯の構造の捉え方について長く議論されており、欠陥製品不回収の場面においても、過失構造の捉

え方如何によって、理論上の問題点や解決方法も異なってくるように思われる（後述第3節）。

　第三に、過失犯の実行行為の実体をどのように捉えるかである。この中で過失犯の注意義務の実体と不作為犯の作為義務との関係も考察される（後述第4節1ないし2）。

　第四に、過失犯の存在構造・規範構造と不真正不作為犯の関係である。ここにおいて、不作為態様の過失犯を不真正不作為犯として捉えるべきか否かが検討される（後述第4節3）。

　第五に、以上の構造を踏まえた上で、過失犯の理論の側面から、組織体の中の自然人の注意義務を導き出す枠組みを示す（後述第5節）。

　以上の検討をとおして、本章においては、いわゆる新過失論の立場から、流通した欠陥製品の回収の場面を中心に、純然たる過失犯の理論により不作為態様の過失犯の理論構成を提示することを目的とする。

第2節　保証者説の内容

1　ナーグラーの保証者説

　（1）保証者という概念を初めに提唱したのは、ヨハネス・ナーグラー（Johannes Nagler）である。その理論[4]の特徴は、次のようなものである。

　第一に、不真正不作為犯の問題を構成要件該当性、特に実行行為の問題としたこと、第二に、保証義務（Garantieverpflichtung）を媒介として不真正不作為犯の等置問題（Gleichstellungsproblem）を解決しようとしたことである。すなわち、構成要件的結果の発生を防止すべき特別の法的義務のことを保証義務、そして、その保証義務を負う者を保証者（Garant）と呼び、この者の不作為のみが、作為犯の構成要件に該当するとしたので

ある。

　以上の特徴を有するナーグラーの理論は、学説史的には[5]、当時の二つの潮流に対抗する意味があった。一つは、当時の通説的見解である違法性説である。もう一つは、民族共同体思想を基調とするキール学派の不作為犯論である。

　違法性説は、法的作為義務違反を違法段階で判断するため、法的作為義務なき者の不作為も構成要件に該当することになってしまうという問題があった。それにより、不真正不作為犯の場合だけ、構成要件の違法性推定機能が働かなくなってしまうなど、犯罪論体系上の難点が生じたのである。ナーグラーの保証者説の第一の意義は、不真正不作為犯の問題を構成要件該当性の段階に繰り上げることで、上記の犯罪論体系上の難点を解決したことにある[6]。もっとも、不真正不作為犯論を構成要件該当性の問題とすることは、ナーグラー以前にも、カール・エンギッシュ（Karl Engisch）[7]やハインリヒ・ドロスト（Heinrich Drost）[8]によって提唱されており、構成要件的解決をすること自体には新規性はない。

　ナーグラーの理論で最も重要なことは、これまでの構成要件的解決の理論を基礎として、保証思想（Garantiegedanke）を導入し、これにより、キール学派の動きに対抗しようとした点にある[9]。すなわち、キール学派は、「全体的で具体的な観察」のもとに刑法理論を新しく構築するために、いわゆる「行為者類型説」（Die Lehre von Tätertyp）を提唱し、法律上の義務と道徳上の義務との区別を撤廃しようとした。この動きに対抗するために、ナーグラーは、保証義務という結果回避のための特別の法的義務を要求し、作為義務の範囲を限定しようとしたのである[10]。

　(2) 上記のようにナーグラーの保証者説では、保証者なる概念は用いられている。しかし、そこでは、保証者としての地位自体が重視されていたわけではないことを注意しなければならない。ナーグラーは、保証者説を

導入することで従来の理論が特別の変更を受ける点について次のように述べている。すなわち、「保証者は、法秩序の意思に従ってのみ、社会的活動の中で全く特別の地位を獲得する。保証者は、法共同体に対する一定の責任関係（Haftungsverhältnis）を持つのである。この法的地位は、様々な方法から基礎づけうるものであるが、これに関して常に決定的なのは、法秩序の防衛への招致（Berufung）それ自体である。この法的形象は、常に、『特別の法的義務』（spezielle Rechtspflicht）と名付けられる。（中略）特別の法的義務がまさに保証機能を基礎づけているものでなければならないという点において、従来の理論は、まさに特別の変更を求められるのである」[11]というのである。このように、ナーグラーは、特別の法的義務、すなわち保証義務を有する者を保証者としているに過ぎないのである。そのため、構成要件該当性判断で重視されているのは、「行為者性」（Täterschaft）ではなく、あくまで不作為者の保証義務の有無というべきであろう[12]。この意味で、ナーグラーの保証者説では、保証義務の存在は、「行為者選別」的機能を営むものではなく、「行為選別」的機能を営むものとして捉えられていたと評することができる[13]。このことは、この学説が、もともと「行為者類型説」に対するアンチテーゼとして提唱された経緯からすれば明らかである。不真正不作為犯の問題性を実行行為の問題とする第一の特徴はこのことを示しているのである。

　以上のことは、構成要件の機能をどのように捉えるかという問題とも関わるが[14]、今日の保証者説の展開を検討する上で、念頭に置かねばならないことである。

2　その後の保証者説の展開

　その後の保証者説は、ナーグラーの保証者説とは異なる方向性をたどり、犯罪論体系上、様々な機能が想定されるようになった。

顕著な特徴としては、第一に、保証義務が保証者的地位（Garantenstellung）と保証者的義務（Garantenpflicht）に分離され、前者は構成要件的要素であるが、後者は違法要素とする見解が主張されていることである。第二の特徴は、等価値性が強調されていることである。そして第三の特徴は、保証者と被害者の保証義務関係を実質的に把握して、保証者的地位を分類・体系化する傾向があることである。

　(1) いわゆる分離理論について
　1) 第一の点については、主として錯誤論（法的作為義務の錯誤）の解決を目的として提唱されたものであり[15]、分離理論（Spaltungstheorie）[16]あるいは区別理論（Differenzierungstheorie）[17]と称される見解である。
　この立場は、保証者的義務とそれを基礎づける地位とは別であるとの認識を出発点とするため、「保証者的地位」の概念は、ナーグラーの保証者概念とは若干異なった内容になっている。たとえば、侵害された法益と近接した結びつきを有する密接かつ特別の生活関係[18]、結果発生を防止するための法的作為義務を負わせるための種々の事情であって、こうした義務発生の実体的な前提条件[19]などと称される。ここでは、保証義務ないし法的作為義務それ自体を問題とするのではなく、特定の法益と不作為者との自然的結合関係（natürliche Verbundenheit）や、緊密な共同体関係（enge Gemeinschaftsbeziehungen）などの事実的な考察から、保証者という「地位」の有無を問題にすることになるので、「行為者選別」的志向が顕著といえる[20]。ここでは、不真正不作為犯は一種の真正身分犯として捉えられているのである[21]。もちろん、ナーグラーの保証者説のように、保証義務の行為選別的機能を重視した場合でも、保証義務を有する者の不作為のみが構成要件に該当することになるので、結果的には、不真正不作為犯を一種の身分犯と位置づけることは可能である。しかし、分離理論においては、不作為者の「地位」が前面に出ることになるので、身分犯とし

ての性格が強調されることになるのである。その意味では、行為者類型説との類似性があるといえるであろう[22]。わが国においても分離理論を採用する論者はいるところである[23]。

ここで注意すべきことは、この理論は、法的作為義務の錯誤について、いわゆる「相対的な構成要件的解決」をすることを想定して提唱された理論であるということである[24]。つまり、法的作為義務を認識しなかった不作為者の中には、構成要件該当事情を認識し、しかも行為の遂行が可能であることを知りながら、自己の作為義務を意識するに至らなかった者も含まれるところ、このような不作為者を故意犯として処罰するために、いわば政策的に保証者的義務を保証者的地位から分離して違法要素とし、前者の錯誤を違法性の錯誤（禁止の錯誤）として処理しようとした側面があるのである[25]。

しかし、そのような政策的な側面から保証者的地位と保証者的義務を分離することができるか否かについては、従来から問題視されている[26]。また、分離理論に対しては、保証者的義務とそれを基礎づける保証者的地位とは一体不可分であり、そもそも両者を分離することは不可能なのではないかという疑問や、本来ナーグラーの保証者説が、「保証義務を負っている者でなければ不真正不作為犯の主体とはなりえず、その者の不作為でなければ犯罪構成要件に該当しない」という見解であったことからすると、保証者的地位と保証者的義務を切り離した場合、構成要件該当性の判断が困難になるなどの疑問がある[27]。

この点について、保証者的義務を伴わない保証者的地位は、不真正不作為犯の成否を検討する上では無意味であるので[28]、両者は一体不可分のものとして捉えるべきである。そうすると、分離理論は否定すべきことになる。この場合は、構成要件該当性段階では、保証者的義務を伴う保証者的地位を問題とすべきことになるが、両者を一体のものと理解する場合には、保証者的地位それ自体には犯罪論体系上、独自の意義はないので、構

成要件段階で、端的に「法的作為義務」ないし「保証義務」の有無を問題とすれば足りることになる。その意味では、保証義務それ自体を重視し、「行為選別」的機能を重視するナーグラーの保証者説が理論的方向性としては正当ということになる。

　２）これに対して、不作為犯論において分離理論が採用された場合には、構成要件段階においては、保証者的義務それ自体が問題とされるのではなく、類型的に保証者的地位の有無が問題とされることになる。その際、そこで想定される機能としては、「行為者の選別」である。もちろん、保証者的地位は、一般的には、保証者的義務を基礎づける特別の関係と理解されているため[29]、保証者的義務と全く無縁の概念ではない。しかし、保証者的義務を違法要素とするのであれば、理論上は構成要件段階で保証義務の存在それ自体を問題にすることはあり得ないはずである[30]。

　また、分離理論を採らず、保証義務の付着した保証者的地位こそ不真正不作為犯の身分形成要素だとする見解もある[31]。この見解も保証者的地位に着目しているので、「行為者選別」を重視しているといえる。

　さらに、近時、わが国では、主として欠陥製品の不回収の場面を想定して、保証者説の機能として、「主体の選別」を重視する見解が提唱されている。たとえば、結果回避のために製品回収、販売中止等が期待されるのは誰であるかという視点で保証者的地位を区別する「社会的期待説」[32]や結果回避措置を最も効率的になしうるのは誰かということを問題にする「効率性説」[33]がそれである。このような学説も説明の仕方は異なるが、保証者的地位の機能としては、「行為者選別」を重視しているといえよう。

　３）前記のとおり、分離理論は、本来的には、「故意不作為犯」に特有の法的作為義務の錯誤の問題を解決するための理論である。この理論が「不作為態様の過失犯」にも適用されるとした場合、構成要件段階では保証者的地位の存在を問題とすることになる。この場合、不作為態様の過失犯は、故意不作為犯の場合と同様、一種の真正身分犯ということになろ

う[34]。

この見解に従う場合、違法性段階で保証者的義務の存否を問題にするので、この判断と過失犯における注意義務の関係をどのように捉えるかが問題になる。この点については、後で詳しく検討するように（後述第3節参照）、過失の実体をどう捉えるかに関わるが、一般的な傾向としては、次のように言えるだろう。すなわち、旧過失論を採った場合には、基本的には、責任段階の結果予見義務違反を問題とすることから、このような過失概念と不作為犯としての保証者的地位および保証者的義務との概念上の区別は容易であり、機能面においても区別することは可能である。これに対して、新過失犯論を採った場合には、構成要件段階あるいは違法性段階で結果回避義務違反の有無を問題とするところ、構成要件段階・違法性段階で機能する保証者的地位および保証者的義務も結果を回避する義務としての性格があるので、これらがどのような関係に立つのかが大きな問題となる。

4）しかし、分離理論が故意不作為犯における錯誤論の解決を中心に提唱された経緯を考えると、これが直ちに過失犯論に適用されるものであるかは疑問である。また仮に適用されるとしても、少なくとも分離理論が提唱された当初に期待されていた機能的な実益はなくなる。すなわち、過失犯では錯誤論が問題にならないので、法的作為義務の錯誤についての「相対的な構成要件的解決」という機能が働く余地はないのである。考えられる残された機能としては、不作為責任追及の主体を選別するという「行為者選別」的機能であろう。しかし、これが有効に機能しない場合には、ここではもっぱら、構成要件と違法性の関係を合理的に説明できるかどうか、という理論体系上の意味が残るに過ぎないであろう[35]。

(2) 等価値性の強調および保証者的地位の分類・体系化の傾向について

1）次に、前記第二、第三の特徴について検討する。従来の通説は、保

証義務の発生根拠について、基本的に、法令、契約、事務管理、条理をその根拠としてきた。しかし、ナーグラー以降の保証者説は、その内容を形式的の捉えることなく、存在論的方法あるいは社会学的方法でもって実質的に捉える傾向があるとされ、さらに、作為と不作為との等価値性判断が強調されている[36]。等価値性の要件については、保証者的地位や保証者的義務とは独立した要件として捉える見解[37]がある一方で、保証者的地位あるいは保証者的義務の要件の中で等価値性判断をする見解もある。後者の見解に立つ場合には、保証者的地位ないし保証者的義務には多元的な機能が認められることになる。

　保証者説における等価値性判断は、分離理論の当否と関連して、犯罪論体系上どの段階で機能するものであるか種々の立場が考えられるが、基本的には、次のようなパターンを想定することができるであろう。

　第一に、分離理論の立場から、保証者的地位の存否の判断の中で等価値性判断もする方法である[38]。しかし、保証者的地位と保証者的義務を分離することを前提にした場合、保証者的地位の判断は、法益ないし危険源との一定の生活関係の有無によって「行為主体」を選別するに過ぎないはずである。そのため、この判断と、作為と存在構造を異にする不作為を等置するという等置問題とは本質的には繋がらないはずであり、根本的な手法において疑問がある。

　第二に、分離理論の立場から、構成要件段階では保証者的地位の有無のみを問題とし、違法性段階の保証者的義務違反の判断の中で等価値性判断をする方法である。しかし、この方法では、結局のところ、違法性判断という総合判断の中で当罰的不作為か否かを判断することに帰着するので、構成要件の違法性推定機能は阻害され、法的作為義務の体系上の位置づけに関する違法性説との違いはなくなる。また第一の見解と同様、構成要件段階で何をもって「作為犯」の構成要件に該当していると判断するのかが不明確になることになろう。

第三に、分離理論を採用せず、構成要件段階で保証義務ないし法的作為義務違反を問題とし、その中で作為との等価値性判断を行う方法である。この立場では、保証者的地位と保証者的義務とは不可分の関係に立っており、保証者的地位それ自体は独自の意義を持っていない。そのため、最終的には、保証義務の存否が重要になるので、ナーグラーの理論枠組に近いといえる。しかし、やはり保証義務の判断の中で作為との等価値性判断も行うことになるので、いきおい総合判断的になり、罪刑法定主義との関係では問題が残る。

　2）そもそも等価値性判断、すなわち等置問題とは、次のようなものである。つまり、作為は因果の流れを惹起しそれを結果発生に向かって支配・操縦することができる。これに対して、不作為は単に因果の流れを利用できるに過ぎない。このような作為と不作為との存在構造上の差異を前提に、いかにして両者を等置するのかという問題である[39]。上記のように、保証者説内部での等価値性判断は、いずれも総合的な当罰性判断に帰着しかねないものであり、作為と不作為の存在構造の差異を埋める方法論として不適切であるように思われる[40]。「故意の不真正不作為犯」の場合、この等置問題の解決のアプローチは、上記のような作為と不作為の存在構造上のギャップを前提にすると、保証義務を媒介にするのではなく、因果的アプローチ（不作為者自身による原因設定行為）により解決するのが正当と考える[41]。

3　小括

　（1）以上検討してきたように、保証者説には、大別して、端的に保証義務という規範的な内容に着目する方向性と保証義務を基礎づける事実的なものとしての保証人的地位に着目する二つの方向性がある。前者は、保証義務を媒介とした構成要件的実行行為性の確定、すなわち、「行為選別的

志向」が強いのに対して、後者は、不真正不作為犯の行為主体性を前面に出し、「行為者選別的志向」が強いといえる。最近の効率性説、社会的期待説のように、「主体の選別」アプローチを重視する見解も機能面に着目する場合は、後者の系列に属するといいうる。

行為者選別的志向は、地位それ自体に着目するので、義務それ自体と義務を基礎づける地位とを区別する分離理論と適合する。この立場によると、不真正不作為犯においては、保証者的地位の類型的な発生根拠の確定が問題になり、保証者的地位は、事実的な要素に還元されることになろう。このようなアプローチについては、規範的なもの(結果防止義務)からその実質(保証者的地位)に視点を移すものであり、正しい方向性をもっていると評する見解もある[42]。

しかしながら、地位それ自体への視点の転換は、一方において、構成要件該当性判断を希薄化するのではなかろうか。たとえば、分離理論によると、理論的には、現実に義務を伴わない保証者的地位を肯定することにもなり、構成要件該当性の限界を画する概念としての有用性に欠けるように思われる。また、主として、欠陥製品の不回収に係る不作為犯の場面を想定して主張されている効率性説や社会的期待説のように「主体の選別」を重視する見解も、実質的には、「結果回避する上で最も効率的な地位にある者あるいは結果回避が期待される者が不作為責任を負うべきである」という、不作為責任追及の「動機」を言い換えたに過ぎないように思われる。

さらに、保証者的地位が主体選別のための概念であるとしたら、これにより類型的に不作為責任追及の主体を選別することと、作為と存在構造を異にする不作為を作為と等置するという「等置問題」とは本質的には繋がらないはずである[43]。

このように、学説上使用されている「保証者的地位」という概念は、作為義務の基礎付け、作為との等価値性判断、主体の選別等、多義的な機能

を包含しうる概念であり、犯罪論体系上の機能を吟味せずに用いることは避けるべきであるように思われる。

　(2)　前記のように、「故意の不真正不作為犯」の場合、この等置問題の解決のアプローチは、上記のような作為と不作為との存在構造上のギャップを前提にすると、保証義務を媒介にするのではなく、因果的アプローチ(不作為者自身による原因設定行為)により解決するのが正当と考える。
　では、「不作為態様の過失犯」に目を転じた場合、そもそも故意犯の犯罪構成要件で問題とされていた作為と不作為との等置という問題が当然に要求されるものであろうか。従来はこの点についての検討が十分になされてこなかったと思われる。この点については、不真正不作為犯の概念規定にも関わるが、過失犯の存在構造・規範構造の両面からの検討を要するであろう。
　そこで、次節以降では、不作為態様の過失犯について、「過失犯論」の側面から不作為犯論との接点について検討する。

第3節　過失構造論と不作為犯論

1　過失構造論からみた問題点

　不作為態様の過失犯と不作為犯論との理論的接点を問題とする場合、前節の不作為犯論の考察とともに、過失犯の構造をどのように捉えるかについて考察することも重要となる。
　「伝統的な過失犯論」では、過失は、行為者の内面における精神の緊張を問題にするものとして、有責性の段階でのみ問題とされていた。すなわち、過失犯の場合は、法益侵害の結果が惹起され、そこに因果関係が認め

られれば、有責性の段階で、行為者が精神を緊張させずに結果回避の措置を取らなかったことに対して、責任非難を問えるかを吟味すれば足りると解されていたのである。これに対し、「新しい過失犯論」は、過失犯も故意犯と同様の犯罪論体系を有するものであるとの認識のもと、構成要件該当性、違法性段階でも積極的に犯罪の成否を判断すべきものと解された。

もっとも、注意義務の実体をどのように把握し、それを犯罪論体系上、どの段階で問題にするかについて、新旧過失論争として長く議論されてきた。欠陥製品の不回収に伴う過失責任等、不作為態様の過失犯を問題にする場合でも、旧過失論、新過失論のいずれを出発点にするかにより、理論上の問題点や解決方法も異なってくるであろう。

そこで、本節では、過失構造論の側面から、不作為犯論との接点を考察し、あわせて、欠陥製品の回収の場面の議論との理論的関係を考察する。

2　旧過失論と不作為犯論

(1) 旧過失論は、行為者に結果の予見可能性があったにもかかわらず、精神の緊張を怠って、結果を惹き起こしていることを責任非難の対象とする見解である。この立場は、過失を有責性の段階でのみ捉えていた伝統的な過失犯論を基礎としており、結果予見義務違反が注意義務違反の実体であり、義務違反の前提として、結果予見可能性が必要であると理解している。もっとも、旧過失論の中でも、結果予見可能性および結果予見義務の犯罪論体系上の位置付けについては争いがあり、過失犯も故意犯と同様の犯罪論体系を有するとする見解の中には、構成要件段階あるいは違法性段階でこれらの要件を考察する見解も存在するので、区別して考察する必要がある。

不作為態様の過失犯の成否を問題とする場合、構成要件段階と違法性段階では、故意不作為犯との違いはないとの理解があるが[44]、このような考

えは、旧過失論の中でも、責任段階での過失のみを問題とする見解とつながり易いといえるだろう。これに対して、違法性段階でも予見可能性や予見義務を問題とする見解に立って、不作為犯論との接点を考える場合には、これらの要件との機能面の関係を明らかにする必要がある。

製品流通後の刑事過失の成否が問題となる【設例 1】を題材にして不作為犯論と過失犯との接点を考察した場合、旧過失論から考えられる理論モデルとしては、以下の②ないし④が考えられる。

【設例 1】
「X 製薬会社薬剤部長 A は、新薬の開発・製造・販売を担当していた。A らは新薬の開発段階で、新薬発売の承認に必要な動物実験等を実施した上で新薬を開発し、厚生労働大臣の製造承認・許可を得て、販売を開始した。A らが、開発製造した新薬を販売したところ、これを服用した患者の多くに健康障害が生じ、X 社に被害報告がなされるようになった。しかるに、A らは、この報告に対して、今後の被害拡大を防止する措置を何ら講じることなく漫然と放置した。その後、当該新薬の副作用により、死亡する患者が発生するようになった。なお、死亡した患者が使用した新薬は、A が被害報告を受ける前に販売・流通していたものであるとする。」

(2) まず、注意義務の内容を主観的結果予見義務およびその前提としての主観的予見可能性として把握し、これを責任要素として位置付けつつ、不作為犯との接点はないと考えた場合（理論モデル①）、【設例 1】の A の刑法上の答責性は、主観的予見可能性および予見義務違反によって画されることになる。【設例 1】のように、新薬による健康被害が続出し、A が被害報告を把握している状況下では、後発の被害の予見は可能であるので、具体的な主観的予見可能性も主観的予見義務違反も容易に肯定するこ

とができる。しかし、この見解自体に内在する問題として、因果関係以外の客観的基準で処罰の限界を画することができず、過失処罰が拡大する危険がある点を指摘することができる。

　(3)　そこで、次に、過失犯の注意義務の内容を理論モデル①と同様に責任要素としつつ、不作為態様の過失犯を不作為犯と構成して、構成要件段階で保証者的地位ないし保証義務（法的作為義務）の存否を検討する方法を考えることができる（理論モデル②）。

　1）このように、旧過失犯論と保証者説を結合して、過失的不真正不作為犯論を展開する代表的論者としては、神山敏雄教授を挙げることができる。神山教授は、過失的不真正不作為犯について、「過失犯は注意義務違反の行為を対象とするので、ややもすると保障人義務のない不作為も注意義務違反という判断の中に取り込まれ、作為か不作為かの区別も曖昧のまま非保障人の不作為が過失犯で処罰される危険性がある。例えば、最近のわが国のビル火災事故に伴う死傷事件において、司法実務上、保障人義務と注意義務とが必ずしも明確に区別されずに渾然一体として把握され、関係者が業務上過失致死傷で起訴され、有罪とされていることが問題となりうる。作為義務（保障人義務）と注意義務（結果回避義務・予見義務）は厳格に区別しなければならず、そして両者の関係と範囲を明確にする必要がある」[45]と指摘される。そして、過失犯の注意義務を責任要素とし、その内容を予見義務と結果回避義務に分けた上で、保証者義務と過失犯の結果回避義務との関係について、次のように述べている。すなわち、「結果を防止すべき義務は保証人義務から生じ、当該結果をどのようにして防止するかの結果回避義務は注意義務から導かれ、そして不注意によってそれを履行しない態度が刑法上の不作為ということになる」と説明されている[46]。さらに、保証者義務の有無は、法益保護を開始している顕在的依存関係と一定の事実関係および何らかの法的義務に裏打ちされた潜在的依存

関係の有無で判断し[47]、また依存関係の判断の中で事実上の支配関係が認められるか否かを重視される[48]。

その上で、欠陥製造品の回収の場面では、「問題は、関係者の手を離れた当該製品が管理下に置かれているとか、事実上の支配下にあるといえるかである。そこでは、このような事実上の管理ないし支配関係はないので、安全義務だけでは保障人義務は根拠づけられない」として、刑事上の責任追及を否定される[49]。

この見解の場合、【設例１】においては、Ｘ社が販売した新薬はすでに流通に置かれ、消費者のもとに占有が移転しているので、これに対するＡの事実上の支配を肯定することは困難である。そのため、Ａの保証人的地位は否定され、注意義務違反の点に触れるまでもなくＡの過失責任は否定されることになるであろう。事実上の支配の中身は、第１章で検討したドイツ学説における物的支配説とほぼ同様のものと思われる。

この理論は、保証者義務の存否により、厳格に不作為責任追及の枠を設定し、それが認められる者に対してのみ過失責任を追及するというものである。保証人義務と過失犯の注意義務の内容や犯罪論体系上の各機能を明確に区別しており、極めて明快な理論構成といえる。責任段階でのみ過失の要件を検討する旧過失論を採る場合、理論モデル①で見たように、主観的予見可能性、主観的予見義務の判断のみで不作為態様の過失犯の責任限定をすることには限界がある。しかし、この理論においては、構成要件段階で行為者選別的機能が働くので、処罰限定法理としては有効に機能しうる。

２）もっとも、理論モデル②においても構成要件該当性判断で考慮する保証義務（法的作為義務）の根拠の捉え方によっては、行為者選別的機能には幅が出てくる。ここでは、旧過失論の考え方と排他的支配説とを結合した理論構成をとっている北川佳世子教授の見解を検討する。

北川佳世子教授は、まず、過失犯における注意義務と不作為犯の作為義

務の関係については、次のように述べている。すなわち、「私見では、故意犯と過失犯では主観面（認識）の相違があるに過ぎず、実行行為については両者に違いはないと解し、過失犯の注意義務違反の自体は結果予見義務違反（結果予見可能性）であるとする旧過失論の立場から、過失不作為犯における実行行為は、故意の不作為犯と同様、保障人による作為義務違反であると解する。新過失論と異なり、過失犯の実行行為性を確定するのに結果回避義務違反という要件は不要となるが、本文では刑事実務や学説において結果回避義務という用語が通常使用されていることから、便宜上この用語を用いることとする。従って、過失不真正不作為犯では、過失犯の注意義務違反の内容として問題とされる結果回避義務違反と作為義務違反が完全に重なるものと解している」とされている[50]。理論モデルとしては、理論モデル②と同様の立場に立っている。

　次に、法的作為義務の発生根拠については、「結果へと向かう現実の因果の流れを事実上排他的に支配していたこと」を要求する排他的支配説の観点から把握されている[51]。このような立場から、「現実に法益侵害結果へと向かう因果の流れを事実上排他的に支配したにもかかわらず、結果を防止せず結果を発生させた行為（不作為）だけが、実質的に法益侵害の危険のある作為と同価値のものとされるべき不作為の実行行為である」とされる[52]。その上で、欠陥製品の回収義務の問題については、「製造・販売会社の取締役各人が、既に流通に置かれていた欠陥製品を現実に支配していたかという観点からのみ基礎づけられるべき」とする[53]。

　このような叙述からは、欠陥製品流通の場面において、「結果へと向かう現実の因果の流れを事実上排他的に支配する」対象として想定されているのは、危険源である「欠陥製品」であるから、すでに流通に置かれた製品については物的支配外にあるものとして、排他的支配性は否定されるように思われる。しかし、北川教授は、「製造・販売者が製品の製造・販売ルートを掌握していたか否か」という点に判断対象をずらし、「製販一体

という経営路線により、製造・販売、小売に至るまで、製造・販売者の支配系統が排他的に及んでいるという事情が存すれば、なお回収義務を取締役に根拠づける可能性が残るように思われる」とされる[54]。さらに、その後の論文においては、「支配の有無の判断では管理支配の実態が重視され、とくに法令や行政指導等により製品の品質管理システムが構築されて事実上運用がなされている場合又は製造業者が販売ルートを掌握し、あるいは販売後も販売店を通じて顧客管理を徹底して製品等の管理を行っている場合には、当該製品になお事実上の支配が及んでいるものと考えられる」[55]というように、危険物に対する事実的な支配とは異質の要素が次々に取り込まれ、次第に「排他的支配」の中身は拡張あるは緩和されてしまっている[56]。そのため、ここで用いられる「排他的支配」概念の有用性は疑わしい。

また、この理論モデルでは、過失犯に不作為犯論を適用し、「過失的不真正不作為犯」の概念を認めることによって、過失犯においても作為と不作為の等置問題が生じることになるが、果たして過失犯の構造上、そのような要請が働くのかという疑問が生じる。

(4) 次に、修正旧過失論の立場から不作為犯論との接点を考える林幹人教授の見解も提唱されている[57]。この見解は、過失犯の実行行為性は結果発生にとって実質的に許されない危険な行為に求められるとして、構成要件該当性の段階で、実質的に許されない危険の有無を判断し、責任段階で結果予見義務違反の有無を検討するものである。林教授は、不作為態様の過失犯の成否が問題になった薬害エイズ厚生省ルート事件の事案を前提として、次のように述べている。すなわち、「過失犯の実行行為性の前提としての注意義務を根拠づけるものは、第一次的には、行為が許されない程度に危険だということ」であり、非加熱製剤を回収しないという行為自体は許されない危険を有するといいうるが、「そのような前提に立っても、

危険な非加熱製剤を回収する（あるいはそれに必要な措置をとる）義務が誰にあるのか、とくに、元厚生省生物製剤課の被告人にあったといえるのかは、別の問題である。……この問題は、理論的にいえば、被告人……には、不作為犯としての業務上過失致死罪の作為義務があったといえるのか、ということであり、ここにおいては作為義務の発生の根拠が問われている」とされる[58]。このような理論的前提に立った上で、欠陥製品の不回収の場面では、不作為犯の成否が問題になるとして、作為義務の発生根拠として、「危険源」に対する排他的支配を問題とされる（理論モデル③）[59]。

この見解の場合、【設例1】では、まず、Aが危険源である新薬に対する排他的支配を有しているかが検討される。これは、構成要件該当性の作為義務違反の判断である。次に、実行行為性の判断として、当該不作為が実質的に許されない危険を有するものかが判断されることになり、その後過失犯の注意義務違反を問題とすることになる。ここでも、過失不作為犯における作為義務は、構成要件段階で行為主体の選別機能を営むことになる。

しかし、林教授は、「排他的支配」の有無を検討するにあたり、法令を背景とした規範的・事実的な支配関係の有無により「支配」性を判断したり[60]、行為者以外の他人の意思をも考慮に入れて「排他性」を判断したりしているため[61]、「排他的支配」の概念が非常に複雑化している。その一方で、前述した北川説のように、その内容は弛緩化する傾向が見られる。そして、近時の論文では、排他的支配について、「簡単にいえば、被告人のほかには被害者を危険な状況から救助する者はいなかったということである」というように、より抽象的なものに言い換えている[62]。そのため、不作為犯論が処罰限定法理として有効に機能しているかは疑問のあるところである。

（5）これに対し、理論モデル③と同様に修正旧過失論の立場に立ちつ

つ、不作為犯論との接点を考えない見解も主張されている[63]。堀内捷三教授は、ドイツの皮革スプレー事件を前提として、不作為犯論における具体的依存説[64]の立場から、製造業者等の故意の不真正不作為犯（危険傷害罪）の成立は理論的に否定されるが、修正旧過失論の立場から、過失犯の成立の余地は認めている。その理論的背景には、理論モデル②と同様に、作為義務と過失犯の注意義務との峻別がある。しかし、そもそも過失犯論に不作為犯の作為義務論を導入することは否定される。

すなわち、「不真正不作為犯の作為義務と過失犯の注意義務はその義務内容において異なるのである。不真正不作為犯において違法の対象はたんなる不作為ではなく、作為と同視しうる程度の不作為である。したがって、その義務違反性もたんなる結果回避義務、結果防止義務では不十分である。前述したように、その実体は法益侵害という結果の発生、不発生が不作為者の作為、不作為に具体的に依存しているという関係のうちにある。（原文改行）これに対して、過失犯における義務違反性は結果発生にとって実質的に許されない危険な行為に求められるのである。行為者はこのような法益侵害の危険のある行為を行っていることを考慮して、精神を緊張させ、行為より生ずるかもしれない結果の発生を予見すべき点に過失犯の義務内容が存するのである。（原文改行）このように過失犯において行為態様が不作為であること、法令上作為義務の規定が存することを根拠に、作為義務と注意義務を同一視し、注意義務違反の場合をも不真正不作為犯として構成することは短絡的すぎる。むしろ注意義務違反は予見可能性の判断基準として意味を有するにすぎないのである。」というのである（理論モデル④）[65]

そして、欠陥製品の被害の発生が大量に報告されている場合には、「製品の安全性が疑問視された以上、あるいは健康の被害という具体的な結果に対する予見可能性が発生した以上、その製品の使用制限、製造・販売の停止、リコールなどの措置を講ずべき義務が生ずるといえる。この意味で

は、本件のような事案では予見可能性をどのように解するにせよ、リコール義務の懈怠があったとして過失致傷罪の成立を肯定したとしても、あながち不当とはいえない」とされる[66]。

この見解によれば、【設例1】では、Aに対する過失犯の成否を決するのは、不作為犯の作為義務違反性ではなく、新薬の被害報告が複数ある中で、何らの措置を取らなかったことが、実質的に許されない危険な行為といえるかどうかということになる。不作為犯の法的作為義務（保証義務）と過失犯の注意義務とを峻別すべきとの点では神山説と一致するが、過失犯論においては、不作為犯論との理論的接点はないとするものであり、過失犯と不作為犯の相違を意識したものとして注目すべき見解である。

もっとも、実質的に許されない危険かどうかの判断は、作為態様でも不作為態様でも同じなのか、それとも不作為態様の場合の特殊性があるのかは問題となるであろう。

3　新過失論と不作為犯論

(1) 新しい過失犯論の中でも、客観的注意義務を構成要件該当性の段階と違法性の段階で検討し、特にその内容として結果回避義務を中心に考える立場を新過失論と呼ぶ。伝統的な過失犯論では、結果予見義務が注意義務の内容をなし、予見義務の前提として主観的予見可能性が必要とされた。これに対し、新過失論では、結果回避義務の前提として客観的予見可能性が必要になってくる。結果回避義務違反の有無は、一定の基準行為からの逸脱によって決まる。基準行為の内容は、行為者の立場に置かれた一般人に遵守が要求される社会的行為準則によって客観的に定められる。

もっとも、わが国で新過失論と称される学説には、注意義務の内容を結果回避義務に限定せず、結果予見義務等の主観的注意義務も有責性段階で検討する見解もあり、その内容には幅がある。そこで、ここでは、結果回

避義務の位置づけに焦点を絞って、不作為犯との接点を考察する。

新過失論においては、構成要件ないし違法性段階で結果回避義務違反を問題とするので、不作為犯論の側面で検討される保証者的地位ないし保証者的義務との関係が問題となる。理論モデルとしては、次の⑤ないし⑦が考えられる。

(2) 第一に、過失の実体を客観的注意義務違反と捉えた場合、過失責任の本質は、結果を回避する基準行為を行うべき義務があったにもかかわらず、それを怠ったという不作為にあるとして、過失犯自体を不作為犯とする構成である（理論モデル⑤）。この立場では、行為者が命ぜられた客観的注意に従わないという意味では、作為態様の過失犯であろうが不作為態様の過失犯であろうが、本質的には違いはないと理解するので、過失犯の注意義務と作為義務とは一致することになる。旧過失論の論者は、新過失論に対して、基準行為からの逸脱を問題とすると過失犯すべてが不作為犯になってしまうと批判するが[67]、この理論モデルでは、むしろ過失犯と不作為犯とを同視するのである。ドイツにおいて、ヴェルナー・ニーゼ（Werner Niese）[68]やハインリヒ・ヘンケル（Heinrich Henkel）[69]がこのような理論を採用していた。しかし、わが国では、新過失論の論者でもこのような理論を採る者は見られない。この見解では、過失犯の注意義務と不作為犯の作為義務とは一致するので、【設例１】では、作為義務の発生根拠を問うことになり、その捉え方如何によって結論が異なってくる。

(3) 第二に、保証者説と過失犯との理論的結合を認め、不作為犯論の側面から構成要件段階ないし違法性段階で保証者的地位ないし保証者的義務の存否を検討するとともに、過失犯の結果回避義務の有無も検討し、ともに義務違反が認められた場合のみ、過失犯が成立するという構成である（理論モデル⑥）。平野潔准教授は、不作為態様の過失犯の場合に、保証者

説の分離理論との結合を認め、「構成要件段階では、保障人的地位と類型化された注意義務が、そして、違法性の段階では、保障人的地位から導かれる保障人的義務と注意義務とが競合することになる」とし、「保証人的義務と注意義務は、『概念上』は分離して考えるべきである」とされる[70]。

【設例1】では、構成要件段階でAの保証者的地位の有無と類型化された注意義務の点が判断される。この理論モデルは不作為犯の分離理論の立場から、地位それ自体の判断と保証者的義務違反の判断とを区別し、構成要件段階で「行為者選別」をすることになるが、保証者的地位の捉え方により、この機能には幅が出てくることになる。

この理論モデルの問題点は、概念的に、保証者的義務と過失犯の結果回避義務とを区別することができるとしても、過失犯において二つの義務違反を問題とすることに意味があるのかという点である[71]。

平野准教授は、「基準行為からの逸脱は、結果惹起行為が結果回避義務を尽くしていたか否かを判断するためのものさしであり、法益侵害をもたらした客観的注意義務違反の行為それ自体が過失行為である」[72]というように新過失論の核心について言及しつつも、過失犯でも不作為犯が問題になるとしている[73]。しかし、「基準行為から逸脱」という概念を採る以上は、そもそも不作為犯論を導入する必要はないのではなかろうか[74]。この点については、後で詳しく検討する。

(4) 第三に、過失犯の結果回避義務は、その具体的内容として、作為義務の場合もあれば不作為義務の場合もあるとして、前者は不作為の過失実行行為を形成し、後者は作為の過失実行行為を形成するとする構成である（理論モデル⑦）[75]。

【設例1】では、すでに流通している新薬との関係では、Aは、欠陥が判明した新薬について消費者に警告を発し、あるいは回収措置を講ずるべきといえ、それらの措置を講じないAの不作為が問題となり[76]、前者の

問題（不作為の過失実行行為）として構成されることになる。そこでは、作為義務は、結果回避義務の枠組みの中で処理されることになる。ここで問題とする作為義務が不作為犯の作為義務と同様であるとすれば、保証者説との結合を認めることになり、不作為態様の過失犯の成否は、作為義務論の判断に解消されることになろう。

これに対して、結果回避義務が不作為犯の作為義務とは性質を異にするものだと理解する場合には、必ずしも不作為犯論の問題として処理することにはならない[77]。上記のように、新過失犯論においては、通常、「基準行為からの逸脱」が結果回避義務違反といわれるが、結局、この概念と作為義務（保証義務）との違いの問題に帰着することになろう。

4　新・新過失論と不作為犯論

(1) 新・新過失論とは、結果回避義務違反を過失の実体とする点では新過失論と同様であるが、結果回避義務違反の前提となる予見可能性の程度を不安感・危惧感で足りるとする見解である[78]。

板倉宏教授は、主として、企業災害や都市災害事案等の適切な解決を目的として、過失を生活関係の実態に即して捉えるべきであるとする、「生活関係別過失概念」を提唱する立場から、危惧感説について、次のように説明されている。すなわち、「結果予見可能性の有無の認定は事案の妥当な解決を図るために、生活関係の実態に即して、合理的に行わなければならない。（中略）結果発生に至る過程について具体的に予見することが可能でなければ結果予見可能性はないといった考え方は、交通事故のような行為と結果との因果の把握が比較的容易な事故の過失を行う場合には妥当であっても、因果の過程が複雑で、具体的には必ずしも明白でない群集事故や、企業災害などの過失を問う場合には、妥当でない。関係者が危険防止のために関心をもたなければもたないほど、結果予見可能性は認められ

ないといった不合理を招くからである。結果の発生とそこに至る因果の過程の概要を具体的に予見できなくても、結果発生の危惧感があるといえる場合に、結果予見可能性を認め、過失責任を追及することは、社会的要請をふまえ、具体的な事案の妥当な解決を図るという目的にそっている。」というのである[79]。

　この見解は、技術革新などにともなう企業災害等における未知の危険に対処することを目的としている。通説は、過失犯の成立に必要な結果の予見可能性につき、具体的予見可能性説をとり、特定の構成要件的結果の発生とそれに至る因果関係の基本的部分ないし本質的部分についての予見が必要であるとしている[80]。【設例１】のように動物実験等をし、製造承認・許可を得て、新薬の開発・製造をしている場合には、開発・製造段階の予見可能性を肯定することは困難である。これに対して、板倉教授は、国の製造承認・許可があったからといって製造業者側の注意義務違反がないとはいえず、「不安感を打ち消すに足りる十分な事前調査をして安全性を確認する義務がある」[81]として、開発・製造段階の事前調査の懈怠を理由に過失犯の成立の可能性を認める。さらに、薬品発売当時、一応薬品の安全性が認められても、発売後に薬品の副作用が判明する場合があるので、製造業者は、「副作用に関する情報を収集し、有害な副作用の疑惑が生じた場合には、それを監督官庁に報告するだけでなく、一般に公開したうえ、直ちに適切な処置」をとらなければならず、その処置としては、「警告から発売停止・薬品回収まで、副作用発生の確率、重大さ、副作用発生防止の有無、薬品の不可欠性などの諸事情を考慮し、消費者安全保護を基本にして有効な措置」を講ずるべきであるとされる（理論モデル⑧）[82]。

　このように新・新過失論に依拠した場合には、製造業者が結果発生に対して危惧感・不安感を抱いているのであれば、それに応じた結果回避措置をとることが求められるので、不作為犯論を導入して処罰を限定する志向性は見られない。

5 小括

(1) 不作為犯における保証者説は、構成要件段階で行為者選別あるいは行為選別的機能を営む。すなわち、保証者的地位と保証者的義務を区別せず、構成要件段階で両者を問題にする見解に立てば（統合説）、保証者的地位それ自体に、犯罪論体系上の独自の意味はないので、端的に保証義務の有無を問題にすることになる。保証義務は行為選別のメルクマールとして機能するといえる。もちろん、この見解の核心は、「保証義務を有する者の不作為のみが構成要件に該当する」というものであるから、観点を変えれば「行為者選別」的機能を営むともいえるが、地位それ自体に独自の意義はなく、あくまで義務に裏打ちされた不作為を構成要件段階で問題にするので、端的に行為選別的機能を営むとするのが適切であろう。これに対して、分離理論、すなわち構成要件段階では保証者的義務を基礎づける保証者的地位の有無を検討し、違法性段階で保証者的義務を問題にする見解に立った場合には、構成要件段階では、法益あるいは危険源との一定の関係を有する者を選別することになり、行為者選別的志向が強くなる。

ただ、前節（第2節）では、理論の方向性としては、端的に法的作為義務ないし保証義務に着目する前説が正当であるとしたが、行為選別的志向・行為者選別的志向のいずれも、不作為犯の責任を限定するために一定の枠を設定するものであるから、機能的には、大きな相違があるわけではない。問題の核心は、保証者説と過失犯の接点があるかどうか、仮にあるとしてそれを導入することに犯罪論体系上の意味があるかということである。

(2) これを踏まえ、不作為態様の過失犯と保証者説とが理論的に結合するかを過失構造論の観点から検討した結果、これを否定するのは理論モデル①、④、⑧であり、肯定するのは、理論モデル②、③、⑤、⑥、⑦で

あった。

　理論モデル②、③は、旧過失論あるいは修正旧過失論の立場から、過失犯の注意義務と不作為犯の作為義務（保証義務）とを峻別するものであり、構成要件段階で不作為犯論により処罰範囲を絞ることになる。ここでは、過失犯においても等置問題が生じるのかという問題があることが明らかになった。これに対して、修正旧過失論の立場に立つ理論モデル④は、理論モデル②のように、過失犯の注意義務と不作為犯の作為義務とを峻別すべきであるとするが、不作為犯として処罰する実体と過失犯として処罰する実体は異なるとして、不作為犯論を導入することを否定している。ここには、過失犯と不作為犯との相違を検討する上での重要な示唆が含まれているように思われる。

　新過失論の立場では、作為過失、不作為過失を問わず客観的注意義務違反を不作為犯そのものとして捉える理論モデル⑤をはじめとして、過失犯すべてを不作為犯と捉えないとしても、不作為態様の過失犯において、不作為犯における分離理論を前提に、保証者的義務と過失犯の結果回避義務の競合を認める理論モデル⑥、さらには結果回避義務の一態様として、作為義務が問題になる場合に、不作為犯論を導入する理論モデル⑦が見られる。そのため新過失論においては、不作為犯論との接点を認めることは容易である。ここでも処罰限定のために保証者説を導入するのである。

　しかし、理論モデル⑤については、そもそも過失犯すべてを不作為犯そのものとして構成することが問題である。また理論モデル⑥、⑦については、新過失論の中心概念である結果回避義務と不作為犯における作為義務が同一概念であるか否かが問題となる。ここでは、「基準行為からの逸脱」が如何なる概念であり、ここに不作為犯論を導入する余地があるのかを検討する必要がある。

　(3)　不作為犯の法的作為義務ないし保証者的地位と過失犯の注意義務と

の関係について念頭に置くべきものとして、堀内教授の次のような重要な指摘がある。すなわち、「たしかに、注意義務の本質を結果回避義務と解するならば、作為義務との間に義務内容において本質的な違いはないといってよい。不真正不作為犯が成立するか、過失犯が成立するかは、故意、過失という主観面に基づいて区別される。（中略）しかし、このように注意義務の内容を作為義務の領域に持ち込むことは作為義務の弛緩を招くことになる。過失犯においてなにが結果の回避に必要な行為かを一義的に定めることは不可能である。そこで、その明確化を図るとすれば、法令上の規定を考慮に入れ、当該具体的な状況の下で合理的人間がとるであろう行為を措定し、判断せざるをえない。この意味で、結果回避義務とは行為基準を順守すべき義務であるといってよい。このことは、結果回避義務はまさに類型化、定型化された一般的義務にほかならないことを意味する。したがって、二つの義務を同一視することは、取締罰則上の義務違反でもって直ちに結果回避義務違反として、過失犯のみならず不真正不作為犯の違法性を基礎づけることになる。しかし、このことは不真正不作為犯の成立要件として作為との同視性あるいは同価値性を要求してきた学説の意図にも、作為義務論の展開にも反する。」[83]とする点である。

　ここでの指摘で重要なことは、過失犯に作為義務論を持ち込み、作為義務が弛緩化した場合、故意不真正不作為犯の成立が拡大する危険性があるということである。新過失論を採用した場合、堀内教授が述べるように、結果回避義務と不作為犯論の作為義務とが直ちに同じものになるかは、別途検討すべき問題であるが、上記のような危険性は、新過失論のみならず旧過失論をとった場合でも無縁ではない。つまり、不作為態様の過失犯と故意不真正不作為犯の客観面の相違は基本的にはないとして、構成要件あるいは違法性段階で保証者説を導入した場合、過失犯の領域で保証義務の判断が弛緩化すると、行為者の主観面において、「故意」さえ認定できれば、殺人罪や傷害罪の不真正不作為犯が成立しうることになり、故意不作

為犯の拡大化という逆現象を招くことにもなるのである。従来、不作為態様の過失犯も故意不作為犯と同様の客観面を備えなければならないとする議論は、定型性の欠ける過失犯の成否を限定することを意図していたと思われるが、ここで示した故意不作為犯の拡大化という危険性があることも失念すべきではない。

　たとえば、欠陥製造品の回収義務の問題において、旧過失論と保証者説を結合し、排他的支配説等、危険源に対する事実的な支配関係に着目する見解に従った場合、その本来的意義からすれば、欠陥製品が消費者のもとにある以上、事実的な支配は消費者に移転しており、保証者的地位ないし保証義務は否定するのが筋と思われる。しかし、理論モデル②の北川説あるいは理論モデル③の林説の検討の箇所で指摘したように、このような学説は、排他的支配の概念を操作することで保証者的地位ないし保証義務を肯定する方向に傾斜しており、保証者的地位ないし保証義務の内容が弛緩化していることは否定できない。その顕著な例としては、薬害エイズ厚生省ルート事件（第３章【判例Ｆ】）において、旧厚生省生物製剤課課長の非加熱製剤に対する排他的支配を肯定する場面が挙げられる。このような傾向には、堀内教授が指摘したような危険性が内包されているといえるのではなかろうか[84]。具体的には、薬害エイズ厚生省ルート事件では、生物製剤課課長は、非加熱製剤を扱う医師やこれを販売する製薬会社に対する監督権限の不行使を理由として過失責任を負うことになったが、弛緩化した排他的支配概念が故意不作為犯・不作為態様の過失犯に共通の原理として適用され、かつこれが不作為犯における唯一の客観的基準であるとするならば、この事例においても、主観的に故意の認定ができさえすれば、故意不作為犯の成立を肯定しうることになる。これは不作為責任の許されざる拡張といえるのではなかろうか。

　このように考察していくと、故意不作為犯と不作為態様の過失犯に、同一の理論を適用することが正当なのかという疑問が生じる。そして根本的

疑問として、そもそも、故意犯と過失犯とでは行為の客観面から同じ構造を有しているといえるのかという疑問が生じる。むしろ、過失犯の成否を問題とする場合、過失の構造を踏まえた正面からの過失犯論を展開すべきなのではなかろうか。これは過失構造の理解の相違にも関わるが、重要なことは過失の実行行為とはどのような実体を有しているかということである。

 (4) 以上によると、問題解決の課題としては、①過失の実体をどのように理解するか、②過失犯の実行行為をどのように理解するか、また過失犯の不作為実行行為は不真正不作為犯として捉えることができるか、③注意義務と作為義務は同じであるか否かという点である。

第4節　過失犯の存在構造・規範構造

1　過失の構造について

　過失の構造には、違法論の理解が強く反映している。一般的には、結果反価値論は、旧過失論あるいは修正旧過失論と繋がる傾向があり、行為反価値論は、新過失論あるいは新・新過失論と繋がる傾向があるとされているが、このような図式は固定的でない。
　刑法の目的は第一次的には法益の保護であり、法益侵害性がないところに違法性を認めるべきではないので、法益侵害性およびそれに対する危険性を違法性の実質とする結果反価値論が正当である。しかし、法益侵害性が認められても、行為者の行為態様が規範に合致し、行為反価値性が欠如している場合には、跛行的に違法性が否定されることがあると考える[85]。過失犯の場合がその一例である。つまり、法益侵害の結果が発生していて

も、行為者の行為態様が一定の基準行為から逸脱したものではない場合は、行為反価値の欠如を理由に過失犯の成立を否定すべきである[86]。交通事故が激増し、さらに公害や企業災害が多発する社会では、至る所に危険が潜んでいる。結果回避のために必要な客観的な行為準則に従った場合には、たとえ法益侵害の結果が発生したとしても、客観的落ち度がない以上、処罰すべきではないのである。このように過失を客観化することは、許された危険の法理や信頼の原則とも結合する。さらに事後規制社会の中では、ルールから逸脱した行為を問題にすることから[87]、客観的落ち度を問題にする必要性が高まり、そのような落ち度に起因する法益侵害結果が生じた場合の過失判断にも資すると考える。

2 過失犯の実行行為について

（1）前記のような新過失論においては、法益侵害の結果発生を前提にして、因果の系列を遡り、客観的予見可能性および結果回避可能性がある段階の行為を特定し、その段階で如何なる行為をすれば結果を回避できたかを問題にする[88]。ここで設定された行為が基準行為であり、これは、行為当時の具体的状況をもとに客観的に設定される。そして、現実の行為（作為、不作為）と基準行為とを比較対照し、行為者の行為が基準行為から客観的に逸脱している場合には、客観的落ち度があると理解するのである。逆に、基準行為からの逸脱が認められない場合には、行為反価値が欠如し、違法性が否定される。基準行為は、当該結果を回避するためにいかなる行為がなされるべきであるかという観点から設定されるので、多様な内容を有し、結果回避措置として不作為が要求される場合もあれば、作為が要求される場合もある[89]。したがって、ここで重要なことは、要求される基準行為がどのような内容を有するかであり、現実の行為態様が作為であるか不作為であるかという点ではない。過失認定の構造は、現実の行為態

様が作為であるか不作為であるかを問わず、全く同じなのである。このように、過失犯の実行行為は、基準行為から逸脱した行為（作為、不作為）である。

　そこで基準行為の設定の仕方が問題になる。これについては、藤木英雄教授の次のような指摘がある。すなわち、「義務の内容が具体的にどのように決まるかについては、（中略）行為当時の時点に立って、行為者の立場において危険の発生が予想できたものであるかどうか、予想できたものであるとして、その際被害が発生するかもしれない確率、見込みの程度いかん、危害が現実化したとして、その結果生ずる害悪が、きわめて甚大なものであるか比較的軽微なものであるか、とくに、被害を受けても致命的ではなく比較的回復が可能であるか、それともいったん被害を受けた場合には取り返しのつかない決定的な害悪を被害者にもたらすものであるか、等の発生を予想される被害、危害に関する事情、および、当該の危険惹起の原因となった行為が、社会生活上およそ無価値であるか、それとも、生活の利便を増進し国民一般の健康を増進し、あるいは、社会の生活水準、福祉水準の向上に寄与する面をもっているかどうか、つまり公共性をもっているかどうかということ、および危害にさらされている人との関係で、危害にさらされる側がいわば受益者的な立場にたつものであるかどうか、および、危害にさらされる側においても、危害を避ける比較的容易で適切な手段があり、しかし社会生活上有用性の認められる行為をする者の側に危害防止のための責任のすべてを負担させる必要は必ずしもなく、受益者側に一部危害防止の負担を転嫁させてもよいというような事情は認められるかどうか、また、その行為が、代替性があって、既存のもので間に合わすことができるものか、それともかけがえのないものであるかどうか、というような諸事情を比較考量の上、行為の当時において、行為者と同じ状況におかれた行為者と同じ立場に立つ一般の者にとって、危険防止のためにこの程度の負担を負わせるのが公平に合致すると考えられる具体的な安

全のための行動（積極的な作為あるいは不作為）が導き出され、それが具体的な結果回避義務となる」とされる[90]。

このように、基準行為の設定に際して考慮される要素には、許された危険性か否かに関わる考慮要素も含まれているため、多様なものとなっている。そのため、基準行為の設定と不作為犯の作為義務の発生根拠論とは異なった判断が想定されているといえよう。不作為犯で問題になる法的作為義務は、基本的に法益侵害を被っている者との特別の関係にある者が負う義務であって、過失犯の注意義務とは区別されるべきものである[91]。私見も基本的にはこのような考えに依るものである。

もっとも、過失犯の実行行為は、基準行為からの逸脱だけに尽きるものではない。結果反価値論の立場からは、基準行為から逸脱した行為が因果プロセスの中で法益侵害の現実的危険性と結びついた段階で実行行為性を取得すると考えるべきである。具体的には、結果回避のためにいかなる行為がなされるべきであったかを検討する際には、基準行為からの逸脱が問題となるが、そこで要求される行為（作為、不作為）がいかなる状況下のものであるかを判断材料に組み込み、当該基準行為の逸脱から、結果発生に至る危険の程度を判断する必要があるのである[92]。

このような考えの下では、現実の行為態様が不作為である場合と作為である場合とで、本質的な差異は存在せず、特に不作為犯論における保証者説を導入する必要はないのである。

以上の過失犯の構造および実行行為の理解をもとにして、以下の【設例2】において、過失犯の実行行為の実体を検討してみる。

【設例2】

「血液製剤等の医薬品の製造販売を業とする製薬会社Ｙの代表取締役Ｂは、同社の業務全般にわたる重要な案件について協議し決定する機関である常務会と経営会議を主催し、営業方針、副作用の発生とその対応等の業

第 4 章　不作為態様の過失犯に関する議論状況　　257

務全般について報告を受けるなど同社の業務全般を統括していた者である。Cは、同社の代表取締役副社長兼研究本部長であり、常務会を構成し、Bを補佐して同社の業務全般を統括するとともに医薬品研究に関する業務全般を統括していた者である。Dは、同社代表取締役兼製造本部長として、常務会等を構成し、医薬品の製造業務全般を統括していた者である。

　Y社は、米国から輸入した血漿と国内血漿との混合血漿を原料とした非加熱製剤を製造販売していたものであるが、昭和61年1月ころまでには、米国製血漿を原料とした非加熱製剤の使用によるHIVウイルス感染の事実が認知されるようになり、また、同じころまでに、厚生省は、加熱処理された製剤（これによりHIVが不活性化される）の輸入販売についてY社を含む製薬会社に承認し、国内での販売が開始されるようになり、非加熱製剤を留め置く必要性はなくなった。

　しかるに、B、C、Dは、昭和61年1月以降も、非加熱製剤の販売中止、市販済みの非加熱製剤の回収措置等の措置をとらなかった。
① その後、昭和61年1月以降に非加熱製剤が商事会社を介してZ大学付属病院に販売され、同病院医師により、肝機能障害に伴う食道静脈りゅうの硬化術を受けた被害者に当該製剤が投与され、同人をHIVに感染させ、その結果、被害者が死亡した。
② 昭和61年以前にZ大学付属病院に販売されていた非加熱製剤が、Z大学付属病院において、同病院医師により、上記患者に投与され、同人をHIVに感染させ、その結果、被害者が死亡した。」

　(2)【設例2】の場合、Y社の非加熱製剤による患者の死亡を前提に、因果の系列を遡ると、昭和61年1月以降、非加熱製剤の販売を継続し、販売済みの非加熱製剤を放置すれば、その投与により患者らをHIVに感染させ、死亡させることについての予見が可能になったといえる。そこで、

Y社のBらには、まずは客観的に販売行為の中止という不作為義務が要求される。

①の事案においては、この不作為義務に違反したY社の販売行為は、法益侵害の危険性があり、この販売行為により流通した非加熱製剤が現に被害者に投与されている。そのため、この販売行為を作為過失の実行行為と捉えることもできる。しかし、販売行為後においても、なおBらは流通した非加熱製剤の危険性について注意を喚起して回収措置を講ずることができ、結果を回避できる余地がある。そのような場合には、いまだに結果発生の現実的危険性が発生していないともいえ、販売行為のみが実行行為を構成するわけではない。販売行為後においても製剤の危険性の認識度に応じて、注意喚起措置や回収措置を講じるべき客観的要請が働き、この基準行為とこれらの措置を講じないという不作為とを比較対照した場合、やはり基準行為からの逸脱が認められる。そしてこの行為と法益侵害の危険性とが結びついているのである。

これに対し、②の事案の場合（問題設定状況としては、前記【設例1】の状況とほぼ同じである）、①の事案とは異なり、昭和61年1月以降の販売行為は、発生した結果との関係では無関係なので、実行行為を構成しない。この場合は、すでに販売済の非加熱製剤との関係で危険性の注意喚起措置あるいは回収措置を講じることが基準行為となる。そして、Bらの現実の行為とこの基準行為とを比較対照して、基準行為から逸脱し、法益侵害の危険性と結びついている場合には、過失実行行為性が認められる。

(3) 基準行為からの逸脱という基準でBらの行為を見た場合、義務違反形態は流動的であり、必ずしも一連の過程の一部だけを切り出すことが適切とは言えない場合がある。その例が①の事案の場合である。また、②の事案のように、販売行為後の不回収措置を問題にする際も、自社が販売した製剤についての危険性をBらが認識しうる立場にいることを前提に

した場合は、何らの措置も講じないＢらの行為が基準行為から逸脱していることは明らかである。さらにこの不作為が法益侵害の危険性と結びついている。近時の議論は、②の場合について、保証者的地位や保証義務を問題にするのであるが、過失犯の成否を論じるにあたり、①の事案と②の事案とで理論構成に大きな違いを設ける必要性があるのであろうか。

　②の事案の場合、不作為犯として構成することにそれほど意味はない。問題となるのは、回収措置を講じることが基準行為として刑法上要求できるか否かということである。ここにおいては、第２章で検討したように、製造業者等が、製品流通後においても事故情報を収集するなどして製造物の危険性を監視し、危険性の認識に応じて各種の安全対策を講じるべき社会生活上の安全義務を負っていることを前提にすれば、回収措置を基準行為として導き出すことに困難はない。そして、基準行為設定の段階でなすべき行為が特定された場合には、その名宛人は、かかる行為を履行する権限を有する者に自ずと特定されるので、機能的に見ても、保証者説を導入して行為者の選別を図る必要もないと考える。このような意味で、過失責任は、客観的行為要求に対する違反として位置づけることができるのである[93]。

　もっとも、基準行為の設定の段階で社会生活上の安全義務を持ち出すことに対しては、民事の問題と刑事の問題を混同するとの批判が考えられる。そこで、回収義務を刑法上の基準行為として位置づけるプロセスを示す必要がある。

　(4)　まず、製造業者は、社会生活上、消費者との関係において、「規定に従って製造業者の製造物が使用された場合に、何ら被害が生じないように配慮する義務」を負っている。このような義務なくして、製造業者に対して、製品流通後においても事故情報を収集するなどして製造物の危険性を監視し、危険性の認識に応じて各種の安全対策を講じることを要求する

ことはできない。

　次に、このような義務があることを前提に、刑法上も製造業者に対して安全対策を要求すべき客観的状況が必要になる。第３章の判例の分析からは、客観的状況として、製造物に内在する欠陥等を原因とした相当広範囲にわたる危険状況があることが必要となろう。そして、不特定多数の消費者の健康に対し、「真に受け止めるべき危険」を及ぼしていると認められる場合には、法益保護の観点から、刑法レベルにおいてもこの危険を放置することはできない。この場合、製造業者の負っている社会生活上の安全義務は、刑法レベルにおいても無縁とはいえない。法秩序を動的存在として把握するならば[94]、特定分野の社会生活上の安全義務が刑法上の義務に具現化することは認められるべきである。このように、基準行為として警告措置や回収措置を設定する背景として、以上事情を考慮するならば、決して民事の問題と刑事の問題とを混同するものではないと考える。

3　過失犯の規範構造

　(1)　上記のように、新過失論に基づいて基準行為の設定をする場合、現実の行為態様が作為か不作為かはあまり重要ではなくなるが、このような理解は、過失犯の規範構造上も許されるであろうか。これに関連して、「不真正不作為犯は、不作為の処罰を明示していない法規定によって不作為が処罰される場合であるから、その処罰範囲をどのように画定するかが大きな問題である。実質的に考えても、自由主義・個人主義を前提とする限り、個人の利益を積極的に侵害することは一般的には許されないが、他人の利益を守るために能動的に行為することは特別の事情がない限り命じられるべきでない」[95]との指摘は検討する必要はあろう。これは、不作為態様の過失犯を「過失的不真正不作為犯」として概念規定する必要があるかという問題でもある。

（2）不作為態様の過失犯において、過失的不真正不作為犯の概念を認める論者は多いが、問責の対象となる行為が不作為というだけで、不真正不作為犯であるとするのは早計である。不真正不作為犯の概念規定をする場合には、犯罪行為の存在構造上の区別方法と、規範構造上（価値構造上）の区別方法とは、区別して論じなければならない[96]。「過失的不作為犯」(fahrlässiges Unterlassungsdelikt)、あるいは「過失的不真正不作為犯」(fahrlässiges unechtes Unterlassungsdelikt) の概念を認めるのであれば、前述した過失犯の存在構造の検討とともに、規範構造の検討も必要である。

通説によると、不真正不作為犯とは、「～したる」という作為の形式で規定された構成要件を不作為で実現する犯罪、つまり、法規の規定形式を基準として区別された「作為犯」の犯罪構成要件を、現実の存在構造が「不作為」である行為で実現する犯罪をいうとされている[97]。しかし、過失犯の規定形式を見た場合、一般的に「～したる」という形式ではなく、「過失により死傷させた」という形式がとられている。たとえば業務上過失致死傷罪（211条1項前段）では「業務上必要な注意を怠り、よって人を死傷させた者」というように「させた」という表記が使われている。また、法規の規定形式が二段階的構成になっている。これによると、故意犯の場合の規定形式と異なり、行為態様が作為に限定されているわけではないのである[98]。そうすると、定義レベルでも「不真正不作為犯」とは言い難いのである[99]。

（3）このように、過失犯の構成要件上、作為のみならず不作為も含まれることを前提にする場合、不作為を作為と等置する要請が働くかどうかについても結論が異なってくる。この問題点については、第1章第5節（94頁）、および本章第2節（235頁）でも若干触れたところである。

まず、故意の不真正不作為犯の場合、作為と不作為との等置問題が存在する。つまり、作為は因果の流れを惹起しそれを結果発生に向かって支配・操縦することができる。これに対して、不作為は単に因果の流れを利用できるに過ぎない。このような作為と不作為との存在構造上の差異を前提に、いかにして両者を等置するのかという問題である[100]。すでに指摘したように、この等置問題の解決については、複数のアプローチがある（本章第2節2（2）（232頁）参照）。この点について、上記のような作為と不作為との存在構造上のギャップを前提にすると、保証義務を媒介にすることはできず、因果的アプローチ（不作為者自身による原因設定行為）により解決するのが正当と指摘した。つまり、法益侵害に向かう起因、被害者、不作為者という三面関係において、不作為者自身が起因を設定する必要があるのである[101]。

これに対して、過失犯の場合、前記のように、その規範構造上、作為との等置の要請は働かない上に、その存在構造上も、行為者（不作為者）が法益侵害に向かう起因を設定する必要はない。前述のように、過失犯は、法益侵害の結果発生を前提にして、因果の系列を遡り、客観的予見可能性および結果回避可能性がある段階の行為を特定し、その段階で如何なる行為をすれば結果を回避できたかを問題にするものである。したがって、行為者が法益侵害の直接的原因を設定した者でなくても、法益侵害に向かう因果系列に介入しうることを前提に、客観的注意義務違反が認められる場合には、過失犯は成立しうるのである。

このように、過失犯の存在構造、規範構造の考察からは、不作為の過失実行行為性を「過失的不作為犯」あるいは「過失的不真正不作為犯」の問題として扱う必然性はない。むしろ、「不作為的過失犯」（unterlassende Fahrlässigkeitsdelikt）として考え、正面から客観的注意義務違反の有無を検討すれば足りると考える[102]。

第5節　組織体の中の自然人の注意義務

1　組織的観察の必要性

　前節において、過失犯の存在構造・規範構造について検討し、新過失論の立場から、注意義務違反の判断手法を示した。では、このような判断手法は、組織体の中の自然人の（不作為的）過失を判断する場合には、どのように適用されることになるのか。

　第1章第4節でも検討したように（74頁）、法人たる製造企業、特に大企業が欠陥製品を流通させている場合には、「企業自体」に要求される義務内容と企業内の取締役等の「自然人」に要求される義務内容とが一致しない現象が生じる。そのため、企業内の個々の構成員が、どのような条件の下で、企業の義務違反に関して刑法上答責的であるのか、という問題がもたらされるのである。これは、製造物責任の領域だけではなく、企業活動に付随して個人の生命・身体が侵害される場面において、共通して問題になり得るものである。

　そこで、このような事案における注意義務の判断手法について、これまで検討した過失犯の理論の観点から示す必要がある。

2　基準行為論を背景とした二段階的判断

　（1）製品流通後の過失の問題を処理する場合、基準行為論の観点からは、企業が負っている社会生活上の安全義務を前提に、「企業」として行うべき基準行為（警告措置、回収措置など）を設定することには困難はない。しかし、刑法典の生命・身体犯について刑法上の責任を負う主体は、法人ではなく自然人であるので、単純に基準行為としての「回収措置」から逸脱したとするだけでは不十分であり、より具体的な注意義務を導き出

すことが必要になる。組織体の中の自然人の過失責任は、この具体的注意義務違反がなければ認めることはできない。

　組織体の中の自然人が負担する注意義務については、過失を客観化する新過失論の立場からは、次のようなプロセスに基づいて具体化するのが論理的かつ合理的と考える。端的に述べれば、まず、企業としてなすべき措置として回収措置等の基準行為を想定し、次いで、組織内の現実の業務形態を前提にして、組織内の自然人について、かかる措置の実現に向けた客観的注意義務を措定するというプロセスである。具体的には、次のようなプロセスとなる。

　すなわち、製品流通後の過失が問題となる場面においては、企業の物的支配外にある危険物について、消費者等の現実の支配保有者に対する働きかけが問題になるから、企業としての外部措置を想定しなければならない。しかし、これはあくまで企業が主体となって行うべき基準行為であり、この基準行為からの逸脱が刑法上の答責性の対象となるわけではない。この基準行為は、自然人が負担する客観的注意義務の「前提」として考慮されるにすぎない。組織体の中の自然人は、最終目的である安全措置の実施に向けて各種の行動を起こさなければならず、この最終目的との関係で設定される基準行為が具体的な客観的注意義務となる。このような客観的な注意義務は、第3章第4節における判例の分析結果を参考にすれば、関係法令の規定、組織体の所掌事務の実態や職務遂行の実態を基にして、組織内における行為者の具体的権限や関係業務への関与実態（とりわけ、回収措置など最終目的となる措置への関わり）を明らかにした上で導き出されるというべきである。ここにおいて、組織の中の自然人の特定の行態と結びつけて刑法上の答責性が判断され、このように設定された基準行為からの逸脱がある場合に、具体的な客観的注意義務違反が認められる。換言すると、組織体の中の自然人が刑法上答責的となるのは、回収措置等の外部措置の実施に向けて、必要な行動を取らなかった場合である。

通常、刑事裁判実務において、「罪となるべき事実」に記述される注意義務違反行為がこれにあたる。

　皮革スプレー事件判決においては、過失犯のみならず故意犯の場合にも共通して、組織関係的観察方法が採られ、企業として負担する義務と組織の中の自然人が負う義務を区別した二段階的な判断がなされていたが、クーレンが指摘していたように、理論的な背景が不明であった。しかし、ここで示したように、過失の本質について結果回避義務を中心に理解し、基準行為を設定することにより過失を客観化する見地に立つ場合には、基準行為論の枠内で二段階的判断を取り入れて具体的注意義務を明らかにするという解釈論を展開することが可能である。これにより、過失犯論の枠内で組織体の実態を踏まえた合理的な過失認定の説明もできると考える。また、このような組織関係的な観察方法は、第3章で検討したように、わが国の判例実務にも随所に見られるので、実務的にも受け入れやすい基準であると考える。

　(2) ところで、基準行為を設定する際に、行為者に過大な負担を負わせることにならないようにする必要がある。たとえば、第3章の【判例H】の第二審判決に見られたように、製造物の欠陥と消費者の死亡結果との関係が必ずしも明らかでない場合にまで、被告人に製品回収の注意義務を課そうとする試みが挙げられる。

　たしかに、第2章で検討したように、一定の事故発生後に更なる被害が生じることが予想される段階（実害発生後拡大被害防止段階）においては、製品固有の欠陥に基づいて被害が発生していることが確定していない状態であっても、被害の未然防止の観点から、積極的に製品の回収などを求める社会的な要請がある。

　しかしながら、実際に、製品に起因すると思われる被害が生じ、「事後規制」としての過失犯の成否が問題となる場合には、製造業者の刑法上の

注意義務の判断以前に、製品欠陥と被害者の死傷との間の因果関係（いわゆる一般的因果関係）の判断が先行しなければならない。一般的因果関係の問題は、皮革スプレー事件判決でも提起された問題であり、刑事裁判における自由心証主義とも絡む大きな問題である。本論文においては、第1章第1節において、この問題点の指摘をしたのみで、詳細な検討はしていないが、一般的因果関係の厳密な認定は、刑法上の注意義務を制限する一つのストッパーとして機能しうるものである。すでに指摘したように（第3章第3節3の【判例H】の【検討】の箇所を参照）、拡大事故防止段階で事前規制的観点から要求される措置であっても、発生した結果との関連が疑わしい場合には、刑法上の義務付けが正当化されるわけではないのである。この点については、創出された危険状態が、そもそも製造業者に帰属する性質のものであるのかを問う因果関係論とも関係するものである。この点については、今後更に検討する必要がある。

第6節　結　語

　以上、過失の構造について新過失論に依拠する立場から、欠陥製品の不回収の場面の理論的問題点について検討してきた。まとめると次のようになる。

1　過失の構造および過失実行行為性について

　新過失論においては、注意義務の内容として結果回避義務を中心に考え、その違反については、基準行為からの逸脱という客観的視点で捉えることになる。基準行為は、法益侵害の結果の発生を前提に、因果の系列を遡り、客観的予見可能性と結果回避可能性がある段階で、いかなる行為を

すべきであったかという視点で措定されるものである。その意味で、過失犯は客観的行為要求に対する違反といえる。ただ、基準行為が措定され、現実の行為態様と比較対照した結果、基準行為からの逸脱が認められても、それだけでは過失犯の実行行為性を取得するわけではない。跛行的結果反価値論の立場からは、基準行為からの逸脱が結果に至る因果プロセスの中で、法益侵害の現実的危険性と結びついた段階で、実行行為性を取得する。

製品流通後の過失の場面において説明すると、製造業者は、社会生活上、消費者との関係において、「規定に従って製造業者の製造物が使用された場合に、何ら被害が生じないように配慮する義務」を負っている。このような義務があることを前提に、①客観的状況として、製造物に内在する欠陥等を原因とした相当広範囲にわたる危険状況があり、②不特定多数の消費者の健康に対し、「真に受け止めるべき危険」を及ぼしていると認められる場合には、刑法レベルにおいてもこの危険を放置することはできず、また法秩序の動的構造の観点からも、刑法レベルの基準行為の履行が求められる。そして、③これが法益侵害の危険性と結びついた段階において過失実行行為性が認められると考える。

2 過失犯の存在構造および規範構造

過失犯の存在構造上、必ずしも、行為者（不作為者）が法益侵害に向かう起因を設定する必要はない。前述のように、過失犯は、法益侵害の結果発生を前提にして、因果の系列を遡り、客観的予見可能性および結果回避可能性がある段階の行為を特定し、その段階で如何なる行為をすれば結果を回避できたかを問題にするものである。したがって、行為者が法益侵害の直接的原因を設定した者でなくても、法益侵害に向かう因果系列に介入しうることを前提に、客観的注意義務違反が認められる場合には、過失犯

は成立しうる。

　過失犯の場合、過失犯の規範構造上、不作為による遂行を予定しているので、不作為態様の過失犯を「過失的不真正不作為犯」として構成する必要はなく、「不作為的過失」として捉えれば足りると考える。

3　注意義務と作為義務

　過失犯の成否を決するのは、客観的予見可能性を前提とした結果回避義務に違反するか否かである。この判断と不作為犯で問題になる法的作為義務あるいは保証義務とが場合により一致することがあるにしても、基本的には別異に捉えるべきである。この意味では、理論モデル④における、過失犯の注意義務と不作為犯の保証義務とは別異に捉えるべきであるとの指摘は正当ということになる。基準行為からの逸脱という観点で過失認定する場合には、基準行為をどのように設定するのかという問題はあるにしても、保証者説を導入して、行為者選別を図る必要性はない。

4　組織関係的な観察方法の採用

　過失の本質について結果回避義務を中心に理解し、基準行為を設定することにより過失を客観化する見地に立つ場合には、組織体の中の自然人が負担する注意義務については、次のようなプロセスに基づいて具体化される。端的に述べれば、まず、企業としてなすべき措置として回収措置等の基準行為を想定し、次いで、組織内の現実の業務形態を前提にして、組織内の自然人について、かかる措置の実現に向けた客観的注意義務を措定するというプロセスである。組織体の中の自然人が、刑法上の答責性の対象になるのは、回収措置等の外部措置の実施に向けて、必要な行動を取らなかった場合である。このプロセスにおいても、上記１の①ないし③の判断

は取り込まれることになる。

注
1) 製造物に起因する刑事責任について論じた主な論考等として、次のようなものがある。板倉宏（1969）50頁以下、岩間康夫（1992）41頁以下；（1994）201頁以下；（1995）45頁以下；（1996）55頁以下；（1997）57頁以下；（2001）1頁以下；（2002）26頁以下；（2010）、北川佳世子（1996）171頁以下；（2000）41頁以下；（2006）181頁以下；（2008）153頁以下、堀内捷三（1993）3頁以下、鎮目征樹（1999）343頁以下、日山恵美（2003）161頁以下、塩見淳（2003）81頁以下、甲斐克則（2003a）112頁以下；（2006）157頁以下、神例康博（2003）141頁以下；（2004）183頁以下、船山泰範（2007）160頁以下、平山幹子（2004）109頁以下、前嶋匠（2004）90頁以下；（2005）114頁以下、岡部雅人（2007）101頁、山中敬一（2011）1頁など。
2) アルミン・カウフマンは、命ぜられた行為を遂行しようとする意思は存在したが、その行為遂行が過失により失敗した場合、すなわち、保証義務の遂行過程に注意義務違反がある場合に、過失的不真正不作為犯（fahrlässiges unechtes Unterlassungsdelikt）が成立するとした（A. Kaufmann, 1988, S. 109 ff., 148, 170 ff.）。しかし、本書で問題にする過失的不真正不作為犯は、行為態様が不作為である過失犯一般のことである。
3) 保証者説については、保証義務ないし保証者的地位の実質的発生根拠に関する活発な議論がなされているが、本論文においては、保証者説の機能面の考察および保証者説と過失犯との理論的関係の解明を主たる目的とするので、実質的発生根拠論の言及については、必要な限度にとどめる。この点については、西田典之（1988）67頁以下、内田文昭（1994）93頁以下、神山敏雄（1995）189頁以下、佐伯仁志（1996）95頁以下など参照。
4) J. Nagler, GS111 1938, S. 1 ff. なお、ナーグラーの保証者説について紹介・検討した文献として、中谷瑾子（1957a）14頁；（1957b）40頁、神山（1964）29頁；（1965）56頁；（1966）43頁、中森喜彦（1968）1頁など。
5) 不真正不作為犯の学説史については、日髙義博（1983）7頁以下、堀内（1978）3頁以下参照。
6) 中谷（1957a）42頁。
7) K. Engisch, 1930, S. 10 f. 13.
8) H. Drost, GS109 1937, S. 6.

9) 日髙・前掲書 39 頁。
10) もっとも、保証義務の内容自体は、ナーグラーの保証者説以前に主張されていた法的作為義務と異なるものが主張されたわけではなかった（中谷（1957b）48 頁、中森（1968）5 ～ 6 頁）。
11) Nagler, GS 111 1938, S. 61 f.
12) 中谷・前掲書 57 頁。
13) これについて、ナーグラーの保証者説は保証義務を行為に付着する「行為要素」とみるものであり、不作為に規範的、価値的作為義務を付着せしめた場合にはそこには上位概念としての行為が認められないとして、保証義務は不作為者の作為者の身分を形成する「行為者要素」とみるべきという見解もある（神山，1966，44 頁）。
14) 中谷・前掲書 56 頁。
15) このことが顕著に現れたものとして、BGHSt, Bd. 16, S. 155, 159 が挙げられる。
16) R. Bärwinkel, 1968, S. 15.; R. Meyer, 1972, S. 35, 39.
17) J. Baumann, 1975, S. 250.
18) H. Welzel, 1969, S. 213.
19) 福田平（1990）69 頁。
20) 分離理論における行為者選別的志向を顕著に示したものとして、川端博ほか（2000）79 頁以下〔川端教授発言部分〕参照。
21) Welzel, 1969, S. 208 f.
22) 中谷（1957a）32 頁。
23) 福田・前掲書 66 頁、川端（2006）222 頁、内藤謙（2001）229 ～ 230 頁、井田良（2008）144 頁など。
24) Meyer, 1972, S. 38. この点について詳細は、日髙（1979）30 頁以下参照。
25) 日髙・前掲書 37 頁。
26) 日髙（1983）226 頁。
27) 日髙・前掲書 225 頁。
28) 日髙・前掲書 226 頁。
29) 福田（2011）91 頁。
30) このようなことは、分離理論の中でも、Kaufmann, 1988, S. 307 f., 福田（1990）73 頁、井田・前掲書 144 頁、注 15）のように、保証者的義務が構成要件要素でもなければ、違法要素でもなく、犯罪論体系のいかなる場所にもあらわれないとする見解においても、あてはまるであろう。
31) 神山（1966）44 頁。
32) 塩見（2003）90 頁。

33) 鎮目（1999）343 頁以下。
34) 井田・前掲書 203、144 頁。
35) 故意犯の場合を想定したものであるが、川端ほか（2000）85 頁〔川端教授発言部分〕参照。
36) 日髙（1983）44 頁。
37) たとえば、アルミン・カウフマンは、不真正不作為犯の構成要件を確定する基準の一つとして、命令規範違反の不作為が作為構成要件における作為と不法および責任の内容において等しいことを挙げている（Kaufmann, 1988, S. 284.）。
38) 福田（2011）93 頁。
39) 日髙・前掲書 56 頁。
40) 日髙・前掲書 143～145 頁。
41) 日髙・前掲書 153～154 頁
42) 中森（1968）34 頁。福田（1990）54 頁も同旨。
43) もっとも、鎮目・前掲書 351 頁のように、このような等置問題自体を問題としない見解もある。
44) たとえば、北川（2006）205～206 頁、注 8。
45) 神山（1993）46 頁。
46) 神山・前掲書 50 頁。
47) 神山（1995）216 頁。
48) 神山（1994）4 頁。
49) 神山・前掲書 24 頁。ただ、当該製品が有害物質を含有していることが指摘された後の出荷の場合は、作為による過失犯ないし故意犯の成立を認める余地があるとされる。
50) 北川・前掲書 205～206 頁、注 8。
51) 北川（1996）200 頁。
52) 北川・前掲書 200 頁。
53) 北川・前掲書 200～201 頁。
54) 北川・前掲書 201 頁。
55) 北川（2002）48 頁。甲斐（2003b）250 頁もほぼ同旨。
56) 岩間康夫教授は、北川説について、「ブラムゼン流の、危険物を手渡した後にも残存する弛緩した支配概念に途中で乗り換えているのかという疑問を残す」として、北川説を「抽象的支配説」として分類している（岩間（2002）114 頁）。
57) 林幹人（2008a）281、286 頁。
58) 林（2002）20 頁。
59) 林・前掲書 24 頁；（2008b）66 頁。

60）林（2008b）66 頁。
61）林・前掲書 67 頁。
62）林（2011）13 頁以下。
63）堀内（1993）9 頁。
64）堀内（1978）260 頁。
65）堀内（1993）9 ～ 10 頁。
66）堀内・前掲書 11 頁。
67）たとえば、平野龍一（1953）34 頁。
68）W. Niese, 1951, S. 62.
69）H. Henkel, 1954, S. 283.
70）平野潔（2001）76 頁。
71）平野潔・前掲書 77 頁では、「過失不作為犯の場合には、概念上は注意義務と作為義務は分離されるが、実際上は、二つの義務が一致することもありうるであろう」とされている。
72）平野潔・前掲書 76 頁。
73）平野潔・前掲書 76 頁。
74）平野潔・前掲書 77 頁、注 83 では、「過失行為が作為として構成されるか、不作為として構成されるかは、実際上はあまり実益のない議論であるとする指摘もある（中略）過失における作為と不作為の区別は、とくに新過失犯論を採用する場合には、当該行為が客観的注意義務に違反するか否かという観点が重要となるのであるから、両者の区別をする実益は乏く、したがって、この指摘は正当であると思われる」ともされているのである。
75）大塚仁（2008）211 頁は、「結果の発生を回避するための外部的態度に関するいわゆる結果回避義務は、過失犯における作為義務または不作為義務であると解することによって、過失犯における実行行為としての作為、不作為を故意犯における実行行為としての作為、不作為と平行させて理解することが可能になるとおもう。」とされている。
76）なお、【設例 1】において、X 社に健康被害の報告がなされ、今後の結果発生が予見できるようになった以降は、同新薬の欠陥が科学的に解明されていないとしても、危険性がないと断定できるまでは、新薬の販売を差し控えるべきといえるので、販売されていない新薬との関係では、販売を継続しないという不作為義務も生じうる。
77）日髙（2006）139 頁以下。
78）藤木英雄（1975b）240 頁、板倉（2007）256 頁。
79）板倉・前掲書 260 頁。

80) 福田 (2011) 132 頁、川端 (2006) 200 頁など。
81) 板倉 (1975a) 132 頁。
82) 板倉・前掲書 133 頁。
83) 堀内 (1993) 8 〜 9 頁。
84) この意味で、神山教授が、作為義務（保証義務）と過失犯の注意義務を厳格に区別し、作為義務の発生根拠である事実的依存の厳格な概念を変容させることなく過失の不真正不作為犯にも適用し、構成要件段階で厳格な「行為者選別」を機能させている点については、卓見とせねばならない。このような構成をとれば、結論の妥当性の点を描くとすれば、本文で指摘したような逆現象を招くことはないであろう。
85) 日髙 (2005b) 95、167 頁。
86) 日髙・前掲書 167 頁。
87) 松尾邦弘 (2008) 8 頁。
88) 藤木 (1975a) 32 頁「第Ⅰ編　総論」は、「結果回避義務は、具体的に生じたある危害からさかのぼって、その原因となった行動をした時点において行為者に対し何をなすべきであったかということを論じてその内容を特定するもの」とする。また、大規模火災の管理・監督責任に関する記述ではあるが、原田國男 (1992) 162 頁は、「具体的な発生結果から遡って予見可能で結果回避が可能な措置を割り出していき、具体的な過失を確定してゆくのが妥当と思われる。」としている。
89) 日髙 (2006) 153 頁は、「注意義務の内容として結果回避義務を考えた場合には、結果回避のための義務は、作為、不作為の双方に向けられていることから、作為犯か不作為犯かという二者択一的思考は意味がない。過失犯においては、原型となるべき犯罪行為態様は存在せず、流動的でさえある。」としている。
90) 藤木・前掲書 26 〜 27 頁。
91) 日髙・前掲書 153 頁、堀内 (1993) 9 頁。
92) 日髙・前掲書 151 頁。
93) もちろん、基準行為が事後的判断によって特定される場合には、行為者に不能を強いることになるので、基準行為は、行為時を基準に、行為者が置かれた具体的状況を前提に設定すべきである。
94) 日髙 (2005a) 11 頁。
95) 中森 (2002) 4 頁。
96) 日髙 (1983) 119 頁。
97) 日髙・前掲書 116 頁。
98) 日髙 (2006) 151 頁。なお、業務上過失致死罪を作為犯規定とする見解（玄守道 (2008) 4 頁）もあるが、本文のように理解すべきである。

99) 稲垣悠一（2009）165頁。
100) 日髙（1983）56頁。
101) 日髙・前掲書153～154頁。
102) 日髙（2006）153頁。

参考文献

Baumann, Jürgen（1975）Strafrecht, AT, 7. Aufl.
Bärwinkel, Richard（1968）Zur Struktur der Garantieverhältnisse bei den unechten Unterlassungsdelikten.
Drost, Heinrich（1937）Der Aufbau der Unterlassungsdelikte, Gerichtssaal, Bd. 109.
Engisch, Karl（1930）Untersuchungen über Vorsatz und Fahrlässigkeit im Strafrecht.
Henkel, Heinrich（1954）Zumutbarkeit und Unzumutbarkeit als regulatives Rechtsprinzip, in: Festschrift für Edmund Mezger zum 70. Geburtstag.
Kaufmann, Armin（1988）Die Dogmatik der Unterlassungsdelikte, 2. Aufl.
Meyer, René（1972）Die Garantenstellung beim unechten Unterlassungsdelikt.
Nagler, Johannes（1938）Die Problematik der Begehung durch Unterlassung, Gerichtssaal, Bd. 111.
Niese, Werner（1951）Finalität, Vorsatz und Fahrlässigkeit.
Welzel, Hans（1969）Das Deutsche Strafrecht, 11. Aufl.
板倉宏（1969）「製造者の刑事責任」『ジュリスト』432号
板倉宏（1975a）『企業犯罪の理論と現実』有斐閣
板倉宏（2007）『刑法総論』〔補訂版〕勁草書房
井田良（2008）『講義刑法学・総論』有斐閣
稲垣悠一（2009）「行政官僚の監督責任と『不作為的過失』――薬害エイズ厚生省ルート事件決定について」『専修法研論集』44号
岩間康夫（1992）「刑法上の製造物責任と先行行為に基づく保障人的義務――近時のドイツにおける判例および学説から」『愛媛法学会雑誌』18巻4号
岩間康夫（1994）「欠陥製造物を回収すべき刑法的義務の発生根拠について――ブラムゼン説の検討」『愛媛法学会雑誌』20巻3/4合併号
岩間康夫（1995）「製造物責任の事例における取締役の刑事責任――集団的決定に関与した者の答責」『愛媛法学会雑誌』22巻1号
岩間康夫（1996）「刑法上の製造物責任に関するヤコブスの見解について」『愛媛法学会雑誌』23巻2号

岩間康夫（1997）「刑法上の製造物責任に関するホイヤーの見解——因果関係と先行行為に基づく保障人的義務に関して」『愛媛法学会雑誌』23 巻 4 号
岩間康夫（2001）「先行行為に基づく保障人的義務に関するヤコブスの見解」『大阪学院大学法学研究』28 巻 1 号
岩間康夫（2002）「製造物責任と不作為犯論」『現代刑事法』4 巻 9 号
岩間康夫（2010）『製造物責任と不作為犯論』成文堂
内田文昭（1994）「保障人的地位の根拠」阿部純二ほか編『刑法基本講座第 2 巻』法学書院
大塚仁（2008）『刑法概説　総論』〔第 4 版〕有斐閣
岡部雅人（2007）「刑事製造物責任における『回収義務』について」『早稲田大学大学院法研論集』123 号
甲斐克則（2003a）「薬害と刑法・その 3——薬害と官僚の刑事責任」『現代刑事法』5 巻 8 号
甲斐克則（2003b）「薬害と製薬会社幹部の刑事責任——薬害エイズ事件ミドリ・ルート判決によせて」『広島法学』27 巻 2 号
甲斐克則（2006）「欠陥製品の製造・販売と刑事過失」斉藤豊治ほか編『神山敏雄先生古稀祝賀論文集・第 1 巻』成文堂
神山敏雄（1964）「不真正不作為犯論の批判的考察（一）」『沖大論叢』5 巻 1 号
神山敏雄（1965）「不真正不作為犯論の批判的考察（二）」『沖大論叢』5 巻 2 号
神山敏雄（1966）「不真正不作為犯論の批判的考察（三）」『沖大論叢』6 巻 2 号
神山敏雄（1993）「過失不真正不作為犯の構造」福田雅章ほか編『刑事法学の総合的検討：福田平・大塚仁博士古稀祝賀（上）』有斐閣
神山敏雄（1994）「保障人義務の類型」『岡山法学』44 巻 1 号
神山敏雄（1995）「保障人義務の理論的根拠」斉藤誠二ほか編『変動期の刑事法学：森下忠先生古稀祝賀（上）』成文堂
川端博（2006）『刑法総論講義』〔第 2 版〕成文堂
川端博・前田雅英・伊東研祐・山口厚（2000）『徹底討論・刑法理論の展望』成文堂
神例康博（2003）「ドイツにおける刑事製造物責任」『松山大学論集』15 巻 5 号
神例康博（2004）「欠陥製造物の回収とその限界に関する覚書——いわゆる薬害エイズ・ミドリ十字事件判決を契機として」板倉宏博士古稀祝賀論文集編集委員会編『現代社会型犯罪の諸問題』勁草書房
北川佳世子（1996）「製造物責任をめぐる刑法上の問題点——ドイツ連邦通常裁判所の皮革用スプレー判決をめぐる議論を手掛かりに」『早稲田法学』71 巻 2 号
北川佳世子（2000）「欠陥製品による事故と製造者の刑事責任——刑法における製品回収義務の発生根拠をめぐるオットーの分析」『宮澤浩一先生古稀祝賀論文集・第 3

巻』成文堂
北川佳世子（2002）「薬害エイズ 3 判決における刑事過失論」『法学教室』258 号
北川佳世子（2006）「欠陥製品回収義務と刑事責任——市販後の製品回収義務の根拠をめぐるわが国の議論」斉藤豊治ほか編『神山敏雄先生古稀祝賀論文集・第 1 巻』成文堂
北川佳世子（2008）「欠陥製品と企業の刑事責任」甲斐克則編『企業活動と刑事規制』（早稲田大学 21 世紀 COE 叢書　第 5 巻——企業社会の変容と法創造）日本評論社
佐伯仁志（1996）「保障人的地位の発生根拠について」内藤謙ほか編『刑事法学の課題と展望：香川達夫博士古稀祝賀』成文堂
塩見淳（2003）「瑕疵ある製造物を回収する義務について」『刑法雑誌』42 巻 3 号
鎮目征樹（1999）「刑事製造物責任における不作為犯論の意義と展開」『本郷法政紀要』8 号
内藤謙（2001）『刑法講義総論（上）』有斐閣
中谷瑾子（1957a）「不真正不作為犯の問題性に関する一考察（一）」『法学研究』30 巻 4 号
中谷瑾子（1957b）「不真正不作為犯の問題性に関する一考察（二・完）」『法学研究』30 巻 12 号
中森喜彦（1968）「保障人説について」『法学論叢』84 巻 4 号
中森喜彦（2002）「保障人説——その推移と意義」『現代刑事法』4 巻 9 号
西田典之（1988）「不作為犯論」芝原邦爾ほか編『刑法理論の現代的展開　総論Ⅰ』日本評論社
林幹人（2002）「国家公務員の作為義務」『現代刑事法』4 巻 9 号
林幹人（2008a）『刑法総論』〔第 2 版〕東京大学出版会
林幹人（2008b）「国家公務員の刑法上の作為義務」『法曹時報』60 巻 7 号
林幹人（2011）「過失不作為犯の現状——最高裁平成 21 年 12 月 7 日決定、最高裁平成 22 年 5 月 31 日決定、最高裁平成 22 年 10 月 26 日決定を契機として」『法曹時報』63 巻 12 号
原田國男（1992）「最高裁判所判例解説」『法曹時報』44 巻 5 号
日髙義博（1979）「不真正不作為犯における法的作為義務の錯誤——西ドイツの通説の検討を踏まえ、構成要件的錯誤としての結論を検証する」『Law School』8 号
日髙義博（1983）『不真正不作為犯の理論』〔第 2 版〕慶應通信
日髙義博（2005a）『違法性の基礎理論』イウス出版
日髙義博（2005b）『刑法総論講義ノート』〔第 3 版〕勁草書房
日髙義博（2006）「管理・監督過失と不作為犯論」斉藤豊治ほか編『神山敏雄先生古稀祝賀論文集・第 1 巻』成文堂

日山恵美（2003）「刑事製造物責任と取締役の行為主体性」『広島法学』26巻4号
玄守道（2008）「HIVに汚染された非加熱製剤を投与された患者がエイズを発症し死亡した事件で、当時の厚生省薬務局生物製剤課課長であった者に業務上過失致死罪が認められた事例」『速報判例解説刑法』No. 26（Z18817009-00-070260209）
平野潔（2001）「過失不作為犯における注意義務と作為義務について」『法学研究論集』14号
平野龍一（1953）「過失についての覚書」『警察研究』24巻3号
平山幹子（2004）「欠陥製品の製造・販売・リコール隠し」伊東研祐編著『はじめての刑法』成文堂
福田平（1990）『刑法解釈学の主要問題』有斐閣
福田平（2011）『刑法総論』〔全訂第5版〕有斐閣
藤木英雄編著（1975a）『過失犯――新旧過失論争』学陽書房
藤木英雄（1975b）『刑法講義　総論』弘文堂
船山泰範（2007）『刑法の役割と過失犯論』北樹出版
堀内捷三（1978）『不作為犯論――作為義務の再構成』青林書院新社
堀内捷三（1993）「製造物の欠陥と刑事責任――その序論的考察」『研修』546号
前嶋匠（2004）「企業・組織犯罪における合議決定と帰属関係（一）――因果関係と共同正犯・共同教唆」『関西大学法学論集』54巻4号
前嶋匠（2005）「企業・組織犯罪における合議決定と帰属関係（二・完）――因果関係と共同正犯・共同教唆」『関西大学法学論集』54巻5号
松尾邦弘（2008）「司法制度改革と刑事司法」『刑法雑誌』48巻1号
山中敬一（2011）「刑事製造物責任論における作為義務の根拠」『関西大学法学論集』60巻5号

終章
総括と展望

1　総括

本論文の考察によって得た結論をまとめると、次のようになる。

(1) 第1章について

本章では、製品流通後に製品の欠陥が判明した場合に、製造・販売業者に製品回収義務を認めた皮革スプレー事件判決をもとに、主として、製造業者の刑法上の義務付けに関係する理論について、ドイツの判例および学説の動向を検討した。その理論の特質については次のとおりである。

1) まず、ドイツにおいては、製品流通後の製造・販売業者の製品回収義務の発生根拠に関する議論について、故意不作為犯、不作為態様の過失犯に共通する原理として、保証理論（Garantietheorie）が用いられている。皮革スプレー事件判決においては、「義務違反の先行した危険行態」（先行行為）の観点から、製造業者の保証者的地位が導かれていた。

これに対し、ドイツ学説においては、本判決と同様の理論構成により製造業者の保証者的地位を肯定することは、おおむね批判的であった（先行行態の義務違反性を要求しない考えを総称して、「義務違反性アプローチ否定説」）。製品回収義務の問題は、「製品の製造・販売時の刑事過失が認められないような場合であっても事後的に危険性が判明した段階で何らかの安全対策を取るべきか否か」ということが共通の問題意識になっている。

義務違反性アプローチ否定説に従う場合、理論的方向性として、二つに分かれていることが明らかとなった。一つは、先行行為を根拠に保証者的地位を導き出そうとしつつも、先行行態の要件を緩和する方向である（「要件緩和説」）。たとえば、「高められた危険な先行行態」を問題とする見解が挙げられる。もう一つは、義務違反性アプローチ否定説を徹底して、保証者的地位を導き出すにあたって、もはや先行行為自体を問題としない方向である（「先行行為アプローチ否定説」）。この方向では、緩和・拡張された「支配」概念から、あるいは社会生活上の安全義務の観点などから、製造業者等の刑法上の義務を肯定する見解が認められた。要件緩和説は、結果惹起の原因となっている因果的起源を問題とするものであるのに対して、先行行為アプローチ否定説は、逆に、因果的起源を問題としないものである。この二つの方向は、因果的起源の果たす役割について、根本的な相違が認められる。

　次に、皮革スプレー事件判決においては、第一次的に、製造業者および販売業者の業務執行機関である取締役全体が負っていた回収義務を認定し、第二次的に、組織内の自然人である個々の取締役の行為義務を認定するという手法（組織関係的観察方法）が採用された。この手法は、従前の「ボトム・アップ的」な帰責方法（被害に最も近い原因を設定した者の第一次的違反を問題にし、それに引き続いて、「第二次的違反」や「第三次的違反」として、組織義務、選択義務、監視義務、統制義務の違反を追及するという帰責方法）から、「トップ・ダウン的」な帰責方法に転換するものであった。

　２）皮革スプレー事件判決の理論および学説の動向の検討から得られた結論をもとに、わが国の議論で考慮すべきことは、次の四つである。

　第一に、欠陥製品により惹起された危険状態が、社会生活上許された危険の範疇に属するか否かは、製造・販売業者に対する刑法上の義務付けの前提として必要になるということである。

第二に、製造・販売業者への義務付けの根拠については、もはや支配概念によっては説明できないことを正面から認めるべきということである。

　第三に、保証理論が担っている機能について再検討する必要があるということである。保証理論は、行為時点において、保証義務を媒介として作為と不作為を等置するところに特徴がある。等置問題とは、作為は因果の流れを惹起しそれを結果発生に向かって支配・操縦することができるのに対して、不作為は単に因果の流れを利用できるに過ぎないという作為と不作為との存在構造上の差異を前提に、いかにして両者を等置するのかという問題である。とりわけ、わが国の不作為態様の過失犯の問題を検討するにあたり、不作為態様の過失の場合に、このような要請が働くか否かにつき検討する必要がある。この問題は、つまるところ、故意不作為犯の存在構造と不作為態様の過失犯の存在構造に違いがあるのか否かということと関係する。

　第四に、組織関係的観察方法は、欠陥製品を流通させた企業が大企業の場合に、組織内の自然人について、組織の実態を踏まえた注意義務を導き出す理論として考慮する余地のあるものである。その際重要なのは、個人責任の原則に基づいて、刑法上の非難を個人の特定の行態と結びつけることである。その手法を過失犯の理論の側面から示す必要がある。

(2) 第2章について

　本章では、製造物過失事例について刑法解釈論を展開する以前に、わが国の法秩序の状況として、欠陥製造物に起因する被害について、どのような法規制をしているかについて検討した。

　ここにおいては、特に欠陥製品に関する事故に関連する、製造業者等に対する刑事規制について、次のような区分に応じて、各段階での刑事規制の特徴とその相互関係を明らかにした。その区分は、①死傷結果発生前の段階、あるいは一定の実害発生後ではあるが将来の拡大被害を防止する段

階における「事前規制」と、②死傷結果が発生した段階での「事後規制」である。

　1）まず、死傷結果発生前の段階で、消費者等に対する人的被害を未然に防止しようとする場合、基本的には、「公衆の生命・健康」という公共的法益を措定し、これに対する危険のレベルに応じて、形式犯（直罰制、命令前置制）や危険犯規定により規制をすることになる。製造物に関していえば、「製造・販売段階」での規制、「製品流通段階」、あるいは「実害発生後拡大被害防止段階」での規制が考えられる。近時は、道路運送車両法、消費生活用製品安全法、消費者安全法などをとおして、後者の段階の規制が強化されていることが明らかになった。

　私見としては、欠陥製品の危険の顕在化のレベル、あるいは企業に対する安全管理に関する規範的要請を踏まえると、「実害発生後拡大被害防止段階」で命令前置型の行政刑法による刑事規制を強化する方向性は、基本的には正当であることを示した。

　そして、わが国の法秩序が製品事故による被害の未然防止のために設けている「事前規制」の領域を分析した結果、次のことが明らかになった。

　第一に、刑法上の義務であるかどうかは別として、製造業者等は、製品流通後においても事故情報を収集するなどして製造物の危険性を監視し、危険性の認識に応じて各種の安全対策を講じるべき社会生活上の安全義務を明らかに負っているということである。そして、欠陥製品に起因して死傷事故が生じ、「事後規制」としての刑事過失が問題になる場面においては、事前規制段階で製造業者に課せられている注意義務を無視し得ないことを示した。

　第二に、製品事故情報の収集、消費者に対する正確な事故情報の提供、さらには適切な安全対策の実施は、製造業者等だけではなく行政機関も深く関わっており、しかもこれらの主体が組織として共働的に遂行することが予定されていることである。これ自体は、被害の未然防止という観点か

ら望ましいことである。そして、法秩序が設けた安全規制の網の目をくぐって発生してしまった死傷結果について、事後規制手段としての刑法が介入する場合、このような組織的な観点がどのような形で刑法理論の中に反映されるかが問題となることを示した。

2）次に、「事後規制」としての刑事規制についてである。

企業活動に起因して消費者等に死傷の結果が発生した場合は、「事後規制」としての刑事制裁が発動することになる。しかし、次の状況は、前提として理解する必要があることを示した。すなわち、「事前規制」の場面では、特別法上の両罰規定を根拠に法人処罰が可能であるのに対し、「事後規制」としての刑事規制の場合は、組織体の中の自然人に対する過失責任追及（特に業務上過失致死傷罪）が中心とならざるを得ない、ということである。

そして、「製造・販売段階」、「実害発生後拡大被害防止段階」の区別に応じて、各段階での理論的問題点の異同について検討した結果、次の点が明らかになった。

ⅰ）まず、「製造・販売段階」の規制には限界があり、事前規制の網の目をくぐり抜けて結果に実現したリスクについて、刑法上の答責性を問題にする必要があるということである。その場合、そのような事後規制手段としての刑法に、どの程度の役割を担わせるかである。より現実的には、組織の中の自然人に対する過失犯処罰が中心になることを正面から認め、その中で組織の実態を踏まえた刑法解釈論を展開することが重要であることを示した。この観点からは、製造・販売段階の過失については、判例実務において、どのような過失認定の手法が採られているのかを分析することが必要になることを示した。

ⅱ）次に、「実害発生後拡大被害防止段階」では、被害の未然防止のための各種の制度が設けられ、行政刑法としての刑罰規定も拡充されていた。しかも法人重課規定が設けられているので、企業に対する安全対策の

実施を促す効果が期待されるものであった。しかし、行政刑罰の運用実態などを考えると、行政刑罰に対して過度に期待すべきではない。やはりこの段階においても、事後規制手段としての刑法の役割は、依然として残されている。

「実害発生後拡大被害防止段階」では、製品事故情報の収集、消費者に対する正確な事故情報の提供、さらには適切な安全対策の実施が、製造業者等に対して積極的に求められている段階である。あくまで一般的な比較の問題であるが、「製造・販売段階」の過失では「未知の危険」に対する予見可能性の問題が生じることが多いのに対し、「実害発生後拡大被害防止段階」では、結果の予見可能性は認められやすく、「既知の危険」への対処が求められる段階といえる。

このような状況下における過失の実態は、製品の欠陥に起因する危険状態を所与のものとした上で、かかる危険状態を除去する安全管理対策（警告措置、あるいは回収措置）を怠ることである。このような外部的措置は、通常、企業の末端の従業員によっては行い得ないから、会社のトップが拡大被害を防止するために適切な措置を講じなかったことが問責の対象となることが多い。

ここにおいても、製造・販売段階の場合と同様、事後規制手段としての刑法としては、組織の中の自然人に対する過失犯処罰が中心になることを正面から認め、その中で組織の実態を踏まえた刑法解釈論を展開することが重要である。この観点からは、やはり製品流通後の過失について、判例実務において、どのような過失認定の手法が採られているのかを分析することが必要になる。

(3) 第3章について

本章においては、製造物に起因して生じた死傷事故に関する代表的な刑事判例を検討し、わが国の判例にみられる欠陥製造物に関する過失責任の

特質を明らかにした。その際、第2章で示した「製造・販売段階」および「製品流通段階（実害発生後拡大被害防止段階）」の区分に応じて、製造・販売段階の刑事過失が問題となった判例（【判例A】ないし【判例D】）と製品流通段階の刑事過失が問題となった判例（【判例E】ないし【判例H】）とに分け、その特質と異同を検討した。

　1）製造物の製造・販売過程の刑事過失が問われた事案の第一の特質としては、行為者が、製造・販売過程に対する具体的な関与実態を持っているか否かが問題とされていることである。ここでは、「欠陥形成への実質的関与」が過失の実態となっている。

　第二の特質としては、製品を製造販売した原因企業の規模が大きく、被害原因となった製造物の製造過程に対する従業員等の関与形態が複雑になる事案においては、組織関係的観察に基づく過失判断の手法が採られていることである。

　これらの特質をまとめると、製造・販売段階の刑事過失においては、①製品事故を惹起した原因業者への過失責任追及が問題とされ、②企業の規模や製造過程に対する従業員等の関与形態の複雑さに応じて、組織関係的な観察方法が採り入れられ、③設計・製造・販売過程への現実的・具体的な関与実態、あるいは管理・監督権限を結節点として、製造物の安全面ついての注意義務違反が問題にされているという結論が得られた。

　2）製品流通後の刑事過失の第一の特質は、責任主体の人的拡大が見られることである。第二の特質は、製造・販売業者の物的な支配下から離れている欠陥製造物を回収するなどの措置が求められ、実施すべき結果回避措置の内容が物理的に見て広範囲にわたるものとなっていることである。その一つの理由は、行為者の物的支配外にある危険源に対する監視を通じて、「危険源保有者」に対して働きかけをすることが問題とされているからである。

　そのようなことから、製品流通後の過失は、不作為態様の過失が中心に

なっている。しかし、判例全体の分析からは、その傾向として、純然たる過失犯の問題として処理されていることが明らかになった。

そこでの傾向をまとめると、①製造物に内在する欠陥等を原因とした相当広範囲にわたる危険状況があることを前提として、②組織関係的な観察をベースに組織内の自然人に対して注意義務の振り分けを行い、③安全対策に対する抽象的義務が刑法上の具体的注意義務に転化する場面において過失責任を認めるという手法が採られているという結論が得られた。

3）設計・製造・販売・流通段階を通じて見られた製造物過失の共通点と差異については次のような結論が得られた。

まず共通点として、第一に、大企業等の組織体の中の自然人の過失責任が追及される場面では、組織関係的な観察方法により具体的な注意義務が導かれていることである。

共通点の第二は、製造・販売および流通のいずれの段階においても、過失責任の前提として、一定の実質的な関与が問題とされていることである。

もっとも、製造・販売段階と製品流通段階とでは、その関与形態は、同一ではない。これが製造・販売段階と製品流通段階との差異になる。

製造・販売段階においては、製品事故の原因となった製品の「欠陥形成への実質的関与」が問題とされた。ここでの関与は、作為的なものもあれば不作為的なものも含む複合的な関与態様となっているが、通常、現下の物的支配下にある「物」への現実的具体的な関与を見出し得るものであった。

これに対し、製品流通後の過失事例の場合は、物的支配外の危険源に対する監視を通じて、「危険源保有者」に対して働きかけをしなかったことが問題である。ここでは、従前の製品事故の処理などに対して、行為者が具体的な関わりを持っていたことや事故を惹き起こした一連の製品の安全確保について一般的職責があることなどが重視されていることが明らかと

なった。

4）判例理論として究明すべき問題としては、以下の三つが得られた。

第一に、不作為態様の過失犯について、純然たる過失犯の理論により説明することができるか否かである。学説においては、不作為態様の過失を過失不真正不作為犯の問題として扱う見解が有力である。そこで、判例の上記傾向を純粋な理論面から検討する必要がある。

第二に、企業体の中の自然人の過失責任が問題となる場面おいて随所に取り入れられている組織関係的な観察と過失犯論との関係である。これについては、過失の実体を踏まえて、過失犯論と組織関係的アプローチとの関係を理論的に説明する必要があることを示した。

第三に、製造業者等に対する処罰限定法理をどこに見出すかである。ここにおいて必要なことは、過失の実体を踏まえた上で、事前規制段階の予防措置そのものと区別された刑法上の注意義務設定の具体的プロセスを明らかにして、結果回避措置の合理的な限定を図ること、そして、判例上重視されている一定の実質的な関与実態の点を過失犯の理論の中に如何に組み入れるのかという点にあることを示した。

(4) 第4章について

本章では、前章までの分析の結果を前提に、製品流通後の刑事過失責任追及の場面の中心に、不作為態様の過失犯の理論的問題点を検討した。

1）第一に、保証者説と過失犯論の関係についてである。

保証者説には、大別して、端的に保証義務という規範的な内容に着目する方向性と保証義務を基礎づける事実的なものとしての保証人的地位に着目する方向性がある。前者は、保証義務を媒介とした構成要件的実行行為性の確定、すなわち、「行為選別的志向」が強いのに対して、後者は、不真正不作為犯の行為主体性を前面に出し、「行為者選別的志向」が強いといえる。

行為者選別的志向は、地位それ自体に着目するので、義務それ自体と義務を基礎づける地位とを区別するいわゆる分離理論（Spaltungstheorie）と適合する。この立場によると、不真正不作為犯においては、保証者的地位の類型的な発生根拠の確定が問題になり、保証者的地位は、事実的な要素に還元されることになる。このようなアプローチについては、正しい方向性をもっていると評する見解もあった。

　しかしながら、地位それ自体への視点の転換は、一方において、構成要件該当性判断を希薄化するように思われる。さらに、保証者的地位が主体選別のための概念であるとしたら、これにより類型的に不作為責任追及の主体を選別することと、作為と存在構造を異にする不作為を作為と等置するという「等置問題」とは本質的には繋がらないはずである。

　そもそも等価値性判断、すなわち等置問題とは、次のようなものである。つまり、作為は因果の流れを惹起しそれを結果発生に向かって支配・操縦することができる。これに対して、不作為は単に因果の流れを利用できるに過ぎない。このような作為と不作為との存在構造上の差異を前提に、いかにして両者を等置するのかという問題である。保証者説内部での等価値性判断は、いずれも総合的な当罰性判断に帰着しかねないものであり、作為と不作為の存在構造の差異を埋める方法論としては不適切である。それゆえ、「故意不真正不作為犯」の場合の等置問題の解決は、上記のような作為と不作為との存在構造上のギャップを前提にすると、保証義務を媒介にするのではなく、因果的アプローチ（不作為者自身による原因設定行為）により解決するのが正当であると指摘した。

　一方、「不作為態様の過失犯」に目を転じた場合、そもそも故意犯の犯罪構成要件で問題とされていた作為と不作為との等置という問題が当然に要求されるものであるか否かが問題になることを指摘した。

　2）第二に、第一の点の考察を前提にして、保証者説と過失犯の成立要件、特に注意義務の内容との理論的関係を検討した。ここにおいては、過

失の構造の捉え方如何によって、理論上の問題点や解決方法も異なってくるという問題意識の下、旧過失論の下での理論モデル（①ないし④）、新過失論の下での理論モデル（⑤ないし⑦）、新・新過失論の下での理論モデル（⑧）を提示した。そして、製品流通後の刑事過失に関する【設例１】を設定して、各モデルの問題点や解決方法を検討した。

　３）第三に、いわゆる新過失論の立場から、私見の過失の構造の理解を示した上で、【設例２】を基に、過失犯の実行行為の実体をどのように捉えるかについて検討した。あわせて、製品流通後の刑事過失の事案の解決方法も示した。その内容は、次のようである。

　新過失論においては、注意義務の内容として結果回避義務を中心に考え、その違反については、基準行為からの逸脱という客観的視点で捉えることになる。基準行為は、法益侵害の結果の発生を前提に、因果の系列を遡り、客観的予見可能性と結果回避可能性がある段階で、いかなる行為をすべきであったかという視点で措定されるものである。その意味で、過失犯は客観的行為要求に対する違反といえる。ただ、基準行為が措定され、現実の行為態様と比較対照した結果、基準行為からの逸脱が認められても、それだけでは過失犯の実行行為性を取得するわけではない。跛行的結果反価値論の立場からは、基準行為からの逸脱が結果に至る因果プロセスの中で、法益侵害の現実的危険性と結びついた段階で、実行行為性を取得する。これは、現実の行為態様が作為の場合であっても不作為の場合であっても、本質的には変わらない。

　製品流通後の過失の場面において説明すると、製造業者は、社会生活上、消費者との関係において、「規定に従って製造業者の製造物が使用された場合に、何ら被害が生じないように配慮する義務」を負っている。このような義務があることを前提に、①客観的状況として、製造物に内在する欠陥等を原因とした相当広範囲にわたる危険状況があり、②不特定多数の消費者の健康に対し、「真に受け止めるべき危険」を及ぼしていると認

められる場合には、刑法レベルにおいてもこの危険を放置することはできず、また法秩序の動的構造の観点からも、刑法レベルの基準行為の履行が求められる。そして、③これが法益侵害の危険性と結びついた段階において過失実行行為性が認められると考える。

　4）第四に、第三で示したような理論構成が、過失犯の存在構造・規範構造からも認められるか否かについて検討した。

　過失犯の存在構造上、必ずしも、行為者（不作為者）が法益侵害に向かう起因を設定する必要はない。前述のように、過失犯は、法益侵害の結果発生を前提にして、因果の系列を遡り、客観的予見可能性および結果回避可能性がある段階の行為を特定し、その段階で如何なる行為をすれば結果を回避できたかを問題にするものである。したがって、行為者が法益侵害の直接的原因を設定した者でなくても、法益侵害に向かう因果系列に介入しうることを前提に、客観的注意義務違反が認められる場合には、過失犯は成立しうる。

　過失犯の場合、過失犯の規範構造上、不作為による遂行を予定しているので、不作為態様の過失犯を「過失的不作為犯」(fahrlässiges Unterlassungsdelikt) あるいは過失的不真正不作為犯（fahrlässiges unechtes Unterlassungsdelikt）の問題として扱う必然性はない。むしろ、「不作為的過失犯」(unterlassende Fahrlässigkeitsdelikt) として考えれば足り、正面から客観的注意義務違反の有無を検討すれば足りると考える。過失犯の成否を決するのは、客観的予見可能性を前提とした結果回避義務に違反するか否かである。この判断と不作為犯で問題になる法的作為義務あるいは保証義務とが場合により一致することがあるにしても、基本的には別異に捉えるべきである。この意味では、過失犯の注意義務と不作為犯の保証義務とは別異に捉えるべきであるとの指摘は正当ということになる。基準行為からの逸脱という観点で過失認定する場合には、基準行為をどのように設定するかの問題はあるにしても、保証者説を導入して、行為者選別を図

る必要性はない。

　5）第五に、以上の構造を踏まえた上で、過失犯の理論の側面から、組織体の中の自然人の注意義務を導き出す枠組みを示した。

　過失の本質について結果回避義務を中心に理解し、基準行為を設定することにより過失を客観化する見地に立つ場合には、組織体の中の自然人が負担する注意義務については、次のようなプロセスに基づいて具体化される。端的に述べれば、まず、企業としてなすべき措置として回収措置等の基準行為を想定し、次いで、組織内の現実の業務形態を前提にして、組織内の自然人について、かかる措置の実現に向けた客観的注意義務を措定するというプロセスである。組織体の中の自然人が、刑法上の答責性の対象になるのは、回収措置等の外部措置の実施に向けて、必要な行動を取らなかったことである。このプロセスにおいても、前記第三で示した①ないし③の判断は取り込まれることになる。

2　展望

　本論文においては、いわゆる新過失論の立場から、不作為態様の過失犯が問題となる一場面である製品流通後の製造物過失の事例を中心に、その理論的な解決方法を示した。ここでは、不作為犯論的構成は不要である。

　しかし、本論文においては、理論の大枠を示すに留まった。たとえば、皮革スプレー事件判決でも問題になった一般的因果関係の判断方法の問題、あるいは現在の過失犯論において困難な問題の一つである過失競合事例の解決方法などについては、論じるに至っていない。これらは、今後の課題としたい。

さくいん

【あ行】

アウトライアー（外れ値）	42
新しい過失犯論	236
アプローチ否定説，義務違反性	73
アプローチ否定説，先行行為	73
アルミン・カウフマン（Armin Kaufmann）	2
安全義務，社会生活上の	15, 67, 69, 132
アンドレアス・ホイヤー（Andreas Hoyer）	49
アンドレアス・ランジーク（Andreas Ransiek）	63
イェルク・ブラムゼン（Joerg Brammsen）	58
委譲可能性（Übertragbarkeit）	46, 59
先行行為の――	59
先行行為の不完全な――	46
板倉宏	247
一酸化炭素中毒死傷事件，パロマガス湯沸器	187
逸脱，基準行為から	246
一般的因果関係（generelle Kausalität）	7, 205, 266
一般的組織義務	85
一般的答責性の原則（Grundsatz der Generalverantwortung）	23
一般に是認された先行行態	
（Allgemeinheit gebilligtes Vorverhalten）	34
違法性説	226
因果関係	
一般的――	7, 205, 266
仮定的――	27
ヴィンフリート・ハッセマー（Winfried Hassemer）	77
ヴェルナー・ニーゼ（Werner Niese）	244
疑い，真に受け止めるべき（ernstzunehmende Verdacht）	50
エリック・ヒルゲンドルフ（Eric Hilgendorf）	67
エンギッシュ，カール（Engisch, Karl）	226
オットー，ハロー（Otto, Harro）	39

【か行】

カール・エンギッシュ（Karl Engisch）	226
回収義務の発生根拠	2, 33
改善対策	119
介入責任	
危機的事件における――	85
例外的事件における――	85
カウフマン，アルミン（Kaufmann, Armin）	2

拡大被害防止段階，実害発生後	113, 121, 130	監査役会議議長の優先決定（Stichentscheid des Aufsichtsratsvorsizenden）	25
過失，不作為態様の	2, 3, 209	監視，危険源に対する	208
過失傷害罪，不作為による	34	監視義務	78
過失責任，自然人の，組織体の中の	210, 264	監視保証者の保証者義務	59
		観念的な法益	123
過失的不作為犯（fahrlässiges Unterlassungsdelikt）	261	管理・監督過失	179, 194
		キール学派の不作為犯論	226
過失的不真正不作為犯（fahrlässiges unechtes Unterlassungsdelikt）	2, 261	危機的事件における介入責任	85
		危険犯	
過失犯		具体的――	122
作為的――	168	抽象的――	122
事後規制としての――	111	企業関係的な注意義務（betriebsbezobene Sorgfaltspflichten）	84
不作為態様の――	95, 180, 235		
過失犯処罰，組織の中の自然人に対する	130, 132, 264	企業組織体責任論	75, 154
		企業・組織体としての先行行為	46
過失犯論		企業内の垂直的な遂行委譲（vertikale innerbetriebliche Ausführungsübertragungen）	85
新しい――	236		
純然たる――	3, 211, 223		
正面からの――	253	企業内の分業，水平的な	84
伝統的な――	235	危惧感説	129, 154
過失論		危険	
旧――	236	既知の――	1, 131
新――	184, 244	真に受け止めるべき――	21
新・新――	247	未知の――	1, 129, 248
仮定的因果関係	27	許された――	18, 54, 93, 128
加熱クリスマシンHT	165	危険源に対する監視	208
カネミ油症事件	155	危険傷害	12
神山敏雄	238	危険傷害罪，生命に危険を及ぼすような行為による	13, 30
管轄を越えた課題	24		
観察方法，組織関係的	77, 155, 184, 194, 263	危険創設	37
		危険の疑い，真に受け止めるべき	54

危険を及ぼしている物に対する物的支配	19	間接適用型（命令前置制）の――	114
基準行為	245, 254	行態（Verhalten）	15
――からの逸脱	245, 246, 254	行態命令（Verhaltensgebot）	19
帰責方法		共働（Zusammenwirken）	29
トップ・ダウン的な――	77, 91	共同性，不作為の	28
ボトム・アップ的な――	91	共同正犯，不作為による	27
危殆化結果	19	緊密な共同体関係（enge Gemeinschafts-	
北川佳世子	239	beziehungen）	228
既知の危険	1, 131	クーレン，ローター（Kuhlen, Lothar）	
機能的な正犯者概念（funktionale Täter-		37, 48, 85	
begriff）	79	具体的依存説	243
義務		具体的危険犯	122
監視――	78	具体的予見可能説	129
選択――	78	区別理論	228
組織――	78	クリスマシン，非加熱	163, 165
統制――	78	クリスマシン HT，加熱	165
義務違反，客観的	33	警告義務（Warnungspflicht）	65
義務違反性	33	形式犯	114
事前的な――	41	刑法	
義務違反性アプローチ否定説	73	事後規制手段としての――	130
義務違反の先行行態（Vorverhalten）	16	結果回避義務	153, 244
義務の発生根拠，製品回収	33	結果回避措置の合理的な設定	212
客観的帰属論	180	結果反価値論，跛行的	267
客観的義務違反	33	結果の原因に対する支配（Herrschaft	
客観的義務違反性，先行行態の	18	über den Grund des Erfolges）	56
客観的注意義務	151, 153, 262	結果反価値論	39, 40, 253
旧過失論	236	原因設定行為	233, 262
修正――	241	現下の（aktuell）権力関係	57
ギュンター・ハイネ（Günter Heine）	79	原則	
行政刑法	113	一般的答責性の――	23
直接適用型（直罰制）の――	114	全面的管轄の――	23
		権力関係，現下の（aktuell）	57

故意の不真正不作為犯	235
故意不作為犯	95
——の拡大化	252
——の存在構造	95, 262
行為刑法（Tatstrafrecht）	87
行為者選別的機能	227, 231
行為者類型説	226
行為選別的機能	227
行為反価値	38
行為反価値論	39, 40
公共危険犯	115
具体的危険犯としての——	122
抽象的危険犯としての——	122
厚生省ルート事件，薬害エイズ	162, 171
構成要件的解決，相対的な	229
効率性説	230
故殺（Totschlag），不作為による	34
コンテルガン事件（Contergan-Fall）	7, 50
コンプライアンス・プログラム	112

【さ行】

サービスキャンペーン	119
最後の手段（ultima ratio）	123
サウナ風呂事件	143
作為義務論，弛緩化	251
作為答責性（Handlungsverantwortlichkeit）	29
作為同等性（Begehungsgleichheit）	55
さつまあげ中毒事件	140
事案類型化（Fallgruppenbildung）	51
事後規制社会	114, 254

事後規制手段としての刑法	130
事後規制としての過失犯	111
自己答責性原則	59
事実上の物的支配	59
事前規制	111, 112
事前規制社会	114
自然人の過失責任，組織体の中の	210, 264
自然的結合関係（natürliche Verbundenheit）	228
事前的な義務違反性	41
実害発生後拡大被害防止段階	113, 117, 121, 130, 139
自動回転ドア死亡事件，六本木ヒルズ	148
事物論理的構造（sachlogisch Struktur）	56
社会生活上の安全義務（Verkehrssicherheitspflicht）	67, 69, 132
社会的期待説	230
社会的に通常な先行行態（sozial übliches Vorverhalten）	34
社会的役割の引き受け（Übernahme einer sozialen Rolle）	71
社会類型的な態度	65
集合的な法益	123
修正旧過失論	241
シューネマン，ベルント（Schünemann, Bernd）	19, 55
シュミット＝ザルツァー，ヨアヒム（Schmidt-Salzer, Joachim）	83
純然たる過失犯論	3, 211, 223
所為単一（tateinheitlich）の不作為	31
状況責任（Zustandshaftung）	68

消費者安全法	121	一般に是認された―― (Allgemeinheit gebilligtes Vorverhalten)	34
消費生活用製品安全法	119	義務違反の――	16
正面からの過失犯論	253	社会的に通常な―― (sozial übliches Vorverhalten)	34
食品および必需品法（LMBG）	18	高められた危険な――	44, 48
処罰段階の早期化	123	――の客観的義務違反性	18
処分関係（Verfügungsverhältnisse）		先行行為（Ingerenz）	16
法的――	60	企業・組織体としての――	46
処分権能（Verfügungsmacht）	20	――アプローチ否定説	73
新過失論	153, 184, 244	――の委譲可能性	59
新旧過失論争	224, 236	――の不完全な委譲可能性	46
新・新過失論	247	先行行為論（Ingerenz-Diskussion）	37
人的拡大，責任主体の	207	選択義務	78
人的不法論	40	全面的管轄の原則（Grundsatz der Allzuständigkeit）	23
真に受け止めるべき疑い（ernstzunehmende Verdacht）	50	相対的な構成要件的解決	229
真に受け止めるべき危険（ernstzunehmende Gefahr）	21, 260	組織関係的観察方法（organisationsbezogene Betrachtungsweise）	77, 155, 184, 194, 263
真に受け止めるべき危険の疑い	54	組織義務	78
遂行委譲，企業内の垂直的な	85	一般的――	85
水平な企業内の分業（horizontale innerbetriebliche Arbeitsteilung）	84	組織体の中の自然人の過失責任	210, 264
製造業保証者（Herstellergaranten）	68	組織的な非答責性	81
製造・販売段階	113, 139	組織の中の自然人に対する，過失犯処罰	130, 132
製造物監視義務	16, 69	存在構造	
正犯者概念（Täterbegriff），機能的な	79	故意不作為犯の――	95
正犯者クローン（Täterkloning）	80, 88	不作為態様の過失犯の――	95
製品流通段階	113, 139		
生命に危険を及ぼすような所為による危険傷害罪	30	【た行】	
責任主体の人的拡大	207	高められた危険な先行行態	44, 48
責任の承継（Haftungsübergang）	45		
先行行態（Vorverhalten）			

短絡 188
注意義務
　企業関係的な—— 84
　客観的—— 151, 153
抽象的危険犯 122
直罰制 114
帝京大ルート事件，薬害エイズ 162, 179
デグッサ事件（Fall Degussa） 51
伝統的な過失犯論 235
等価値性判断 233
統制義務 78
答責性のインフレ 88
答責性の倍増（Verantwortungsvervielfachung） 89
答責的共同体（Verantwortungsgemeinschaft） 80
等置問題（Gleichstellungsproblem） 55, 225, 233
道路運送車両法 117
トーマス・ロッチュ（Thomas Rotsch） 80
トップ・ダウン的な帰責方法 77, 91
トラックタイヤ脱落事件，三菱自工製 196
取締役の特別会議 11
ドロスト，ハインリヒ（Drost, Heinrich） 226

【な行】

ナーグラー，ヨハネス（Nagler, Johannes） 225
ニーゼ，ヴェルナー（Niese, Werner） 244
ニクラス・ルーマン（Niklas Luhmann） 81

【は行】

ハイネ，ギュンター（Heine, Günte） 79
ハインリヒ・ドロスト（Heinrich Drost） 226
ハインリヒ・ヘンケル（Heinrich Henkel） 244
跛行的結果反価値論 267
外れ値（Ausreißer） 18
外れ値（アウトライアー） 42
発生根拠，回収義務の 2, 33
ハッセマー，ヴィンフリート（Hassemer, Winfried） 77
ハロー・オットー（Harro Otto） 39
パロマガス湯沸器一酸化炭素中毒死傷事件 187
被害者の不救助状態（Hilflosigkeit des Opfers） 56
被害者の部分的な不救助状態に対する支配（Herrschaft über die partielle Hilflosigkeit des Opfers） 65
皮革スプレー事件判決（Lederspray-Urteil） 7
非加熱クリスマシン 163, 165
引き受け（Übernahme）による保証者的地位 65
非答責性，組織的な 81
人の健康に係る公害犯罪の処罰に関する法律 115
ヒルゲンドルフ，エリック（Hilgendorf, Eric） 67
不作為，所為単一の 31
不作為態様の過失 2, 3, 209

不作為態様の過失犯	95, 235	ホイヤー，アンドレアス（Hoyer, Andreas）	49
不作為態様の過失犯の存在構造	95, 262	法益	
不作為的過失	268	観念的な――	123
不作為的過失犯（unterlassende Fahrlässigkeitsdelikt）	262	集合的な――	123
不作為による過失傷害罪	34	法人重課	118, 121
不作為による共同正犯	27	法人処罰	125
不作為による故殺	34	法秩序，動的存在	260
不作為の共同性	28	法的処分関係（Verfügungsverhältnisse）	60
不作為の所為（unterlassene Handlung）	31	保証義務（Garantieverpflichtung）	225
不作為犯		保証思想	226
過失的――	261	保証者義務，監視保証者の	59
故意――	95	保証者説	8, 224
不真正――	1, 3, 15, 261	保証者説の機能	224
不作為犯論，キール学派の	226	保証者的地位	16
藤木英雄	127, 153, 255	引き受け（Übernahme）による――	65
不真正不作為犯	1, 3, 15, 261	保証理論（Garantietheorie）	73
過失的――	2, 261	ボトム・アップ的な帰責方法	91
故意の――	235	堀内捷三	243
物的支配（Sachherrschaft）	57, 207	本質的な結果原因（wesentliche Erfolgsursache）	56
危険を及ぼしている物に対する――	19		
事実上の――	59	**【ま行】**	
物的支配外	208	未知の危険	1, 129, 248
ブラムゼン，イェルク（Brammsen, Joerg）	58	三菱自工製トラックタイヤ脱落事件	196
ブロイ，ルネ（Bloy, René）	38	ミドリ十字ルート事件，薬害エイズ	162, 164, 179
分離理論	228	命令前置制	114
ベルント・シューネマン（Bernd Schünemann）	55	木材防腐剤事件判決（Holzschuzmittel-Urteil）	7, 43
ヘンケル，ハインリヒ（Henkel, Heinrich）	244	森永ドライミルク砒素中毒事件	148

モンツァ・スティール事件判決（Monza Steel-Urteil） 7

【や・ら・わ行】
薬害エイズ・厚生省ルート事件 162, 171
薬害エイズ事件 162
薬害エイズ・帝京大ルート事件 162, 179
薬害エイズ・ミドリ十字ルート事件 162, 164, 179
薬事法 115, 116
有刺鉄線事件（Stacheldrahtfall） 79
優先決定，監査役会議議長の 25
許された危険 18, 54, 93, 128
ヨアヒム・シュミット＝ザルツァー（Joachim Schmidt-Salzer） 83
要件緩和説 73
ヨハネス・ナーグラー（Johannes Nagler） 225
四大公害事件 122
ランジーク，アンドレアス（Ransiek, Andreas） 63
リコール制度 118
リスク刑法 8
リスク社会 8, 129
リスク社会論 129
両罰規定 124
ルーマン，ニクラス（Luhmann, Niklas） 81
ルネ・ブロイ（René Bloy） 38, 69
例外的事件における介入責任 85
連邦少年・家族保健省 11
連邦保健庁 11

ローター・クーレン（Lothar Kuhlen） 37, 48, 85
ロッチュ，トーマス（Rotsch, Thomas） 80
六本木ヒルズ自動回転ドア死亡事件 148

【A～Z】
Allgemeinheit gebilligtes Vorverhalten（一般に是認された先行行態） 34
Ausreißer（外れ値） 18
Begehungsgleichheit（作為同等性） 55
Bloy, René 38
Brammsen, Joerg 58
Contergan-Fall（コンテルガン事件） 7, 50
Drost, Heinrich 226
Engisch, Karl 226
ernstzunehmende Gefahr（真に受け止めるべき危険） 21
fahrlässiges Unterlassungsdelikt（過失的不作為犯） 2, 261
Fall Degussa（デグッサ事件） 51
Fallgruppenbildung（事案類型化） 51
Garantietheorie（保証理論） 73
Garantieverpflichtung（保証義務） 225
generelle Kausalität（一般的因果関係） 7, 205, 266
Gleichstellungsproblem（等置問題） 55, 225
Grundsatz der Allzuständigkeit（全面的管轄の原則） 23
Grundsatz der Generalverantwortung

(一般的答責性の原則)	23	organisationsbezogene Betrachtungsweise (組織関係的観察方法)	77
Haftungsübergang (責任の承継)	45	Otto, Harro	39
Handlungsverantwortlichkeit (作為答責性)	29	Ransiek, Andreas	63
Hassemer, Winfried	77	Rotsch, Thomas	80
Heine, Günter	79	Sachherrschaft (物的支配)	19
Henkel, Heinrich	244	sachlogisch Struktur (事物論理的構造)	56
Herrschaft über den Grund des Erfolges (結果の原因に対する支配)	56	Schmidt-Salzer, Joachim	83
Herstellergaranten (製造業保証者)	68	Schünemann, Bernd	55
Hilflosigkeit des Opfers (被害者の不救助状態)	56	sozial übliches Vorverhalten (社会的に通常な先行行態)	34
Hilgendorf, Eric	67	Stacheldrahtfall (有刺鉄線事件)	79
Holzschuzmittel-Urteil (木材防腐剤事件判決)	7	Stichentscheid des Aufsichtsratsvorsizenden (監査役会議議長の優先決定)	25
horizontale innerbetriebliche Arbeitsteilung (水平的な企業内の分業)	84	tateinheitlich (所為単一)	31
Hoyer, Andreas	49	Täterbegriff (正犯者概念)	79
Ingerenz (先行行為)	16	Täterkloning (正犯者クローン)	80
Ingerenz-Diskussion (先行行為論)	37	Tatstrafrecht (行為刑法)	87
Kaufmann, Armin	2	Totschlag (故殺)	34
Kuhlen, Lothar	37, 48, 85	Übertragbarkeit (委譲可能性)	46
Lederspray-Urteil (皮革スプレー事件判決)	7	ultima ratio (最後の手段)	123
LMBG (食品および必需品法)	18	unterlassende Fahrlässigkeitsdelikt (不作為的過失犯)	262
Luhmann, Niklas	81	unterlassene Handlung (不作為の所為)	31
Monza Steel-Urteil (モンツァ・スティール事件判決)	7	Verantwortungsgemeinschaft (答責的共同体)	80
Nagler, Johannes	225	Verantwortungsvervielfachung (答責性の倍増)	89
natürliche Verbundenheit (自然的結合関係)	228	Verfügungsmacht (処分権能)	20
Niese, Werner	244	Verhalten (行態)	15

Verhaltensgebot（行態命令） 19
Verkehrssicherheitspflicht（社会生活上の安全義務） 67, 69, 132
vertikale innerbetriebliche Ausführungsübertragungen（企業内の垂直的な遂行委譲） 85
Vorverhalten（先行行態） 16, 18, 34, 44
Warnungspflicht（警告義務） 65
wesentliche Erforgsursache（本質的な結果原因） 56
Zusammenwirken（共働） 29
Zustandshaftung（状況責任） 68

稲垣　悠一（いながき　ゆういち）

1978年	長野県に生まれる
2001年	専修大学法学部卒業
2003年	専修大学大学院法学研究科公法学専攻修士課程修了
2005年	司法試験第二次試験合格
2006年	最高裁判所司法研修所入所（旧60期）
2007年	弁護士登録（東京弁護士会）
2011年～	専修大学法学部非常勤講師
2013年	専修大学大学院法学研究科公法学専攻博士後期課程修了博士（法学）

著作
「事後強盗罪の基本構造と共犯関係」専修法研論集43号（2008年9月）；「欠陥製品に関する刑事過失責任と不作為犯論」専修法研論集45号（2009年9月）；「組織体の安全管理と自然人の刑事責任」専修総合科学研究18号（2010年10月）

翻訳
クヌト・アメルンク「自然法主義的法思想から実証主義的法思想への転換としてのビルンバウムの刑法的『財』保護理論」専修大学法学研究科紀要36・刑事法の諸問題Ⅷ（Ⅰ～Ⅲ章担当）（2011年）

欠陥製品に関する刑事過失責任と不作為犯論

2014年2月28日　第1版　第1刷

著　者	稲垣　悠一
発行者	渡辺　政春
発行所	専修大学出版局
	〒101-0051 東京都千代田区神田神保町 3-8
	㈱専大センチュリー内
	電話　03-3263-4230㈹
印　刷	藤原印刷株式会社
製　本	

©Yuichi Inagaki 2014 Printed in Japan
ISBN 978-4-88125-282-6